あるく みる きく 双書

田村善次郎・宮本千晴【監修】

宮本常一とあるいた昭和の日本

1

奄美沖縄

農文協

はじめに

――そこはぼくらの「発見」の場であった――

「私にとって旅は発見であった。私自身の発見であり、日本の発見であった。書物の中で得られないものを得た。歩いてみると、その印象は実にひろく深いものであり、体験はまた多くのことを反省させてくれる。」これは『私の日本地図』の第一巻「天竜川にそって」の付録に書かれた宮本常一の「旅に学ぶ」という文章の一節である。これは宮本先生の持論でもあった。近畿日本ツーリスト・日本観光文化研究所に集まる若者の誰もが幾度となく聞かされ、旅ゆくことを奨められた。そして「どうじゃー、面白かったろうが」というのが旅から帰った者への先生の第一声であった。一生を旅に過ごしたといっても過言ではないほど、旅を続けた宮本先生にとって、旅は面白いものに決まっていた。それは発見があるからであった。発見は人を昂奮させ、魅了する。

この双書に収録された文章の多くは宮本常一に魅せられ、けしかけられて旅に出、旅に学ぶ楽しみと、発見の喜びを知った若者達の旅の記録である。一編一編は限られた村や町の紀行文であるが、こうして地域ごとに集めてみると、期せずして「昭和の風土記日本」と言ってもよいものになっている。

日本観光文化研究所は、宮本常一の私的な大学院みたいなものだといった人がいるが、この大学院は学歴も職歴も年齢も一切を問わない、皆平等で来るものを拒まないところであった。それだけに旺盛な好奇心と情熱をもった多様な性向の若者が出入りしていた。『あるく みる きく』は、この研究所の機関誌的な性格を持った月刊誌であり、所員、同人が写真を撮り、原稿を書き、レイアウトも編集もすることを原則としていた。編集者もデザイナーも筆者もカメラマンも、当時は皆まだ若かったし、素人であった。公刊が前提の原稿を書くのは初めてという人も少なくなかった。発見の喜び、感激を素直に表現し、紙面に定着させるのは容易なことではない。何回も写真を選び直し、原稿を書き改め、練り直す。徹夜は日常であった。素人の手作りからの出発であったが、この初心、発見の喜びと感激を素直に表現しようという姿勢、は最後まで貫かれていた。

月刊誌であるから毎月の刊行は義務である。多少のずれは許されても、欠号は許されない。特集の幾つかに宮本先生の古くからのお仲間や友人の執筆があるし、宮本先生も特集の何本かを執筆されているが、これらは欠号を出さず月刊を維持する苦心を物語るものである。

『あるく みる きく』の各号には、いま改めて読み返してみて、瑞々しい情熱と問題意識を感ずるものが多い。それは、私の贔屓目だけではなく、最後まで持ち続けられた初心、の故であるに違いない。

田村善次郎　宮本千晴

奄美沖縄

目次

はじめに　文　田村善次郎・宮本千晴 1

凡例 4

一枚の写真から ―飲み屋にて
昭和五四年（一九七九）四月「あるく みる きく」一四六号
文　宮本常一　写真　伊藤幸司 5

沖縄
昭和四二年（一九六七）九月「あるく みる きく」七号
文・写真　植松明石　写真　伊藤碩男 9

沖永良部　与論島
昭和四三年（一九六八）七月「あるく みる きく」一七号
文　小野重朗　写真　伊藤碩男 27

八重山―珊瑚礁のかなたの原郷
昭和四四年（一九六九）三月「あるく みる きく」二五号
文　植松明石　写真　伊藤碩男 47

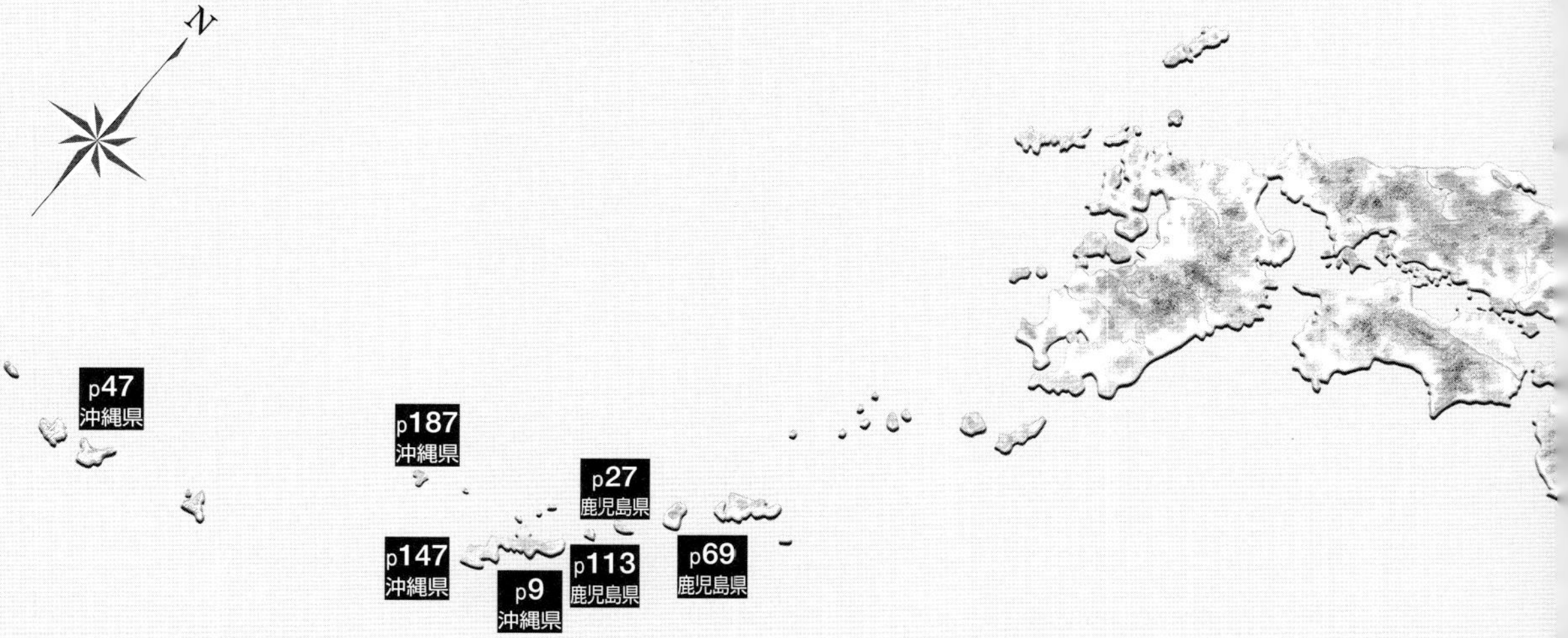
N
p47
沖縄県
p187
沖縄県
p27
鹿児島県
p147
沖縄県
p9
沖縄県
p113
鹿児島県
p69
鹿児島県

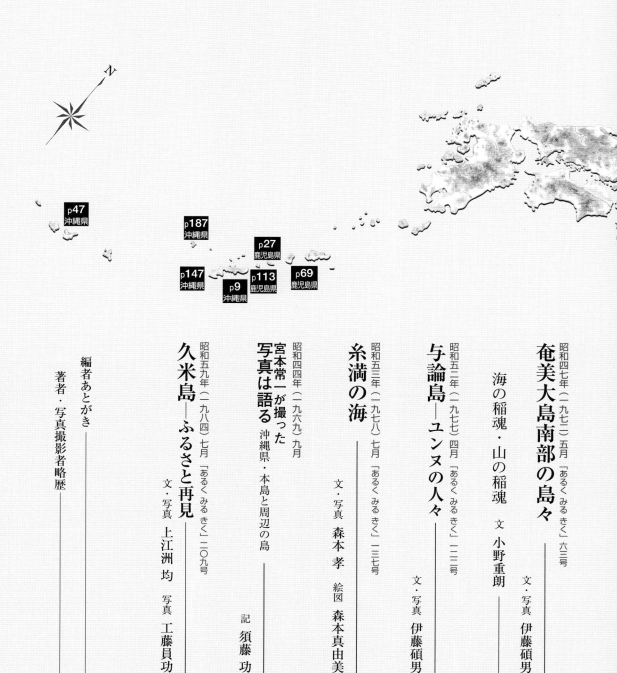

凡例

○この双書は『あるくみるきく』全二六三号の中から、日本国内の旅、地方の歴史・文化・祭礼行事などを特集したものを選出し、それを原本として地域および題目ごとに編集し合冊したものである。
○原本の『あるくみるきく』は、近畿日本ツーリストが開設した「日本観光文化研究所」（通称　観文研）の所長、民俗学者の宮本常一監修のもとに編集し昭和四二年（一九六七）三月創刊、昭和六三年（一九八八）一二月に終刊した月刊誌である。
○原本の『あるくみるきく』は一号ごとに特集の形を取り、表紙にその特集名を記した。合冊の中扉はその特集名を表題にした。
○編集にあたり、それぞれの執筆者に原本の原稿に加筆および訂正を入れてもらった。ただし文体は個性を尊重し、使用漢字、数字の記載法、送り仮名などの統一はしていない。
○写真は原本の『あるくみるきく』に掲載のものもあれば、あらたに組み替えたものもある。原本の写真を複写して使用したものもある。
○掲載写真の多くは原本の発行時の少し前に撮られているので、撮影年月は記載していない。
○写真撮影者は原本とは同一でないものもある。
○市町村名は原本の発行時のままで、合併によって市町村名の変わったものもある。また祭日や行事の日の変更もある。
○日本国有鉄道（通称「国鉄」）は民営化によって、昭和六二年（一九八七）四月一日から「ＪＲ」と呼ばれる。『あるくみるきく』はほとんどが国鉄当時の取材なので、鉄道の路線名・駅名など国鉄当時のものが多い。民営化によって廃線や駅名の変更、あるいは第三セクターの経営になった路線もあるが、それらは執筆時のままとし、特に註釈は記していない。
○この巻は須藤功が編集した。

一枚の写真から

宮本常一

—飲み屋にて—

大阪府大阪市。昭和48年（1973）10月　撮影・伊藤幸司

私は飲み屋には大して縁がないが、それでもある時期には人につれられて飲み屋へいった記憶がある。飲み屋は酒を飲むところだが、酒の肴にいろいろなものがあり、その中でも煮込みおでんにそれぞれの味と風格があり、あそこがうまい、ここがうまいなどとうわさしあっている。煮込みは東京ではおでんと言っており、関西では関東煮《かんとだき》といっているところが多い。東京で発達して西の方へひろがっていったものであろう。いまはちゃんとした店屋の態をなしているが、昔は屋台が多かったようで、戦前浅草あたりをあるいていたら、空地にたくさんの屋台車がおかれているのを見た。この屋台が夜になると曳き出されて、ゆきずりの人を相手に酒をあたため、煮込みを肴に酒をすすめたものである。ただし屋台は煮込みを主にして酒を売るだけでなく、ソバ、ウドンなども売っていた。車をひきながら吹く笛の音がわびしくて、夜泣

きソバなどの名も生まれたが、それが次第に家の中での商売になって、今日では夜の町を流していく人たちはずっと少なくなって来た。おでんの煮込みは大根・人参・里芋・コンニャク・ガンモドキなどが主で、煮汁をとりかえないで炊きつづけていくことでおでん独自の味が出て来るとして、もう三〇年もとりかえていないという飲み屋で酒を飲んだことがある。

　私を飲み屋へよく連れていってくれたのはお医者さんであった。夜九時をすぎて急患のない限りはひまになるので、飲みにいこうといって外へ出る。大変かわいがっている奥さんがあるのだが、酒は外で飲む方がうまいといって、露地奥にある小さな飲み屋へいく。縄のれんをくぐり、たてつけのあまりよくない障子をあけて中へはいると「おいでやす」と主人か、主人の妻君がいう。おでんのにおいがぷんと鼻に来る。たいてい二、三人は人がはいっていて酒を飲んでいる。その連中はこちらを見て「ごきげんさん」という。飲み台の前に腰をおろして、酒を注文し、おでんを注文すると、まずおでんの方を長い箸で皿にとってくれる。私のように酒のあまりいけぬものは、まずおでんをつつきはじめる。客の間ではたわいのない話がつづいているのだが、主人の方はこちらのこともよく心得ていて、話題もかわったたべものも用意していてくれる。熊野の鯖鮓《さばずし》をはじめてたべたのはこのおでん屋であった。主人はその鮓を郷里の熊野から持って帰ったのだといっていたが、鮓米の上に鯖の青い身がのっており、それを昆布でつつみ、さらに柿の葉で包んだものであった。熊野ではこんな鮓を作っているとのことであったが、「姿鮓《すがたずし》はつくらないのか」というと、昔はずいぶん作っていたものだとのことで、この次帰ったときにさがして来ましょうとのことであった。おでん屋の主人は熊野の古座《こざ》の近くの人であった。柿の葉鮓のうまいのを御馳走になって二月ほどもたっていたであろうか。そのおでん屋へいくと「待ってました」と主人もおかみさんもニコニコして迎えてくれた。「姿鮓おました」という。「へえ、いまどきそんなものあるん?」といったのはわれわれよりまえに店に来ていた中年の男であった。鯖を背割りにして飯をはさんだ鮓である。それを皿にのせて出してくれた。中年の男はそれを見て「もうないんかな」といった。「注文うけてまへんもん」おかみさんはそういったが、庖丁をいれてもらって、他の人たちにもたべてもらった。酢をつかわない鮓である。鯖に塩をして、米をはさんで、そういうものをハンボウに一ならべ入れて、柿の葉をその上に敷きさらにまた鯖をならべてゆく。そのようにしてハンボウ一杯になると蓋をして、その上に重石をおく。一月あまりたつと鯖も飯も発酵して酸味をおびて来る。ほんとうにうまいのは三カ月たった頃だという。「少し早いのだが」といったがたべてみると普通の鮓とちがって本当の鮓という感じがした。第一、飯がよくしまっている。

　このおでん屋の主人は熊野のあたりの古い習俗についてよく知っているので酒をのみにゆくたびにそうした話をいろいろきいた。熊野は鯖のうまいところで、その鯖に塩をしたものが、十津川をさかのぼって大和の方へももたらされるとのことであった。

食い物ばかりでなく、世間話もいろいろと出た。この店へはいろいろの人が飲みに来る。酒がはいって心がゆるむとプライベートな話もいろいろ出る。本人がそこにいないときはその人の身の上の話などずいぶんこまかなことまで出てくる。世間的には有名な歌人であったり、画家であったりする人も、こういうところへやって来て酒をのみ、つい気をゆるして平生なら話さないようなことでもはなしていく。嫉妬深い妻に手をやいている話、愛しても愛しきれないほど女房にほれている話とか「へえあの人がね」などとそういう話を肴にして酒を飲む。つまりこういうところでは身をかまえていてはいけないのである。「みんな人間だから……」というのが主人の言い分である。人のうわさをするにしても軽蔑するのでもなければ、中傷するのでもない、あり得ることとして話し、また聞いているのである。

日本にはこのような飲み屋がいったいどれほどあるのだろうか。どこへいっても見かける。会社につとめている人たちも、家へまっすぐ帰る人も多いけれど、飲み屋へ寄らないと気のすまない人も多い。自分の家へかえってのめばいいようなものであるが、人こいしい何かがあって、こうしたところでしばらく時間を消していく人は多い。いったいそれだけでこのような飲み屋がこれほどあるのだろうか。小市民にとって一つの息ぬきの世界ではあるが、それにしては、多すぎるほどある。そこへいって何かを得ようとしているわけではないが何か心がうるおってくる。

私の友の一人は夜ふけによく浅草へのみにいったという。若いときのことで、金も十分には持っていない。わやわやと酒をのんでいる人とその雰囲気にひかれてそこへゆき、大して話し相手を求めるのでもなく、一隅で人びとを見ながら酒をのむ。そして障子に朝の光が白々とさしはじめるころに立ち帰ることが多かった。「あんなに人くさい世界はない」というのがその人の感慨であった。

酒は飲めなくても時折いって見ていいところだと思いながら、飲めないと一人ではやっぱりおっくうになる。都会の憂愁というものであろうか。人恋しさは都会に住んでいるものの心の底のどこかにある。私の友には飲み屋の酒を愛した人が少なくなかった。そしてその人たちはみなよい人たちであった。その友の一人が死に、飲み屋の老いた女主人も死んだ後、友の妻が、飲み屋の娘をひきとって世話をしているのを見た。あの人たちはいまどうしているであろうか。

宴席の膳を見る宮本常一。昭和55年（1980）7月
撮影・須藤　功

年頭に行われる初願いの女の座。羽地村田井等

沖縄

文・写真　植松明石
写真　伊藤碩男

「神の前の年頭」といわれる初願いの男の座（手前）。一門の親族が会して行なわれるが、神に奉仕するのは女とする沖縄では、男の座は静かである。羽地村田井等

南へのびる道の島

鹿児島港を昼頃出航すると、夕方は吐噶喇《とから》の海を走ることになる。夕陽を背にうけて黒々と浮ぶ臥蛇《がじゃ》、悪石《あくせき》、宝《たから》等の島々は、岩膚も堅く、人の気配もなく、ただ淋しい。文化の波を北へ南へとうけ継いで「道の島」と呼ばれたことや、昼間空から眺めれば、鋼鉄のように張りつめた明るい南の海にきらきらとちりばめられた緑の島であることが、本当と思えない程だ。それから更に南に続く奄美の島々は夜のうちに走って、一番南の与論《よろん》島の沖は朝になる。この島の南の北緯二十七度線が、今（昭和四十二年）も沖縄と本土を隔てている境界である。晴れた日には、沖縄の北端から与論島を遙かに眺めることができて、人々は「日本が見えるよ」などといって懐かしがる。そういわれて、いまさらながら愕然と日本の領域を思い、国境という経験に乏しい日本人が、めんどうな渡航手続きを、もう一度思い出すのである。

しかし、与論の海はときおり飛魚《とびうお》が銀鱗をひらめかすばかりの、何の変哲もない静かな海だ。

沖縄航路の船客は、大半が沖縄の人々である。そうでない人もこの日の上陸が待たれてみんな早くから身仕度をして甲板をあちらこちらする。いよいよ船が沖縄本島に近づいて、北辺の辺土《へど》岬などが見え出すと、船の中が活気をおびたざわめきにみちる。海が荒れる伊平屋《いひゃど》渡などもも上陸が近づいた印のようなものなのだ。嘉手納《かでな》（米軍の基地。軍用飛行場がある）で働いている息子に会いに行くという同室の人が、「沖縄は大きな島なのですね」

と驚いている。沖縄本島は南西に細長くのびた島なので、島が見えてから船は数時間もそれに沿って南下するのである。

九州から台湾の間を弧状に走る琉球列島は、大小六十余りの島々からなるという。その北の方のひとかたまりが沖縄群島で、それさえもおびただしい島なのだ。

沖縄本島、伊平屋《いへや》島、伊是名《いぜな》列島、伊江《いえ》島、宮城島、浜比嘉《はまひが》島、平安座《へんざ》島、久高《くだか》島、津堅《つけん》島、久米《くめ》島、座間味《ざまみ》島、慶留間《げるま》島等々。

中でも沖縄本島は、政治、文化の中心で、首里、那覇は古くから華やかな大都市であった。十五世紀の終り近く、朝鮮済州島の船が、ずっと南端の、台湾に近い与那《よな》国《くに》島に漂着したことがあった。彼等は親切な島人に助けられて故国に帰るのだが、その時の見聞が朝鮮の記録に残されている。貧しい離島の生活に比べて、那覇、首里における板葺《いたぶき》、瓦葺の門のある家々、高い所にある一段と立派な王宮、洗練された衣服をつけた人々、中国、南蛮の品のあふれた市、四面にすだれを垂れた漆輦《うるしれん》に乗る王母の行列の様など、その華やかさが驚きをもって記されている。これはちょうど沖縄の第二尚王朝成立の初期、日本では応仁の乱の終った頃で、島津による琉球征伐はこれよりまだ一世紀も後のことである。

『南島紀事外篇』（明治19年刊）に描かれた沖縄の人々

日本人の一分枝であるとみられる沖縄の人が、いつごろ本土と袂を分かったのかはっきりしないが、その後の長い年月の間に、南から或は北から、文化の波が来り又去って、この島々の上に特色のある一つの文化圏が形成された。本土との交通の記録は『日本書紀』などにもあらわれていて、奄美、石垣、久米等の島の名が見える。唐僧鑑真が、日本渡島の途中「阿児奈波」に寄ったという事もよく知られていることだ。

旧王国をしのんで

伊平屋島は、船が沖縄本島に近づく頃、右手の海に山《やま》襞《ひだ》をおり重ねてあらわれる。厳しい淋しい姿である。続いて伊是名島、伊江島、そして左手には、国頭《くにがみ》の山々が青々と連なっている。人々は少し興奮して「今帰仁《なきじん》だ」、「名護《なご》だ」と話し合っている。

十七世紀の沖縄の政治家、尚象賢《しょうしょうけん》によって書かれた『中山世鑑《ちゅうざんせいかん》』に次のような話がある。

源為朝が、保元の乱によって伊豆大島に流されたのは一一五六年であった。それから十年後、ひそかに大島を抜け出し潮流にのって流れついたのが、沖縄の今帰仁、

古くからの祭りを伝え残す、沖縄本島北部の国頭村安《あ》波《は》のたたずまい

連絡船から見る伊江島の海岸と家並

旧正月の膳に欠かせない豚を浜で解体する。

紅の花の咲く今《な》帰《き》仁《じん》北《ほく》山《さん》城趾。城は14世紀半ばに北山王朝が築いた。今帰仁村

源為朝が上陸したとされる地に立つ石碑。今帰仁村運天

運天《うんてん》港であった。人々は彼に服従し、彼もこの地に住みついて一子尊敦《そんとん》をもうけるまでになった。しかし為朝は日本に帰りたくなって妻子を連れて船に乗る。ところが急に暴風がおこった。海の神の怒りであるというので妻子は下ろされ、ひとり為朝のみが日本に帰った。その為朝の一子、尊敦が後、舜天《しゅんてん》王となるというのである。『保元物語』によれば、為朝は大島を抜け出したあと鬼ヶ島で討死したことになっている。舜天王が清和源氏の出であるとする『中山世鑑』は、すでに薩摩の支配をうけていた時代の尚象賢の政治的立場によるものであろうが、舜天王自身は、十二世紀の沖縄に成長した政治的支配者の一人であろう。

やがて次第に統合がすすみ、十四世紀のなかごろには、中山《ちゅうざん》、北山《ほくざん》、南山《なんざん》とよばれる三つの小国家が分立するようになる。今帰仁は、その北山国の中心地で城があった。今も残る城跡のあたりには珍しく桜の花などが咲く。

〝……桃よりも彼岸桜よりももっと紅い花で、去年の葉の陰に咲いて居るのは殊に珍しい。真青な明るい大空が、花と故城とを蔽《おお》うてじっとして居る。昨日が立春と謂う二月の四日だが、まるで我々内地の五月のような日の光である。……〟（『海南小記』柳田國男著　昭和十五年）

と書かれた浦添《うらぞえ》城外の桜と同じ紅い桜が。

十五世紀に三山は統合され、尚巴志《しょうはし》による統一政権、第一尚氏がうまれるが、やがてこれも金丸《かなまる》による第二尚氏へとかわる。そして第二尚氏は、明治に至るまで琉球王国に君臨したのであった。

尚巴志も金丸も、伊是名島の農民の出であるのは不思議である。伊是名島の海岸近くに荒々しい岩山があり伊是名城《ぐすく》とよばれ、その麓に金丸尚円王の父母の立派な石造の陵がある。金丸は、この島の諸見《しょみ》という部落で生まれた。沖縄航路の船は、その島のごく近くを、時には人家も見える位の所を走り過ぎる。

南国のなんでも市

那覇はいきいきとした市だ。ことに市場は、売手も買手もたくましい男や女であふれている。魚、肉、野菜、穀物、衣類、化粧品等々がそれぞれの区域にわかれて、あらゆる品物がびっしり並んでいる。

本土復帰前の沖縄の交通はアメリカ式で、車も人も右側通行だった。那覇市国際通り

国際通りからはいったところにある市場。道路にも店が並ぶ。那覇市

青や赤の色とりどりの、大小様々の珍しい魚、氷の上にのせられている豚肉のかたまり、耳や内臓、強烈に赤くいろどられたかまぼこや打ち菓子、真四角な固い豆腐、大ザルに盛りあげられた米、冬瓜、にが瓜、へちま、さつまいもの葉、バナナ、パパイヤ、名もしれない南の果物、輸入オレンジからリンゴ、ナシ、アメリカ製、日本製のあらゆる化粧品、下着、既製服、着物……。陽の照りつける地面にもわずかなバナナの店がひろげられ、魚や野菜の大籠を頭にのせた女達がゆらゆらとゆきかう。そしてそれにとりどりの客。

売手の女達が、一メートルおき位にずらっと並んで坐っている化粧品の店先によると、驚いたことにその一

生活を写したような紅型の模様

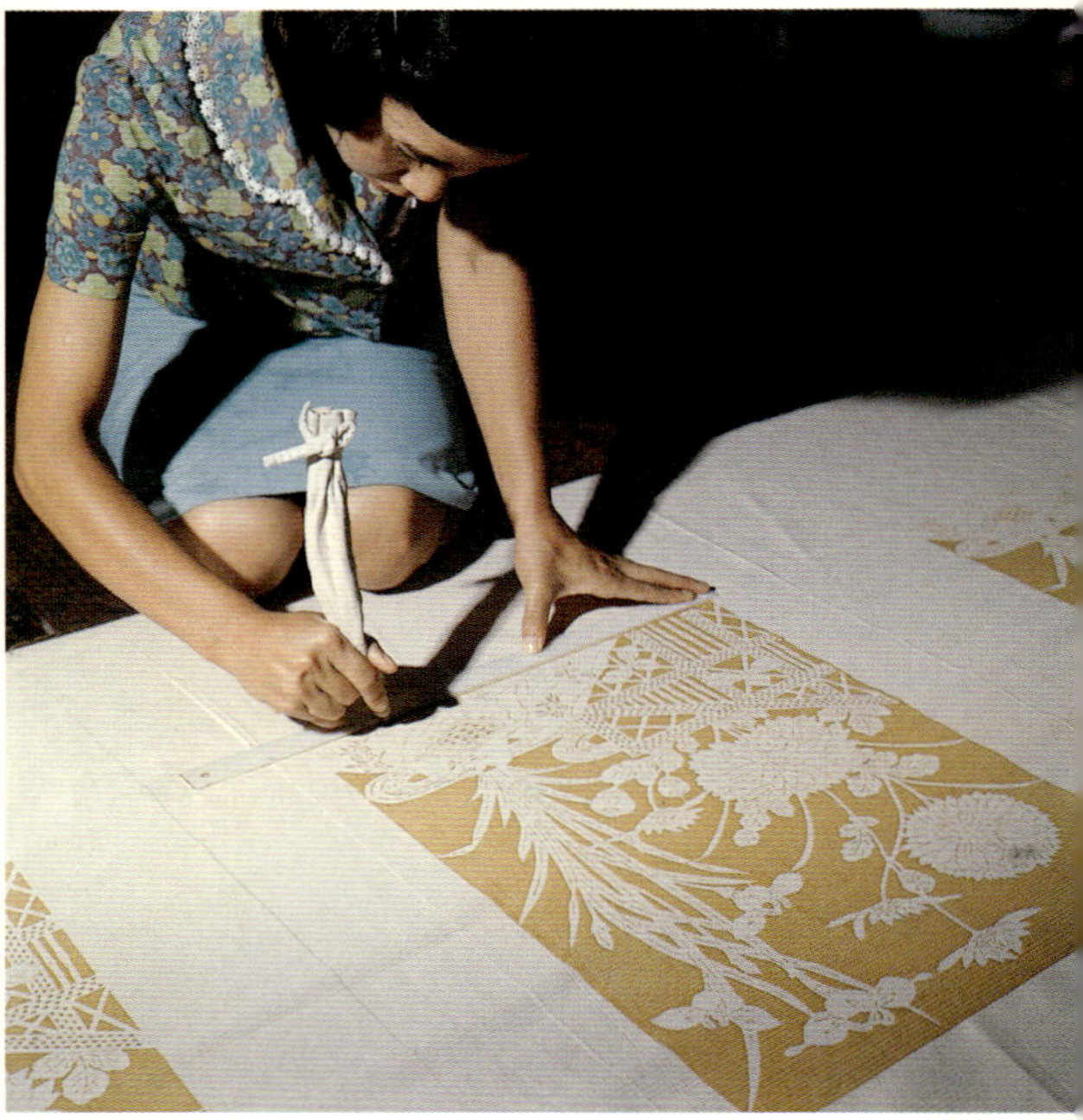

布地に型紙をのせて糊置きをする。

紅型の染めの作業。琉球王朝時代には、地色や模様の大小などで身分を示した。

調和のとれた美しい色合いの染物の紅型《びんがた》。沖縄の優れた工芸品のひとつで、この染物の衣装は、沖縄の踊りを引き立てている。

人一人が一軒一軒の店であった。客のさがしている品が自分の店にないと、気軽に隣に聞いている。

　薩摩藩が沖縄を支配した一つの目的は、中国貿易による利益を自分の手におさめるためであった。明は日本との貿易を禁止していたから、進貢国であった琉球王国を利用したのである。那覇は昔から、中国人、南蛮人のすむ商業のさかんな街であった。

　那覇の中心、国際通りには、観光客めあての店がつらなっている。宝石、時計、洋酒、民芸品等……。

　だがやっぱり市場は、一日一度はのぞいてみたくなる。

今は守礼門《しゅれいもん》だけが

　首里は、緑のこんもりした実に美しい、王城のある町だったときかされる。鎖国の眠りを醒ましたペリーの『琉球王訪問図』をみても、守礼門のいらかの半分が涼しげな木蔭の下にある。

　だが今は、地肌がむき出しの、夏であれば焼けつくばかりの陽ざしの中に、再建された美しい守礼門はただそれだけが立っているのである。そして首里城跡は琉球大学へとかわってしまった。

那覇市街を見おろす高台に立つ守礼門。上部に、礼儀正しい国であるという「守礼之邦」の額が掲げられている。
那覇市首里　撮影・須藤　功

美しい骨壺・御陵

　祖先祭りを大事にする沖縄では、非常に立派な墓がつくられる。たいてい自然石をつかった中国風の亀甲《かめこう》型か破風《はふ》型のものだが、コンクリート造りのものも多い。戦争中には、家と思われてアメリカ軍の爆撃をうけたほどで、この世の住居より立派なものがある。

　南部島尻《しまじり》の糸満《いとまん》町には、殊に有名な門中《もんちゅう》墓がある。門中は、親族集団のようなものをいうのだが、大きな門中になるとそれに属する人々が数千人にも及ぶ。そんな大きなグループが共同の墓をもつのだからその巨大なことが想像されよう。

　或る夏、この門中墓を訪れた私は、本当にすっかり驚いてしまった。強烈な夏の太陽の下に、まぶしいばかりの巨大な石造の普通の家位の墓がいくつも並んでいて、墓場には当然の静寂が何か不思議にさえ思えたのであった。

　墓は、トーシー墓（本墓）とシルヒラシ墓（仮墓）に分けられ、死者は先ずシルヒラシ墓に入れられ、数年たって肉が腐ってしまった頃ひき出して洗骨し、厨子瓶《ずしがめ》（骨壺）に納められてからトーシー墓にまつられる。洗う場所もある。墓のそばの空地には、悲しみに泣くという木がみすぼらしげに立っていた。

　骨を洗うという風習は、たしかに良い気持のものではないが、死者が先祖の神になるのにはかかせない一段階のようである。それはちょうど私達が、七・五・三の祝をしたり、成人式をすませたりしてやっとこの世で一人前になり、選挙権をもちえるようなものなのだ。骨は白い程よいといわれ、親類の女達が泣きながら洗う。水をかついで行くこともあり、そばを流れる川ですることもある。その真白い骨を納める厨子瓶もごく簡単な素焼のものから、青磁色の美しい陶製で破風型の装飾付のものなど様々で何とも云えぬ好いものだ。

洗骨した遺骨を納める厨子瓶《ずしがめ》。沖永良部で撮る。

　洗骨は都会ではだんだんおこなわれなくなって来ているというが、老人達はやっぱり火葬はこのまない。しかし火葬にしたところで結局そのあと骨揚げがあり、又さらにその骨を保存するために次の手続きが必要なのだから、原理的には洗骨と異ならないのだ。

　霊御殿《たまうどん》は尚王家代々の墓である。戦前は琉球松におおわれた幽邃《ゆうすい》な地であったらしいが、今は木々もなくなり、石造の陵がむき出しになっている。墓の前にたつと、王家の威厳がしんと迫って来る最高級の建造物である。

　この霊御殿に葬られない唯一人の王は、尚寧《しょうねい》である。慶長十四年（一六〇九年）島津は兵三千、舟百隻をもって沖縄を征服した。尚寧はその時の王であった。彼は、重臣らと共に捕虜として薩摩に連れられ、二年の後帰国をゆるされた。輝かしい琉球王国の王は、島津に忠誠と服従を誓う屈辱の身となって帰国したのであった。彼は、在位三十二年、五十七歳で世を去ったが、その遺言で、王家代々の陵、霊御殿ではなく、浦添のヨウドレ陵に葬られることをねがったのであった。ヨウドレ陵は、崖下を利用した古い風葬をしのばせるような墓である。

あゝあの白い鳥は

御船《おね》の高艫《たかとも》に（舟の高艫に）
白鳥が居ちょん（白い鳥がとまっている）
白鳥やあらぬ（白い鳥ではない）

おみなりおすじ（姉妹の生御魂《いきみたま》だ）

この琉球歌にみえる姉妹の生御魂は「おなり神」ともいわれているが、なぜ航海中の舟に姉妹の生御魂がとまることがよろこばれ、うたわれたのであろうか。琉球語では、兄弟のことをえけり、姉妹のことをおなりと云う。そしておなりはえけりの守り神であるという信仰があり、男きょうだいは、それを「おなり神」といって尊んだのであった。だから男きょうだいは女きょうだいに乱暴することもつつしみ、頭をまたいだりしてはいけないと教えられた。そのおなり神の守護が最ものぞまれるのは、豊作と、航海の安全であった。旅に出ること、つまり舟にのることであった島人にとって、航海の危険をのがれる女きょうだいの守護は絶対必要で、多くの場合その守護のしるしとして、姉妹の髪の毛や、手拭をもらって旅立ったのである。出征兵士のためにもその守護は切望され、千人針などは、妻よりは女きょうだいの手になるものがのぞまれた。

又、種子蒔《たねまき》の時の豊作を祈る行事にも女きょうだいは重要な役目をもち、それはたとえ嫁に行っていても、夫のためよりは、男きょうだいのために実家に帰ってやら

琉球王家の拝所《うがんじょ》（神に祈るところ）だった園比屋武御嶽《そのひゃんうたき》の石門。那覇市首里　撮影・須藤　功

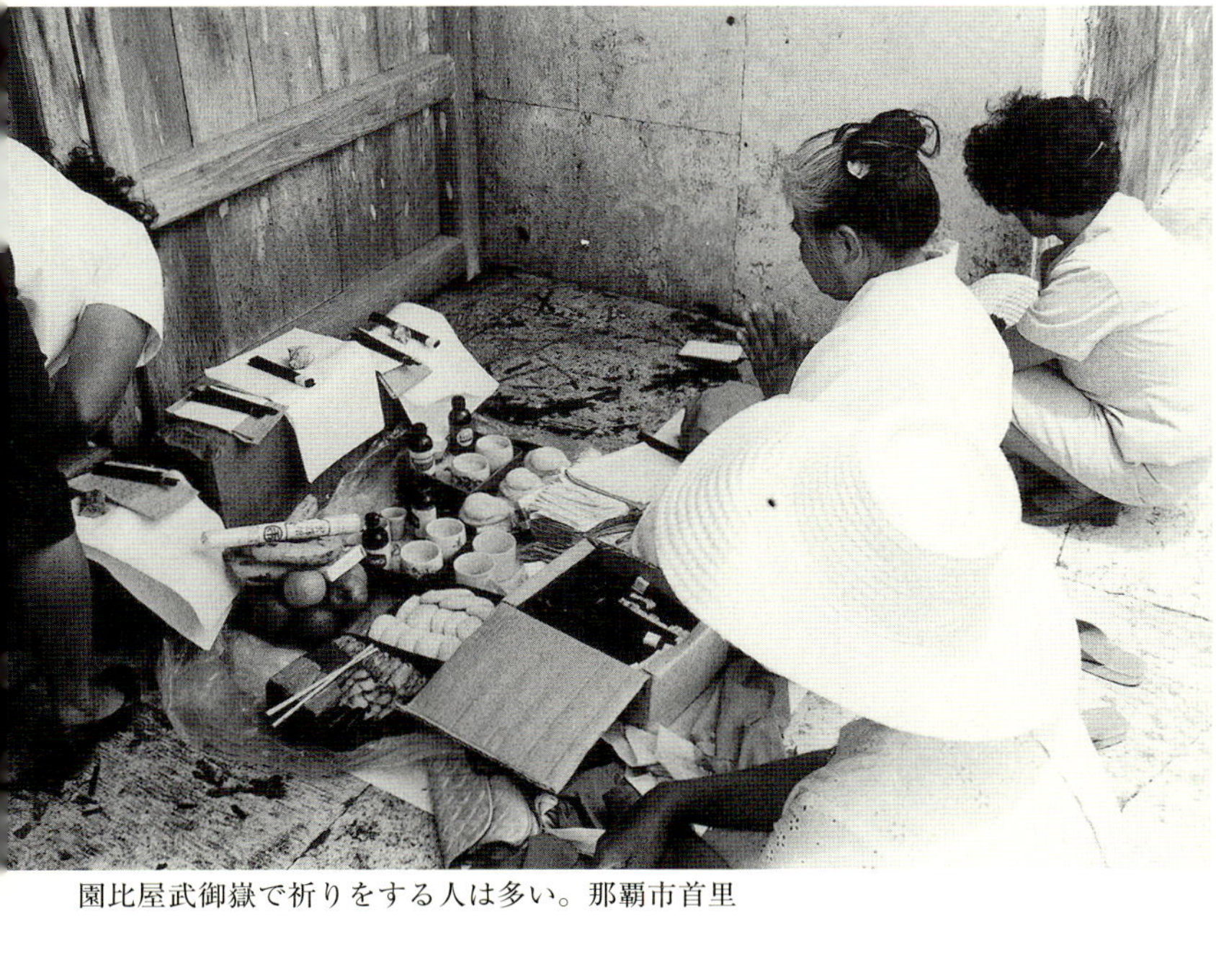

園比屋武御嶽で祈りをする人は多い。那覇市首里

ねばならないつとめであった。

こうした信仰が背景となって、女きょうだいの生御魂は白い鳥となり、或る時には美しい胡蝶ともなってうたわれたのである。

こうした信仰は、今では殆んどわすれられてしまった。しかしこのように、女性が人々の幸福のために果たしたした重要な役目を今に残しているのが、祭りの時の女神主である。本土でも、千年位前までは女神主が普通であったらしく、〃あづまには、女はなきか男みこ〃と「さいばら」に歌われ、男神主は珍しがられている。現在の私達は、祭りに際して女性は、補助的な役目しか持たないものと考えるのに、この島々では、神聖な神域にはいって祭りをおこなうのは女性で、祭りの費用をあつめたり準備したりする男性は、この神聖な場所にははいってはならないというのが普通であった。この女神主をノロなどと呼ぶが、血筋でえらばれたり、おみくじでえらばれたりする。

神々のいます島尻《しまじり》

南部の知念《ちねん》村、玉城《たまぐすく》村は、
〃知念玉城や神と石どころ……〃
と昔からいわれ、聖地がたくさんあるところだ。
知念村にある斎場《せーふぁー》御嶽《うたき》は、沖縄最高の聖地であった。昔は樹木が鬱蒼と茂り誠にこうごうしいところであったという。しかし今は、戦争で木々は焼きはらわれてみるかげもなく、草でおおわれて入口もさだかでない。ここは王朝時代、国王のおなり神である最高の女神主「聞得《きこえ》大君《おおきみ》」の即位式がおこなわれたところである。聞得大君には国王の姉妹が、後には王妃が任命された。本土でいうならば、天皇の皇女が任じられた伊勢神宮の斎宮《さいぐう》がこれとくらべられよう。葵祭で知られる賀茂神社の斎王も又これで、今は祭りの時に輿に乗って美しく行列する。その聞得大君の即位式、お新下《あらお》りには全島の女神主らが集まり、盛大に、極秘の中に儀式がおこなわれた。もちろん男子禁制で、戦前までは国王でもここまでという遙《よう》拝所《はいしょ》の石段もすっかり草におおわれていて淋しい。今は誰でも入れるが、大きな鍾乳石のたれ下がった聖所には香爐などどちらばりそのむき出しになった様はなんとも痛々しい。
玉城村には、戦争のはげしかった南部では珍しく落ちついた沖縄の村をしのばせる静かなたたずまいが残っている。古いたんねんに積んだ石垣に囲まれ、木々の茂った家々の眺めに自然に心がなごんでくるのを覚える。この百名《ひゃくな》海岸には、次のような話がある。
〃昔、アマミクという琉球開闢《かいびゃく》の神様が、海の向うの理想郷から稲の種子をもって来た。玉城《たまぐすく》百名《ひゃくな》の人がその作り方を教わって稲を植えはじめた。それがウケミズ、ハイミズである〃
小高いところから見下ろすと美しい水田が広々と渚近くまで広がっている。そしてそのずっと東方の太平洋上に、美しく、こうごうしく、幻のように浮んでいるのが久高島である。
周囲四キロメートルばかりの久高島は、昔から神の島として尊ばれた。この島には次のような話がある。
〃昔、久高島の伊敷泊《いしきとまり》に、沖の方から白い壺が漂って来

斎場御嶽《せーふぁーうたき》のある山。知念村久手堅

た。拾いあげてみると中に麦、粟、黍《きび》、扁豆《そらまめ》等が入っていた。取出して蒔くと成長して実った。……〃五穀には一つたりない稲の種子は後に鷲が理想郷からたずさえてくることになっているが、このような五穀の伝来神話をもったこの島は、王朝の初め頃は隔年に国王が聞得大君と共に渡島し、農業に関する重要な儀式をおこなっていた神聖な島であった。

この島の女神主は、大里《おおさと》家、外間《ほかま》家の由緒ある二家から出ることになっているが、その下におかれる女神主には島の全女性がなる。その女神主になる、いわば神女資格試験のような式がイザイホーの行事で、十二年毎の午の年におこなわれて来た。昨年（一九六六年）十二月にはなばなしくおこなわれたが、恐らくこれが最後ではあるまいかといわれている。不貞のあった女性は七ツ橋を渡るテストに失敗するといわれる。無事にイザイホーの行事を終えて女神主になった女性が、最初に祝いの盃をとりかわす相手は夫ではなくして兄弟であるというのも、おなり神信仰を背景としているのであろうか。

最後の地、摩文仁《まぶに》

その時、紺碧の海は、蟻の這うすき間もなく敵艦でひしめいていた。おびただしい爆弾は、人々の村を畠をあとかたなくふき飛ばした。十八万の米軍に応戦した十一万の日本軍は、はげしい戦闘の後南部へ敗走する。そして行きついた最後の地が沖縄本島の最南端、摩文仁であった。言語に絶する戦いの後、人々は死んだ。沖縄戦終結までの三ヵ月間に、日本軍十万、米軍一万二千、そして一般市民は実に十万から十六万（推定）が生命を失ったのである。それから二十年たった。

摩文仁の丘に立つと、夏の強烈な陽ざしが静かに照りつけている濃藍の海がただ果てしなく続き、なま暖かい海風がびゅうびゅうとふきあげてくる。

右手は東支那海、左手は太平洋。

島の悲しみが胸を強くしめつけたのであった。このあたりにたくさんの慰霊の塔がたてられている。ひめゆりの塔、健児の塔。

最近、府県の慰霊塔が乱立していると聞く。

聖なる木、聖なる石

どこの村を歩いても、目につくのは拝み場所が非常に多いことである。木々のこんもりしたところがあれば、大抵御嶽《うたき》とよばれる神聖な場所だ。いわば村々の鎮守の杜のようなところである。そこの草木は大切にされ、燃料に非常にこまった戦時でもここだけは手を触れなかったというのが多いから、神々しい感じがする。杜の中に拝殿のような建物があり、神が天から降りられる時の聖なるクバの木や黒ツグが生えている。拝殿から奥の更に神聖な場所には、奇怪な形の石などがおかれ、男子禁制が守られていて、案内の区長さんもやっぱり中に入ることをたいがいはばかった。

石を三箇、鼎に並べた火の神もよくみられる。女神主の住まうノロ殿内《どんち》の中にも、村の幸福を祈るコンクリートの祠の中にも、そして家々のかまどの上にも、ちゃんと石三つがまつられている。中にはかまどの土に塗りこめられた石三つもある。

こうした石は、多く海から拾って来たもので、拾う時の作法も様々である。こうした尊い石は、生きていてだんだん成長するという考えもある。石が小さくなるのであればともかく成長するなどばからしいと思うかもしれないが、君が代の歌詞を考えてみれば、小石がやがて苔むす岩に成長するのだから我々も無縁ではない。

出雲神社に、非常に小さな神様が海のかなたからやって来て大国主命《おおくにぬしのみこと》を助け、やがて常世《とこよ》の国へ去ってしまうというスクナヒコナの話がある。そしてこのスクナヒコナのような海のかなたからやってくる神は石や岩に自分を示すものであるという奇石の信仰が、今日も日本の海岸に広く分布していて、この火の神の石三つも同じ系統であろう。

沖縄、奄美の古謡をあつめた貴重な文献、『おもろさうし』の中に

あがるいの大ぬし
あけま、もどろ、みれば
へにのとりの　まゆへ　みもん
又　てだがあなの、大ぬし

（大意、明け方に　東方をのぞめば、今し、太陽が地平線をはなれ　きらきらと　あがって来る。眩ゆい光の中に、天の鳥がぐるぐる舞っている。みごとなるかな。）

というのがある。

暁に水平線の向うから太陽のあがる様を常にみることの出来た島の人々が、太陽に対する信仰を強くいだいたとしても不思議はない。更にそれは、東のはるか海のかなたに、生命をもたらす国をも想定した。『おもろさうし』にはたくさんの太陽の歌がある。火の神の信仰もこれと関連しよう。

こうした伝統的なものは、若い世代の者達には無縁のものとなってしまった。彼女達は何の知識もなく、又関心もない。しかし、島々を歩きいろいろみききする中に、すべて合理的に、空想の入る余裕のなくなった私達の生活が、味気なくも思われてくる。

安波《あは》のノロのこと

国頭《くにがみ》は、沖縄本島の北部をいい、沖縄では珍しく木々の多い地である。南部は戦争がはげしかったので家々も木々も丘も吹きとばされてしまったのだ。それにくらべ

シヌグの親子。国頭村安田　撮影・須藤　功

シヌグの少年。国頭村安田《あだ》　撮影・須藤　功

て国頭はかなり高い山も、滝も、川もあって、内地に帰ったような気持がする。西海岸にそってはずっと道路があり一番奥の部落まではバスが通じているのだが、東海岸はまだ定期の乗物のない島の中の孤島である。以前は帆舟が、国頭の木材等を運ぶため東海岸についたのだが、今はそれもやんでいる。

安波は、その東海岸の古い部落の一つである。大変古めかしい、珍しいシヌグという祭りがあった。当日、青年が神聖な山に登り裸になって体に黒ツグの葉をまとい、村の一軒一軒を祝福するというのである。これを中心に前後数日にわたる村をあげての大祭りで一年おきにおこなわれて来た。その青年が登るソウジ山の斜面に雛段状に、シマナハと呼ばれる古い字《あざ》の家々がしがみついている。急な石段を登りつめた見晴らしのよいところに、ヌンドンチと呼ばれる女神主（ノロ）の住いや、祭りをおこなうアサギという掘立小屋が立っている。ノロはここにたった一人で住んでいた。瞳の黒い、髪をぐるぐるまきにたばねた五十余りの人で、体が弱い。標準語が少ししかしゃべれなくて、私が行くとすぐ茶など出してもてなすが話は余りはずまない。それで大抵二人で海の見える山の端に腰を下ろして、長いこと白波のたつ太平洋を眺めてすごすことが多かった。

「私は若い時はずっと岡山の紡績に行っていたが、体が弱くて帰って来た。村ですごしている中に変な夢ばかりみるので、ユタ（占師のようなもの）にみてもらったら、あんたは神の筋だから、神を拝まなければいけないといわれノロになった。三十九歳の時だ。だから祭りのやり方など余りよくは知らないけれど、村のため人のためだから一生懸命拝んでいる。時々心が淋しくてたまらなくなる。そんな時は、この木の下に来て海を眺めることにしている。」

目の下には、安波川が流れ、水田がひらけ、その先は果てしない太平洋である。村の吉凶を祈る重い責任に堪えようとしている淋しい女のつきつめた感じのするこのノロが、白い着物でも着ているかというとそうではなく、アメリカの中古の、一昔前の肩のいかったビーズの飾りのあるワンピースなどを着ているのだから少しおかしくなる。

ノロを特別に葬るノロ墓は、ユウナの黄色い花の咲く川のそばにあった。

東京の雑踏にもまれながら、ふと都会の孤独を感じる時、いつも思い出すのは、心が淋しくなって海を眺めて木の下でしゃがんでいた安波のノロのことである。

伊江島は変貌した

伊是名島に渡ろうと、本部《もとぶ》半島の先端の渡久地《とぐち》港にやって来たのだが、ひどい風雨で船が出ない。宿に泊って毎日様子をききに港に出るがさっぱり要領を得ない。港の人は馴れているが、せかせかした東京からの者にはなんとも気がもめる。その上、近ごろ刑務所破りの強盗がこのあたりに来ているとかで、真夜中に臨検などある。ねぼけ眼のところをパッと懐中電燈で照らしてみたりする。風雨もやまず気がめいっていると、四日目の朝、急に伊江島行の船が出るという。それで思いがけなく伊江島に渡ってみることにしたのであった。大揺れの船は満員であるが、その一隅に静かに黙って座っている人々がいる。聞いてみると、急病の子供を那覇に治療に連れて出たが死んでしまったので、その遺骸を運んで伊江島へ帰るところであった。それで荒天をおかして船が出たのであった。

十八世紀の終り『大琉球島航海記』の中で、英国のバジイル・ホールをして、この島を〝航海者にとってすばらしい陸標〟と書かせた奇怪な形のグスク、或いはタツ

沖縄戦で日米両軍の激戦地となった伊江島の戦跡

チュウとよばれる岩山が中央にそびえている。祭りの時、女神主が馬に乗るのもこのグスクである。

伊江島は沖縄戦の戦場として激しい被害をうけ、しかも今日は島の大部分が米軍に接収されている基地の島である。以前、旅立ちの時、別れの盃をとりかわした御嶽の石段には弾痕が残り、古い桟橋は海の中にちらばって白波がくだけるばかりだ。新しいブロックの家の多い部落を少し出ると、ほうぼうに大きな焼跡のような岩のむき出しになった谷がある。米軍が飛行場に文字をかくための白砂をとったあとや、こわれた兵器の捨場だという。伊是名に比べて人手による変貌が目立った。

伊《い》江《え》立塔《たっちゅう》とも伊江城《ぐすく》ともよばれる伊江島の城山（172メートル）。撮影・宮本常一

数日して渡った伊是名島で、自家発電の電灯も消えてしまった真暗な夜半ふとみると、暗い海の上には、不夜城のようにきらきらと白く輝いている基地伊江島が浮んでいた。

忘れられない沖縄の光景の一つである。

伊是名島スケッチ

五十トン余りの伊是名行の木造船には、四、五人の女学生がのり合わせた。夏休みで島に帰る高校生であった。海が荒れて何日も船を待っていただけに何とも晴れ晴れしたうれしい気持である。海はまだ少し濁ってうねりもあるが、ところどころに珊瑚礁を透かす南の海の青さは見飽きない美しさだ。

高校生達もはじめは楽しそうにしていたがやがてひどく酔って真青になっている。せっかく持っていた花束がくしゃくしゃになっている。島には高校がないから大抵、友達やきょうだいで自炊して、名護や那覇の高校へ通う。現金収入の少ない島の親にとって、これは内地で東京の大学へ子を出す程の負担であるが、教育熱心な島の人は真黒になって働いて子を学校にやるのである。物を買入れるにも、売り出すのにも、常に運賃が加算される。海が荒れれば幾日も船が出ない。離島苦の内容は以前とは変わったかもしれないが、きびしい自然と共に、やっぱり人々を苦しめている。

伊是名島は戦災もうけず、米軍の施設もなく、昔ながらのフク木の森につつまれて、赤い沖縄瓦も点在する美しい部落である。その上、珍しく水が豊かで、味のよい米もとれる。沖縄本島の換金作物が殆んどサトウキビとパイナップルになろうとしているのに、この島では米なのだ。七月末の島は、ちょうどとれたばかりの籾の匂いがみちあふれ、同時に苗代には二度目の苗がわずかにのびていた。たまった支払いも収穫の時の籾でするので、あちこちの家で現金代りの籾を竿秤ではかっている。

この島には、「あむがなし」、「にかやたあむ」等とよばれる高級女神主がいる。第二尚氏、最初の尚円王のおなり神として、姉や伯母が任命されたのであった。彼女らは経済的な特権もあり、また年毎に荒海を舟にのって聞得大君に侍侯した。非常に晴れがましい地位であり、代々母系で継承して来たのであった。今も彼女らが乗った駕篭など残されている。

島の月夜は美しい。珊瑚礁を積んだ石垣に整然と囲まれた部落が白々と照らし出されると、人々は暑い昼間を忘れて自然に冷え冷えとした外に出たくなる。辻で女達が立話をしたり、草原で若者達がねころんで静かに話し合ったりするのも、月の夜だ。

歌と踊りと人情の島

豊年祭《ほうねんさい》の綱引が夜あるというので皆興奮している。部落のはずれの広場に、大きな雄綱と雌綱が昼のうちから横たわっている。綱をひく前にひと踊りあるのだ。夜になって男女大人子供いりまじり、高くかざした空缶をガンガン叩き、歌いながらじゃかじゃか、汗でぴかぴかして躍っている。昼のスカート姿のままの顔みしりの主婦たちの熱中した肩に、神山からとってきたクバの束のたいまつの火の粉がばらばらとふりそそぐ。沖縄はよく「歌と踊りの島」といわれる。内地の村々を歩いても、歌や踊りが自ら歌い演ずるものとされているのにぶつかることがある。しかし私達の大部分にはそれはすでに、聞いたり、見たりするものになっているのだ。だが島の人々には、歌い踊るよろこびがまだ強烈に全身にみちあふれている。こうしたものをはぐくんできたのはなんであろうか。

帰京してしばらくしてから、滞在中世話になった島のお巡りさんからハガキが来た。

〝この度、とうとう転任することになりました。四年間お世話になった部落の皆様とわかれるのがつらく、悲しく、いよいよ村をはなれる朝、わかれの歌をつくって有線放送で村中に流しました。〟

新しい任地でも彼は又、前任地でそうであったように駐在所のまわりに木や花を植え、祭りの酒に酔い、歌い踊るのだろうと懐かしく想像するのである。

『南島紀事外篇』（明治19年刊）に見る物賣女

沖永良部 与論島

文 小野重朗
写真 伊藤碩男

梯子《はしご》を架《か》けて高倉《くら》の上部にのぼる。沖永良部

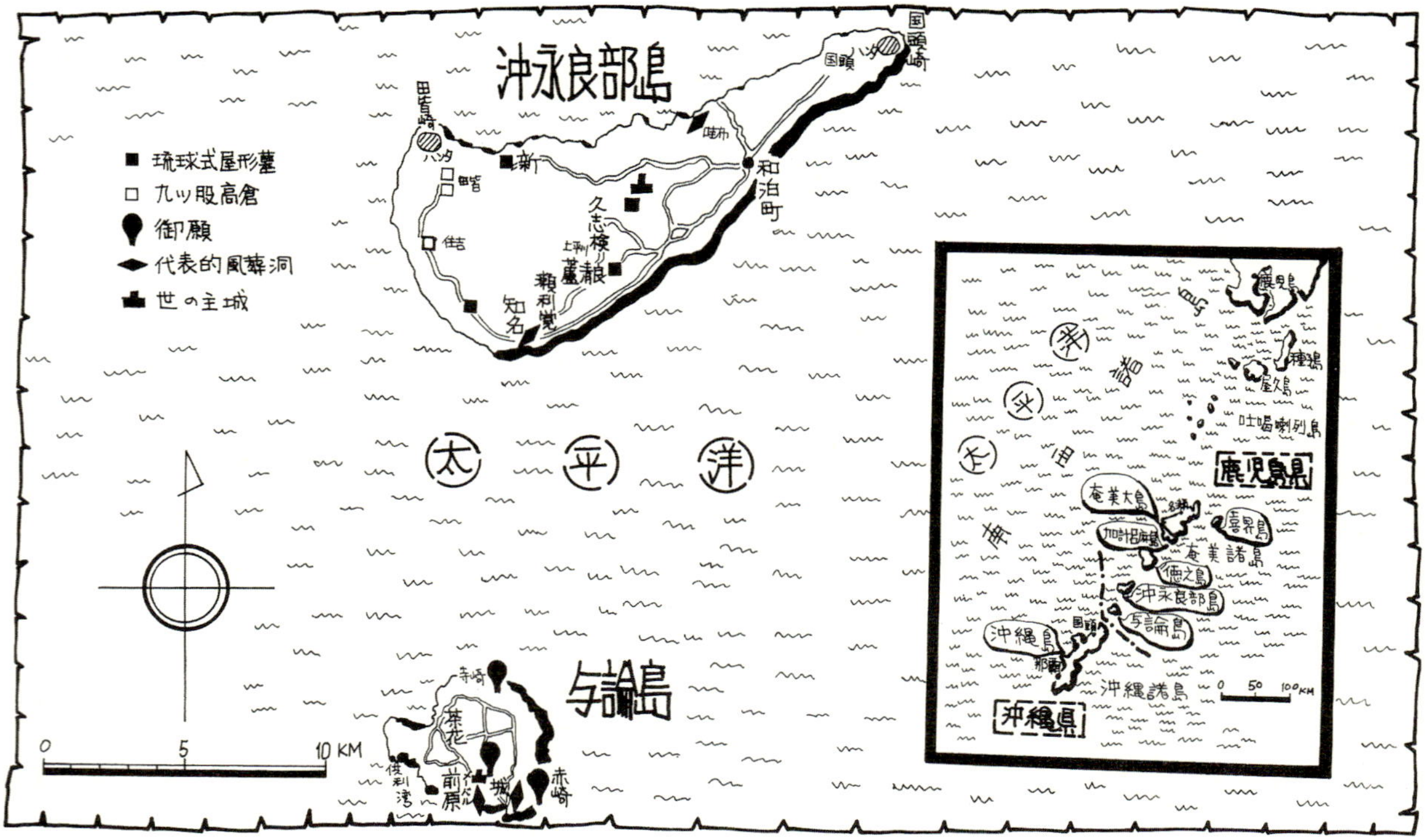

海の上に流れる荘重な船歌

和泊《わどまり》と知名《ちな》の二つの港にたちよってから、船は午後の海に出た。沖永良部《おきのえらぶ》の平坦な島はすぐに水平線とまぎらわしくなって、また海と船がのこる。

昨日の午後鹿児島を発った船は黒々とひろがる海を、うむことなく南々西に走りつづけた。夜があけて大島、徳之島と南下するにつれ、海も空もすっかり明るい色になった。だが四月の海にはまだ冬の名残りがあって波はやや高い。夏なら波をたたく船のへさきから飛魚が白い放射線を描いてとぶのだが、いまは青い波ばかりひろがり、視界には一隻の船も見えない。

しかし私はこの海に行きかかった山原船《やんばるせん》のすがたを思いうかべることができる。朽葉色《くちばいろ》の小さな帆をあげ、へさきに動物の眼を描いて、どこかジャンクに似た山原船。

ゑらぶ、やんまたけ　　永良部島のヤンマ嶽よ
おさんする、かみがみ　　そこから見下ろしたまう
　　神々よ
あん、まぶて　　吾を守りて
此と、わたしよれ　　此の海を渡したまえ

沖縄に伝わる『おもろさうし』にある船唄のひとつである。いま私の渡っているこの海の上で、小さな帆船にのった十五世紀のアマミ人《びと》たちは沖永良部の嶽に神々を見、そしてこう祈って歌った。古い沖縄のことばの正しい発音は知らないまでも、この歌をくちずさんでみれば、この海の上になにか荘重なものが流れるのを感じよう。

こんな船唄もある。

カエフタの親祝女《うやのろ》
トカラアスビ、崇《たか》べて
うらこしちへ、袖垂れて、はりやせ
（カエフタ＝与論。ノロ＝沖縄・奄美の女司祭者。
トカラアスビ＝ノロの名。崇べて＝祈って。
うらこしちへ……＝待遠しくして、袖垂れたように安らかに帆走せよ）

又、神々は、崇べて――
又、北風《にし》乞わば、北風なれ――
又、南風《はえ》乞わば、南風なれ――

秋になって新北風《みこし》が吹きはじめると山原船たちは小さな袖のような帆をかかげて、奄美から沖縄、沖縄から南支那へ南蛮へと航海し、春になって南風《はえ》が吹きはじめると那覇の港から沖縄国頭《くにがみ》へ、それから与論、沖永良部、徳之島、奄美大島をへて大和へと船旅に出た。この海はアマミ人たちの華やかな舞台であった。そして十七世紀のはじめ島津が琉球を征伐し、奄美の島々が島津藩に属するようになるまで、この海の上で生活と信仰と文学とが混然ととけあった、このような荘重な船唄が聞かれたのである。

山原船の華やかに活躍した時代は奄美にとって「那覇《なは》ン世《よ》」である。十三世紀から十七世紀はじめにかけての南島の戦国中央権の時代であった。琉球三山を統一した琉球国王尚真《しょうしん》の第二王子が与論に渡って沖縄に向う城《ぐすく》を築いたのは永正九年（一五一二）のことである。琉球の統一はなったとはいえ、北山にも南山にも力のある按司《あじ》たちがいて、いつ攻めてくるかわからない頃であった。

山原船《やんばるせん》。沖縄県立博物館

石灰岩をたくみに高く積みあげた城壁は地形にそって変化にとみ、立体的な迷路のように幾重にも交錯している。

それよりもはやく、四〇〇年代に世の主として沖永良部に城を築いた北山王の子は、父を滅ぼした中山王の船団がわたってくるのをみて、いまは敵《かな》わじと妻子と共に自刃して果てたという。いまは城の麓の琉球式の家型墓に眠っている。

与論にも沖永良部にもこれら城を築いた世の主だけでなく何代もの世の主たちがいたのであろう。

永良部世の主の、お船《うね》、橋し給《よわ》さへ、

ノロの子孫の家に伝わる大扇。沖永良部

永良部島成ちやる
永良部世の主の、選で置《お》ちやる馬群《みちやぶれ》、
馬群や世の主で待ちよる

おもろは世の主たちの活気にみちた生活を歌っている。悲劇と英雄の時代といえよう。四百年の星霜に耐えて与論の城はなお新鮮な黄色い肌を見せている。だが山原船もいまは見られなくなり、嶽々で航海の安全を祈った祝女《のろ》たちも伝統を絶って、部落に曲玉の首飾りと古びた扇を残すだけである。

与論島の茶花《ちゃばな》港に入る前に海はとっぷりと暮れてしまい、サンゴ礁をおそれて船ははるか沖合に碇泊した。目をこらしてみると暗い海面に島影がぼんやりと低くよこたわっている。暗い波にゆれ動くはしけに移る光景は離島《しま》島苫《ちゃび》を描いてみせるかのように、赤ん坊が母親の背からはぎとられて船員の手から手へと荷物のように渡されてゆく。

暗い桟橋には帰ってきた人と迎える人々といくつもの輪をつくって笑いさざめき、旅館の名を書いた弓張提灯が二つ三つ旅客を待っている。海辺の道のひどく変った足ざわりに提灯の灯をむけてみると、砂浜は夜目にも黄色い繊細なサンゴの粒なのである。その夜も次の夜も、海の音がどうどうと遠くから寄せてくるかのようにひびいていた。

環礁の海の美しい島

沖永良部の形をホラ貝にたとえれば、与論の方はサザエといったところであろう。海岸線二四キロ、数百メー

沖に停泊した連絡船から、島への艀《はしけ》に乗り移る。沖永良部・和泊

トルの沖合に環礁《リーフ》をめぐらしている。

かって与論も沖永良部も地質時代に一度すっかり海中に沈み、サンゴ礁を表面にかぶって浮かび上がった。その全島サンゴ石灰岩におおわれた隆起サンゴ礁の平らなサザエを、まんなかから二つに割って南北に断層崖がはしっている。崖の上、世の主の城のあたりに立つと、西側は眼下に低く平らにひろがり、東側は石灰岩台地特有のこまかな起伏をみせてゆるやかに海に下っている。その上を低いガジュマルや蘇鉄《そてつ》のしげみが網の目のようにおおい、夏の日などあまりに美しく輝く植物たちの中に、人も家も息をひそめて埋れてしまったかに見える。

その濃い緑に埋れた部落の道をたどれば、サンゴ石灰岩の石垣を低くめぐらし、その上にガジュマルの木を植えて、家々がひそやかに見えかくれする。草を積んだ牛を追って村人がていねいな挨拶をかえしてすぎ、あとにどこからかラジオの沖縄民謡がきこえてくる。空が島みかんの香をふくんでまぶしい。

隆起サンゴ礁の島は海岸に豪快な海食崖をつくっている。沖永良部の田皆《たみな》岬に立つと、目まいがするほど切れおちた海から吹きあげてくる潮風が、岬にならんだカルストの岩角を鳴らせる。野草にまかされた広い原には、初夏を迎えようとして野生のエラブユリの白い花がゆれ、小さな天梅《てんばい》が岩肌にしがみついている。アダンのパイナップル型の実はまだ青いが、蘇鉄はもう実を摘まれている。この崖上の野草の原を人々はハンタとよぶ。特に田皆岬から国頭《くにがみ》岬では延々と二〇キロにもわたって絶景がつづく。

ハンタを隆起サンゴ礁の島々の地上の風景の特徴とすれば、地下の風景は鍾乳洞である。昭和三十八年（一九六三）夏に愛媛大学の学生達が、支洞を合わせて、一・

樹木はなく、くる者をこばむような断崖のハンタ。でも美しい。沖永良部・田皆岬

波に打たれ、削られてできた珊瑚礁の岩。与論島・茶花

七キロもある昇竜洞を発見した。この他にも島々の地下には縦横に鍾乳洞が走っているという。海岸を歩いていて岩の間から水が流れでるところがあれば、そこに鍾乳洞が開口していると見ていいのだ。

　しかし島の海岸はそんな荒々しさばかりではない。与論の東岸大金久《おおかねく》では、密生した低い亜熱帯の緑ごしに淡いクリーム色の砂浜がつづいている。ずっと沖合に一本の白い波線がよこぎり、その内側の浅いサンゴの海はたとえようのない明るい青白色を見せる。その青を映してだろうか空はかぎりなく明るく一様な青さでひろがって、遠くの藍色の海とはどこまでいっても交わらない。環礁のあたりに点のようなサバニが黒い帆をあげている。

「海を歩かぬものは男ではない」

といわれる麦屋の男たちが、追いこみ網をおえて帰ってくるのであろうか。砂はつややかにみがきあげられたサンゴの微粒である。

サンゴ石灰岩の粗い岩肌

この美しい空と海はそこに住む島の人たちにとって、甘いロマンの世界とはかぎらない。陽光のきらめく石垣の中に、いまは住む人のなくなった空虚な家が朽ちようとしている。庭に植えられた仏桑華《ぶっそうげ》やクロトンの花はまるで雑草のようにしげっている。

　そんな寂しい情景は今にはじまったことではない。さいわい二つの島にはハブはいないが、近よってみるとサンゴ石灰岩の岩肌は手を触れるだけでも痛い荒々しさをもつし、リーフは船をくだき、密生した緑も人をよせつけない。何年、何十年かごとに天然痘や赤痢がはやり、あるいは激しいかんばつや台風、害虫がおそって多くの人達を奪い去ることは、明治のころまでそうめずらしいことではなかったという。

　嵐の近い暗い海からおしよせるおびただしい黒雲に向って立って見るがよい。その前に島はあまりに小さい。島の中央部にいてさえ空気中に小さな潮しぶきがキラキラ光って舞うのが見えよう。まるで雪国の風花《かざばな》のようなこの潮のきらめきは台風が雨を降らせないまま過ぎさると、稲や畑作を枯らせてしまう。夏から秋、しばしば空をおおう雷雲や台風の雲がきまって雨をもたらすには、島は低く小さすぎる。降った雨も隆起サンゴ礁の田畑は地下に逃してしまう。家じゅう部落中病いにたおれてしまって、動けるもののないままに屍とともにうちすてられていた話や、蘇鉄の実や甘皮を非常食にして生きのびた話はまだ生々しく伝えられている。

かつて全国に見られた頭上運搬は、南の島では近年まで見られた。沖永良部・住吉

キビに対する島人の思いは複雑だが、生活のためにキビ刈りをする。沖永良部・田皆

野良仕事に行く人。与論島

島のあたえるそんな仕打ちを人々はだまって受けてきたわけではない。離島苦《しまちゃび》をのがれようとする努力はいたるところに見られる。

　与論よりは大分恵まれた永良部でも手入れの行きとどいたしっかりとした水田が旱ばつや嵐に強いキビ一色の荒々しい風景にかわっている。島津藩の過酷な砂糖政策が一九世紀前半二つの島を甘蔗でうめたが、こうして一〇〇年ほどへだてて甘蔗が再び島をおおうことになった。四月はキビの収穫期で、きしみ合うキビを満載したトラックが走りかい、新しい製糖工場の高い煙突が黒い煙をはきつづける。昔なつかしい個人の製糖所も点々とのこっているが、のんびりと牛が円をかいて砂糖車をまわす風景はもうない。昔とかわらないのは小屋の暗さと、黒糖の煮つまる甘い匂いと蝿の群、そしてふと立寄る旅人にもしぼりたての緑の糖液をめぐむ島の人の心情である。それらの故に、どの製糖所も経営は楽ではない。

　新建材で作った真新しい小屋の中で若い女性がひっそりと昼も蛍光灯をともして紬《つむぎ》を織っているのもよく見かけるようになった。化粧瓶を並べ、コーヒーポットやテレビを置いたこの小屋は娘たちの新しい城である。熟練すると月四、五万円の収入になるのだという。さまざまな組で力を合わせ、力あるものはその力を分けて互いになんとか身の立つように努力してきた。上に立つ者は一戸一戸のミソガメの中にまで気をくばった。道をひらき、井戸を掘り、高等学校をつくった。豚を飼い冬のカボチャを工夫し花を育てた。それでかなわぬときは大牟田や満州に集団移住も行なった。しかしこうした苦労も報われないでおわることが少なくない。旱ばつが、塩害が、交通の不便さがくりかえしくりかえし人々に歯ぎしりさせた。島津の世以来南海の離島になってしまった島々にとって内地《やまと》の政治も経済もあまりに遠すぎるのであった。

　実りの少ない努力であってもあきらめることなく続ける力を持った人々も、歯をくいしばり汗をしぼる努力だけでは島の気まぐれに耐えることはできなかったのではないか。人々のいとなみを見ていると、人間がどのようにしてこんな風土に適応し、生を豊かにしてきたかいろいろ気づくのである。

　十五夜踊りがそれであり、神壕遊《はみごうあし》びがそれである。

暗河《くらごう》と呼ぶ、洞穴内の地下水を汲むためにのぼりおりする階段。沖永良部・住吉

水を汲む人、洗濯をする人、また髪を洗う人もいる共同使用の水場。ここは人々の交流の場でもあった。沖永良部

真剣な祈りとのびやかな遊び

旧暦三月十五日。新しい年の豊作と無事を祈って十五夜踊りの行なわれる日である。この踊りはもう一度旧八月十五日にも繰返される。場所は与論の城の内庭、常主《とこぬし》神社の前庭である。眼下に西部の平地と海を見おろす崖の上に太鼓がひびく。

　雨賜《あみたぼ》うれ、たぼうれ。あーみたぼうれ、たぼうれ。
　島果報《しまがふ》ど世果報《ゆがふ》

「嶋中安穏」の大旗と雨乞いの唱えごとが蘇鉄地獄の話を思い出させる。太鼓打《どぅーすん》ちの表情は緊張にこわばっている。

　城の石垣の中段に座をしめた賓客たちの前で、黒い着物に琉球風の前結びの帯をしめた二番組十五名が舞いはじめる。踊りは中世から近世にかけての本土風流踊りの流れをくむもの。踊り子の面をつつんだ絣《かすり》模様のぬいとりが縄文風でまことに美しい。つづいて一番組十五名の白い衣裳が素朴な紙面をかぶって狂言を演じる。暗くなった草原の上で踊りは交互につづいていく。見物の村人たちは料理を入れた重箱と酒瓶とを両手にもって盛んに歩きまわり、はしゃいだ子供たちが踊りの列を突っ切って走りぬける。そうした中で踊り手たちの動作の何という真剣さだろう。節くれだった農夫の掌を立てて、踊りの節々はぴしりぴしりときまる。これだけ気持ちを揃えるのはなみたいていのことではない。家の名にかけて親から教えこまれた世襲の芸である。

　踊りにさきだってこの日の朝二番組の主取《ぬしどい》の家にはきびしい精進をまもった男たちがあつまり太鼓と旗をまつる神事があるし、前日には数日前から練習をはじめた一番組の踊り子たちの席に町役場から使者がおとずれる。使者の口から島の発展に関する計画がかたられ、ここは祭りの席だから政治むきの話はそのへんでと主取がとどめて儀式を始める。普段着の男たちはひざを折ってかしこまっている。後になって創始者の霊にショウチュウを捧げる言葉や客に馳走をすすめる言葉ばかりでなく、このすべての経過がおりめただしい法式にのっとっていたことを知った。

　そういえば踊りの日二番組の座の隅に中年の婦人が一人、始めから終りまで身じろぎもせず端座していた。踊るべき夫が本土へ出稼ぎに行っているとかで、夫の代りにそうして坐っているのだという。踊りの旗を倒すと大凶作になるとか、踊りの手を間違えると雨が降らないなどの言い伝えをそのまゝ信じているわけではなくても、そこに昔から島中の生活の安全を祈る責めを担ったきびしさが見える。ほっとするのであろう、踊りの終った宵闇の草原は酔っぱらった踊り子や村人がいりまじってらんちき踊りの場にかわる。

　離島苦《しまちゃび》という言葉から、あるいは気まぐれな風土とそれに対するこのようなきびしいものから、なにか暗い島の姿を連想する人があるかもしれない。が島人たちは島での人生をそんな風にうけとってはいない。荒々しい隆起サンゴ礁の島は旅人に激しい喜びを与えるように、島に生きる人達にとってもやはり明るく美しい。

　海につきだした美しいハンタの一角、与論島の神壕《はみごう》に

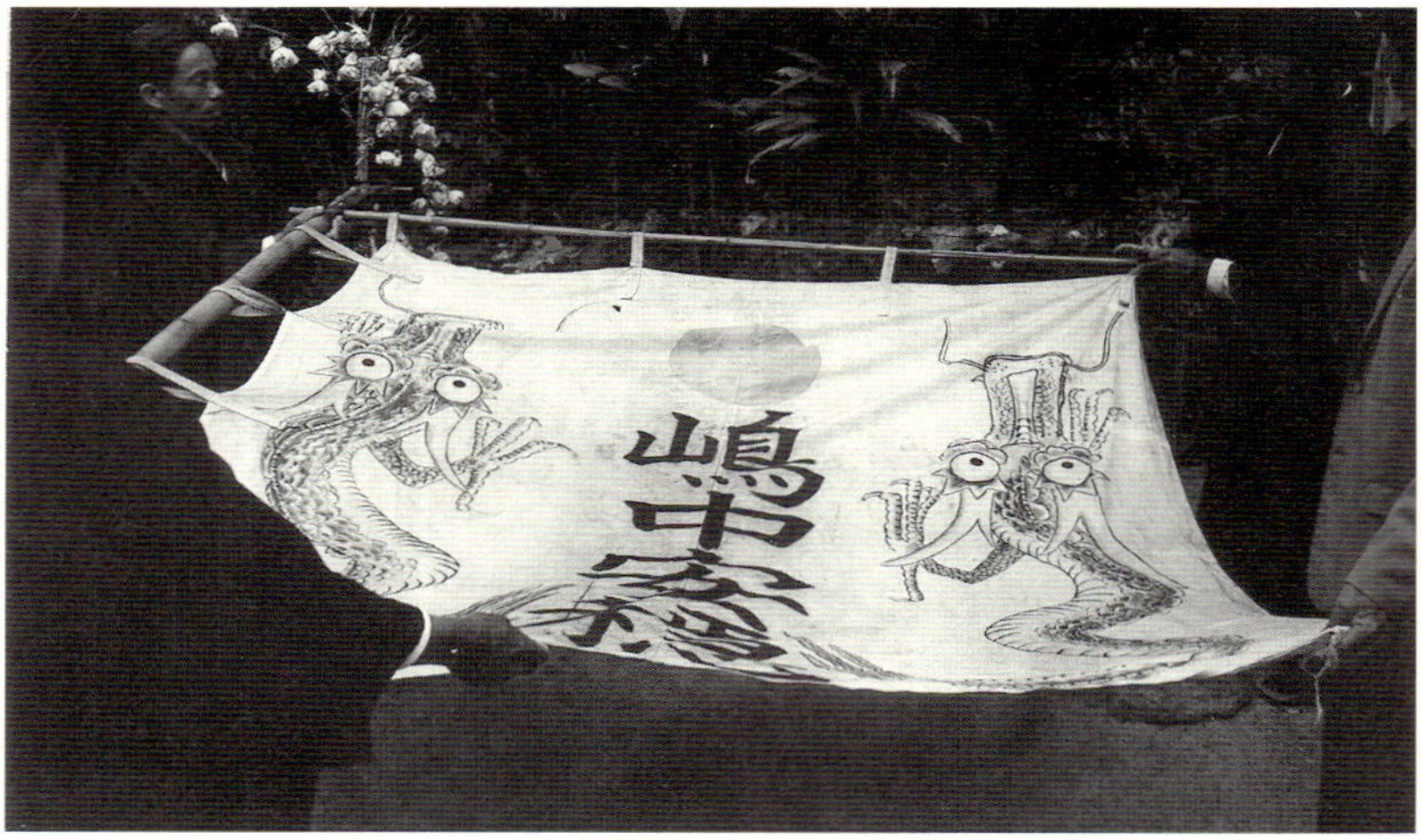

十五夜踊りに二番組が立てる旗。「嶋中安穏」と記してある。与論島・城

旧正月の五、六、七日全島の若ものや娘らが酒瓶と重箱をもって集まる遊びがあった。いくつもの組をつくって輪になり、終日三味線をひき歌と踊りを交歓した。即興で踊り即興で歌った。一人一人が詩人であり舞踊家であった。そしてその中から結ばれる男女も多く、娘たちはその日にそなえて美しい紬を織ったという。昭和のはじめ村役場はこれを禁じたが、その年田畑に害虫が多く飢饉になって、翌年は禁をといた。アシビといっても単なる遊びではなく祭事であったことがわかろう。今は禁ずるまでもなくひとりでに絶えてしまった。

　これに似た雅《みやび》やかなハンタの上の遊びが与論や沖永良部の月の夜を楽しませたのはそう古いことではない。中年以上の男なら、三味をかきならしながら娘らを待って家の前の石垣にもたれていたころのことを懐しさを込めて話してくれよう。娘たちの数がへった。暗い島の道に家々の電灯がもれてくるようになった。それとともに遊びの舞台は庭にむかってあけはなたれた娘らの部屋に移った。しかしその部屋を訪ねてみると豊かに寛容に生を楽しんだアマミの先祖たちの心と文化が、いまも若者たちの毎日を支えていることを知る。そして人々の柔和な表情とこだわらないのどかさが、叩かれても叩かれても完全に参ってしまうことを知らない自信の表現であったことに気づくのである。

十五夜踊りの無事を祈って太鼓に酒を飲ませる。与論島・城

十五夜踊りは二番組と一番組が交互に踊る。一番組は能・狂言を取り入れた大和風。彦左頭巾を被り、日の丸扇を手にする二番組の踊りは琉球風の感じが強い。与論島・城

特徴あるイッキャ（棟押さえ）の高倉。奥はトーグラ（台所）。沖永良部・大津勘

西南日本の民家の原型　高倉と別屋敷

奄美の島々がつたえる、こういういとなみや文化は日本の文化、とくに西南半分の日本文化の原型を考えるとき、かかすことのできない重要な手がかりとなる。そんな手がかりは沖永良部や与論を歩いているといたるところで見つかるだろう。

与論にはだいぶ数が少ないが、沖永良部の古い部落を歩いていると、ガジュマルやバショウのしげみのかげに、また石垣にかこまれた家の前庭に、高倉《くら》がのっそりと高い茅屋根をのぞかせている。涼しい蔭をつくる高倉のそばでは主婦が背丈よりも高い竪杵《あじむ》で草餅をついていたり、古くからの生活用具が床下に置かれていたりする。

稲積みを高く柱で支えたことからできたといわれるように、背の高い角錐形の茅葺きの収納庫を、二列にならんだ六本の太い丸柱が高々と支えた形である。大島や喜界、徳之島では四つ股（四本柱）が多く、永良部、与論では六つ股（六本柱）のものが多い。形も与論のは床と屋根の間に竹で編んだ壁があるのに、沖永良部のものはその壁が床の延長のように水平にひろがるといった違いがある。沖縄に二つ三つ残っているものは与論型である。

高倉のあるところは、奄美でも十島でも高温多湿で、いずれも鼠の大群になやまされた歴史をもっている。そんな土地でもこの高倉に入れておけば米も粟も大豆も、豚肉さえもよく保存される。しかも見かけによらず中はひろくて、百俵も積みこむことができるのだという。

高倉《くら》の本来の一本梯子。沖永良部・住吉

ただ高倉は出し入れには不便で、風と火事には弱い。角材をきざんだ一本梯子をのぼるのは空身でも楽ではないが、重い俵をかついで二、三段目から高い入口に肩の力でほうりこむのは大変な力と技がいる。風はヌキの楔《くさび》をしめてなんとかなるとしても、火事が近いと、屋根の傾きに差した二本のシュロ縄を腰に結び手にもって屋根の上を走りまわって火の粉を消すのである。それでまにあわなければ高倉を倒す。柱の根のヌキを取り、柱に縄をかけて引きまわすと、高倉はまわりながら座り込んでしまう。釘一本使ってないのだから、木組をばらばらにして組み立てなおせばまた元通りになるのだという。

このように巧みに造られた高倉のうしろに、あるいは高くあるいは低く、いくつにもわかれて円錐形の茅屋根がならぶ。高倉の洗練された姿にくらべて意外なほど単純でむぞうさに造られていて、そんな対比が登呂遺跡を思い出させる。四方のケタからでるサスを頂上に集めて結んだ与論のこの屋根は、頂きを風から守るために十数本の竹の先をしばったユイブシを被せる。それでこんな屋根をもつ家をユイブシヤーというが、屋根としては最も原初的な形とみてよいだろう。沖永良部になると短い棟木ができて、屋根押えも竹ながら千木風のものになってくる。

これらの民家が原形的な単純さをのこしているからといって、すぐに島が貧しいからとか、おくれているからと思うのはあたっていない。もしそうなら精巧な高倉など造れはしない。これは文化の形というものである。与論に住めばユイブシヤーを造りたくなり、ユイブシヤーに住みたくなる。そんな生活の型なのである。だからこそ高倉と同じようにこの円錐形の屋根に興味をひかれるのである。

用途によって建物が同じ屋根の中でいくつもの別屋根にわかれているのも、その型の文化のくせの一つである。住居用のオモテまたはウイヤー。台所にあたるトーグラ。この二つの中間にナカエという建物のある例も多い。それに高倉、ジグラ、家畜小屋など。これらの別屋根の建物は次第にくっついていく。現在では主な棟の間に露天の短い渡り廊下を渡したものが普通になっている。薩摩半島にあがるとさらにくっついて屋根だけ別にして部屋はつながってしまう。

これら民家の特徴はどこからくるのだろうか。台風と高温という環境からか。西南日本の社会構造によるのか。南からきた黒潮文化の一つなのか。それともただ日本文化の古い姿が残っているにすぎないのか。

いろいろ疑問をのこしながらもこれら民家の特徴とその変化は、西南日本の民家の型であり歴史を示している。

原型を知る手がかり　ギシとタウムとケヌ

墓もそんな貴重な手がかりの一つである。

隆起サンゴ礁の断崖は海食されて洞穴を作る。これを与論ではギシとよんで先祖代々の遺骨をまつる墓地にしていた。前原《めーばる》の浜に近い丘の斜面には、このギシの十数洞が並んでいる。数からいっても、保存のよさからいってもおそらく奄美、沖縄を通じて第一のものであろう。自然の海食洞に手を加え入口をふさいで四畳から十畳あまりの部屋をつくっている。その前に花瓶や茶碗などをおいた小さな庭がある。毎年きまった日、この庭にそのギシをまつる家々の人達が集まるのだが、古いギシはすでにどこのものかわからなくなって、参る人のないままに心ない見学者があらしている。沖縄や奄美の屋形墓、亀甲墓はギシを人工で作ったものである。

大きな石を組んだ琉球式の大工の墓。沖永良部・内城

ギシには飢饉や疫病で亡くなった人の骨も集められ、まつられた。与論島・前原

古老の話によると、島の葬法はまず棺をギシの中か崖下などに置いて、四十九日まで毎日参ったという。三、四年目の旧十月のきまった日に洗骨をする。新《みい》くなすとか清《ちゅら》くなすといって血族の女たちの手で海水を汲んで肉のとれた骨を洗い、真綿につつんで骨壺に入れる。それをギシの奥に納めた。つまり風葬（崖葬といった方がよいかもしれない）と改葬と二つの過程をへる葬法である。

明治十年（一八七七）には奄美の島々に対して風葬を埋葬に改めるよう鹿児島県から強硬な論達がでて、棺を浜などの砂地に埋めるようになったが、洗骨した骨はやはりギシに納めていた。下って大正のはじめになると骨壺もギシに納めず、埋葬地にそのまま埋めるようになり、墓石もたてるようになって、ギシは信仰から離れることになった。与論ではこの変化が奄美大島や喜界島にくらべてよほど遅れたので、古老はその変遷の歴史を見てきている。

この変遷こそ今日埋葬だけで終る本土の葬法が、遠い昔にへてきた変遷であったろう。沖縄や奄美の文化を日本文化の古い姿をとどめているものと見る民俗学者の多くはそう考えるのである。

ウワヤ（霊屋《たまや》）をおいた土葬の墓。与論島・前原

墓や民家の形といったものは通りすがりの旅行者にも目にとまりやすいが、誰もが見たり聞いたりしているもので、古い日本を知る上に重要なカギとなっていることに案外気づかれないものもある。作物や地名もそんなものの一つかもしれない。

沖永良部の島の南側、瀬利覚《せりかく》、蘆清良《あしきよら》、久志検《くしけん》などという沖縄風な珍らしい名の部落がつづく水田地帯がある。上平川という部落で見渡すほど広い田芋《たうむ》の水田を見かけた。田芋は里芋の類だが水田に作り、親芋も子芋も美しい濃紫色をしてねばりがあって甘い。煮たものを臼でついて丸めると紫色の餅ができる。

湿地帯の稲作以前の作物はこの里芋であり、米の餅も田芋餅からヒントを得てできたのであろうと考える考古学者がいる。上平川の広い田芋の水田を見ているとその考えがうなずけてくる。たまたま田植組の昼食のそばを通りかかって呼びとめられて、その田芋餅を食べる幸運に恵まれた。ねばり、淡い甘さ、紫色、そして特有の風味。土の匂い、泥の匂いといっては強すぎる素朴な風味である。昔はよく食べたという。今はもう村の人にも珍しい食物になったが、田植だから作ったのだということであった。

奄美や沖縄を歩いていると、チナやキナ、キナワ、ケヌなどのつく地名が多い。いずれも畑作に適するしげった草原を指すのだが、一方では焼畑にちなんだのだろうといわれる。たとえば沖縄、知名がそうであり、久志検は「丘をこえる道のそばの火田」だという。焼畑はかつての日本でひろくおこなわれ今でも山あいの一部では見られるし、関東の上野《こうづけ》、下野《しもつけ》もカミツケヌ、シモツケヌのなまったものでやはり焼畑にちなむ地名とされる。

　この焼畑こそ田芋と同様に稲作に先行した農法であって、のちに畑作に発展していった。しかも本土では狩猟をともなった山地性の文化と密接な関係が見られるのである。南の海にうかぶ島々はまた一つナゾめいた手がかりをなげかけるのである。

徳之島と沖永良部の間の一本線

　奄美はこのように別屋根のむぞうさな住居と立派な高倉、ギシと改葬、田芋あるいは焼畑等をはじめとして日本文化の一つの原型を示しているようにみえるが、一様には取りあつかえない。

　渡瀬ラインというのは生物学者渡瀬庄三郎が、種子屋久と奄美大島との間の七島灘に引いた動物分布の境界線である。数多い南西諸島のどの島とどの島との間に、大和文化、奄美文化、琉球文化などの境界線が引けるのだろうか。

　私は徳之島と沖永良部島との間に一本の線を考える。同じ奄美でもこの線の北と南でははっきりした文化のちがいが見られる。北の大島、喜界、徳には大集団で踊る八月踊りがあり、後にのべるシニグがないのに対して、南の沖永良部、与論には八月踊りはなくてシニグが伝わっている。民謡も北では日本の節まわし、南は琉球の節まわしとはっきりした違いがあるし、運搬法も、テルという竹籠の緒を額にあてて負う北に対して、南は籠などみな頭上にのせて運搬する等々。

　だが十五夜踊りを見ていると、言葉や衣裳は琉球のものでも、内容は明らかに大和のもので、加計呂麻《かけろま》の諸鈍《しょどん》芝居と同じように、十七世紀のはじめ奄美が島津藩に属して以来、近世日本文化の強い影響下で作られたものである。文化の伝播と変遷の複雑なことにあらためてとまどい、文化に境界線を引くことの難しさを思うのである。

　それにしてもこのアマミ人《びと》たちは、どこからどのようにしてやってきて島々を拓いていったのだろう。そんな遠い祖先の物語を伝えているのか、与論に古風なシニグの祭りが残っている。

シニグ—アマミ人《びと》は　どこからきたのか

　環礁を島言葉《しまぐち》で干瀬《ひし》という。干瀬の白い波線を遠く近くに見る与論島の東岸一帯の崎々には古くからの御願所《うがんじょ》が点々とちらばっている。その一つ赤崎《あーさき》御願があるのは島の東南端の崎の上で、白い大きな気根を複雑にからませて何か神秘的な雰囲気をただよわせるアダンの低いしげみにとり囲まれて、小さな石が一つ、粗いサンゴ砂をしきつめた十畳ほどの平地の奥に立っている。

　背後の荒草の原ごしに東北に広い海がひらけて、弧状に続く干瀬がここだけはきれて外海と内海が青い色をつなぐ。ここがシニグの祝詞《のりと》にいう「大東大口《おおあがりおおくち》」で奄美を開いた阿麻弥姑《あまみく》、志仁礼久《しにれく》の神は東方からこの大口を

シニグのサークラ（祭場）で豊作を神に感謝する。与論島　撮影・須藤　功

サークラでの祈りのあと、もうひとつの祭場にシニグ道を行く。与論島　撮影・須藤　功

通ってきて、この御願にまつられる。

シニグは日本の祭りの中では最も古風で貴重な内容をもつものだろうが、今はこの与論島と沖縄国頭《くにがみ》の数部落でしか見られない。

シニグの神はまずこれら東海の海辺の御願にむかえられる。隔年にやってくるシニグ年の旧暦七月十六日の夕方、部落の主取《ぬしどい》家の戸主がみそぎをして御願に祈ると、神が来てこの主取につき、シニグ神になる。十七日の早朝、実のなった野ぶどうのつるをまとったシニグ神のひきいる村人たちの長い列は、シニグ旗をたてて、次々と他の部落を訪れる。かつて神々が通ったという道を守って、藪をわけ崖の上を渡り、ときには池を泳いで進む。部落につくとサークラという野の祭場で祭りをし宴をひらき、子どもたちは部落の家々を「ウーベー、ハーベー」と唱えながらダンチクの笹をもって祓《はら》って回る。こうして次々に部落の人々を加えて大きくなった列は最後の祭場である広いハンタの草原にたどりつく。そこで座元のシニグ神が唱え言をして、猪を狩るしぐさで弓を射る。それから大野宴となり、三線《さんしん》（三味線）、太鼓で歌い踊る。その夕方、ダンチクの笹や弓や野ぶどうのつるを海に流してシニグは終る。

赤崎御願を案内してくれた人はふと立ち止って、アダンの根方から拾い上げたものを私に渡した。握りこぶしほどの巻貝を背負った爪の赤いヤドカリである。ヤドカリは島言葉をアマンという。――古く島の娘たちは手に入れ墨をし、今も年とった女の人の手にうすれた入れ墨の青をみることがあるが、その模様の中にこのアマンを図型化したのがある。

海辺をすみかとし、脱皮して成長する不思議な蟹類ヤドカリをトーテムとするアマミ人とは何だろうか。古代の海人部《あまべ》の民とどうつながり、古い田芋の栽培や、焼畑耕作とどう結びつくのだろう。海から来るシニグの神がなぜ狩猟のわざおぎをするのだろうか。これはまた日本民族のナゾでもある。

泡立つように美しいクバの花

「アマン世《よ》」という言葉がある。十三世紀「那覇ン世」が始まる前の時代をあこがれて、こう呼ぶ。また「クバン葉の世」ともいう。いかにもひろやかで自由で、クバの葉とはよくも言ったものである。

四月、五月に島を訪れる人はこのクバ（ビロウ）の花をみることができよう。ひろやかな葉の重なりの間に、一メートルをこす黄色い巨大なサンゴ樹のような花枝を何本も出す。おもろは「こばの花、咲き清《ちゅ》ら。波の花、咲き清《ちゅ》ら」とこの花と海の波とをくらべて歌っている。まことに泡立つような美しさである。

島を出た若者たちの多くが早かれおそかれ島に帰ってくるのだと、島の人々は語る。小さく不便ではあっても、このクバの花のようなおおらかな美しさを内に秘める島を忘れられないからだという。島の若者にとってそんなにも懐しい明るい空と海と人は、都会に住む若者の心をもとらえてはなさない。長い春や夏の休みの間、あるいはキビを刈りあるいは学び、リーフに夕食の獲物を追う。長野県で成功しているそんな学生村はできないものだろうか。それなら島の遠さも問題でなくあらされることも少ない。労力もいかせる。

月明りのハンタのあちこちに再び若い歌が流れ、踊りをかこむ輪ができよう。客好きで生をたのしむことを知っていたアマミの祖霊たちは、喜んで島外の娘たちの笑声を聞くのではないだろうか。

竪杵《あじむ》を使って臼をつく。与論島・朝戸

八重山

―珊瑚礁のかなたの原郷

文　植松明石
写真　伊藤碩男

西表島・星立の節祭《シチ》のオホホ

空と海のあわいの島々

宮古島を南に飛びたってじき、右手の海原《うなばら》にまるで蓮の葉をひろげたような、丸い薄い島がはりついて見えてくる。多良間《たらま》島である。

さして高く飛ばないローカル線の双発の飛行機からは、きらきら光る波のしわの中に、島がまったく五万分の一の地図そのままで、その畠や森や小路の様子から、水を汲んだり耕したりの島人のくらしそのままが、近々と響いてくるように思われる。

青い南海に無数にちらばる環礁の、静かな波のしわぶき。そんな海原がはてもなく流れるように遠くひろがり、やがて海も空も区別なく白い輝きとなってしまう。その輝きの中に、また天界のはなびらのように、小さく浮ぶ水納《みんな》島。そこにも僅かな人々の生活がある。

そんな美しさと寂しさにじっと目を凝らしていると間もなく、八重山の、まさしく島らしい、そして立派な山まである石垣島が、静かに迫って来るのだ。

〝やえやま〟

このやさしい響きに人々はどんな感慨にふけるのだろう。

地図をひろげてみると八重山は、日本列島のずっと南、琉球列島のいくつかの弧状の一番南に、あるかなきかというようなひとかたまりである。石垣、波照間《はてるま》、西表《いりおもて》、黒、小浜、竹富、鳩間《はとま》、新城《あらぐすく》、与那国《よなぐに》等の島々が、北緯二十四度から二十二度の亜熱帯の大海原にちらばっている。与那国島はすぐ隣りが台湾なのだ。

昔、アマン神が陽の神の命をうけて天から降り、土や石などを投げ入れた大海を、アマノヤリホコでかきまわすと、凝り固まって八重山の島々ができたという。そんな、日本の創生神話にそっくりの話をもった、その凝り固まった島々に、はじめ生きものは何もいなかった。やがてアダンの林の穴の中から、美しい男と女が、ガブリーと叫んで生まれ出た。彼等は熟れた赤いアダンの実を美味しくむさぼり、やがて子供も生まれて人間の先祖となる。

こんな遠い時間のほのかな話が、まるで昨日のことのように語られても、それがしっくりと自然にきこえるおおらかさを、八重山はもっている。

実際、八重山について、八世紀のはじめに信覚（石垣）の人が大和にきた等の記録はあるが、歴史の舞台に登場するようになるのは、ようやく十四・五世紀の頃のことで、それまでの長い年月は神話的なとばりの中にあった。

日本本土に比べ歴史的進展が遅れているといわれる沖縄本島で、政治的統合がすすめられ、中山、南山、北山の三つの小国が分立するようになったのは、十四世紀のなかごろのことであった。これよりはるかに離れた八重山は更に遅れ、まだこの頃、多くの地域的支配者が、いわゆる英雄・豪傑としていたらしい。

八重山が沖縄本島の尚王朝の下にくみこまれるようになったのは、十六世紀のはじめ、オヤケアカハチの叛乱以後であるが、そのアカハチ征討の王の軍船に、久米島の君南風《きみはえ》という高級神女ものりこんだのであった。古くから神を祀る役目に女性がたずさわって来ていることは

竹富島から見る石垣島。撮影・須藤　功

石垣島略図

海で遊ぶ。石垣市登野城
撮影・須藤　功

よく知られているが、この時代には戦の折も、女神主の活躍が期待されていたのである。アカハチの方も、女達が手に手に木の枝をもって陣頭にたったというから、やっぱり女神主なのだろう。アカハチは敗け、首をはねられる。

『おもろさうし』の中で君南風の軍隊は勇ましくも讃えられている。

あはれ　かなし　　あっぱれな愛《いと》しい
きみはゑ　　きみはえ
しまうち　してす　　しまをうって
もとりよれ　　もどってきます
あはれ　かなし　　あっぱれな愛《いと》しい
きみはゑ　　きみはえ
国うち　してす　　国をうって
もとりよれ　　もどってきます
おぼつ　きやめ　　天にまでなり
とよて　　ひびいて
あをてす　　風をよんで
もとりよれ　　もどってきます

沖縄本島より南の宮古、八重山は先島とよばれている。はじめての八重山行は、那覇から先島行の船にのった。飛行機ならば二時間たらずだが、船なら一昼夜かかるその船は、盆をひかえて故郷へかえる人や荷物でむせかえっていた。静かならば楽しい船の旅なのだが、台風のあとのうねりで、古い木造船は大ゆれにゆれ、熱気と船臭のこもる船底の部屋に、ぎっしりつまった人々は、汗のふき出すにまかせて、じっとだまって身を横たえ、ただひたすら時の過ぎるのを待つようである。

こんなふうに、食事もせず海を眺めることもなく、どれほど人々は荷物のように海を渡ったことだろう。耳のそばに鳴る東支那海の波の音をききながら、はじめての船旅の苦しさに、島の人々の前にたちはだかる海の荒々しさを思っていた。

船は途中宮古島により、それから石垣島へ。八重山の小さい島々へは、そこからさらに運搬舟に乗りかえるのである。

廃村と建設をくりかえした八重山

港のある石垣、新川《あらかわ》、大川、登野城《とのしろ》の市街地が、石垣市の中心の四箇《しか》とよばれているところである。八重山の役所や商店、高校などみんなあつまっていて、八重山一の賑わいだ。

だが賑わいといっても五分も歩けば、昔ながらの珊瑚石灰岩の石垣にかこまれた、しっくい赤瓦の静かな家並になる。赤いハイビスカスの花がゆれ、バナナやパパイヤの木々がのぞいたりする。十九世紀にたてられた琉球貴族の屋敷宮良殿内《みやらどんち》や、八重山では珍しい寺、桃林寺《とうりんじ》なども賑わいから少しはずれたところにあった。

四箇を出れば、石垣市とはいえ農村地帯である。空港もサトウキビでとりかこまれ、水牛がのんびり水につかったりしている。アダンや蘇鉄《そてつ》の原野には、処々に亀甲型の墓がのぞき、その南の向うは、堡礁を噛む白波の太平洋である。強烈な太陽に照らされてまばゆいばかりだが、人影もなく寂しい。

宮良《みやら》川の川口には珍しいヒルギのマングローブ林が見られる。満潮の時は、ゆたかな水面に赤い小さな花をつけたヒルギのつややかな緑の林が浮び、干潮の時はタコの足のような不思議な気根が水面にむらがる。南にきたのだという思いが通りすぎる。

この川口には嘉永六年（一八五三）、日本に開国をせまるため渡航してきたペリーの船がたちより、測量などをしたことがあった。ペリーは琉球王とも接見している。

川をこしてじきの宮良部落はパインの缶詰工場があるので、最盛期の夏の頃はその匂いで一杯になる。近くの部落からも、海をはなれた宮古からも、台湾からさえ女達が集まり、若々しい人間の匂いが一杯になる季節でもある。

宮良は明和八年（一七七一年）の大津波で潰滅した村であったが、それを小浜島からの移民によって再建した。それからすでに二百年。今の宮良は石垣と福木の防風林にかこまれた静かな村である。

宮良とは限らずこの近隣の村々は、みんな明和の大津波で潰滅し、そして再建されたのであった。八重山を訪れる人々は、石垣島の地図に記されている桴海《ふかい》、野底《のそこ》、安良《やすら》、名蔵等々……の廃村の跡の多さに驚き、同時にまたそれを上まわる戦後の新しい開拓部落の存在にも気がつくにちがいない。

だがそれのみでなく、何の変化もなかったような村々でも、例えば宮良のように断絶した時を内に秘めているのである。その断絶は津波とは限らず、マラリヤ、人頭税、旱害、台風、潮害、戦争等々さまざまで、それがつまりは八重山の歴史であるともいえそうである。

宮良が小浜島の人によって再建されたように、すぐ東の白保《しらほ》は波照間島から、西の真栄里《まえさと》は黒島からの移民によった。こうして村の中に少しはいりこんで見ると、ま

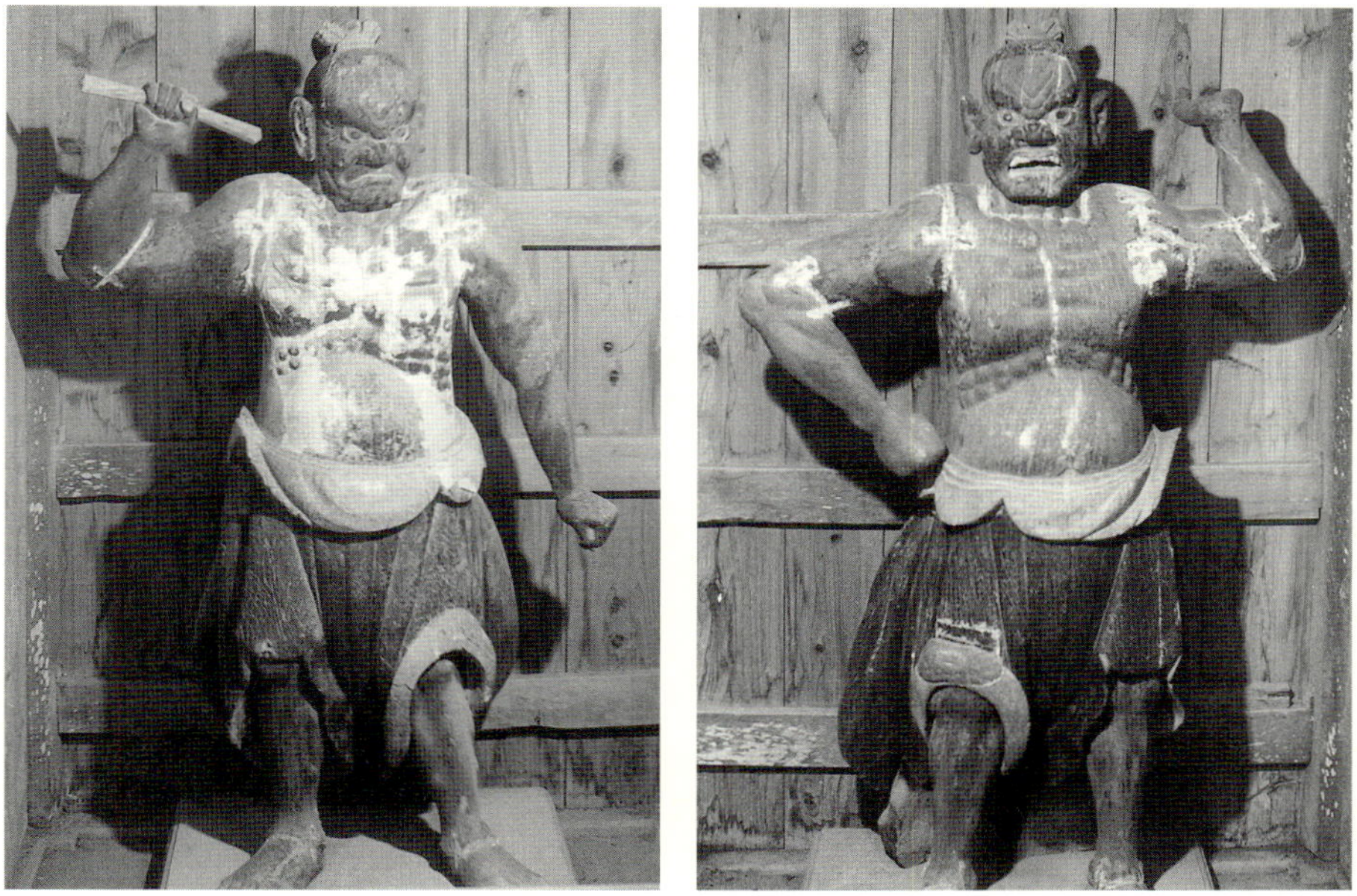
桃林寺の仁王像。石垣市石垣

水牛に犂《すき》を引かせて畑を起こす。石垣市宮良

夫が獲ってきた魚を運ぶ。石垣市登野城　撮影・須藤　功

パインの植えつけ。石垣市

御神崎《うがんざき》で神を迎える祈祷師。石垣市

八重山の文化

沖縄人が日本人の一分枝であり、その文化が日本文化の一支流であることはよく知られている。しかしその地理的、歴史的条件の違いからして、当然フィリピン・台湾をへてさらに日本本土にいたる先史時代の南方文化の流れや、中国文化の影響のうけ方と程度は、日本本土とは異なっていた。だから沖縄を単に日本古代文化の鏡的存在として見るのは単純にすぎよう。また縄文文化がみとめられる沖縄本島以北と、縄文・弥生両文化の波のおよばなかった八重山とでは、文化の基盤においてやや異なるところがある。八重山には六・七世紀以後に日本本土文化の南下があったようで、十六世紀に尚王朝の支配下にはいってからは王府行政官の派遣など王府的文化との接触が頻繁となり、現在もその影響が色濃くみられる。しかし一方では、その背景をなす八重山の社会・文化の特性を、日本本土との同質性とは逆に、異質性という点に視角がむけられてもいる。

御神崎で祈祷師が神の言葉を伝える。石垣市

るでトロイの遺蹟のように、不連続な人間のくらしの重層であるのに驚かされる。

　石垣島の廃村のほとんどは、十八世紀のはじめ頃に建設された村である。そして廃墟となった時期は二十世紀のはじめ頃。約二百年の歴史であった。それは、草のおい茂る部落にたった一人残っていたツカサ（女神主）のことや、人がいなくなっても、鶏だけが鳴いていた部落のことなど、語ってきかせる人がまだいるほどの身近なことなのである。

　裏石垣（島の北側）の野底も黒島の人によってたてられた村である。強制移住を命ぜられたという黒島のこんな歌がうたわれている。

チンダラ節

トゥバラマトゥ　　恋する男と
パントゥヤ　　わたしとは
カヌシャマトゥ　　恋する女と
カリウゥヤ　　わたしとは
苧《ブ》ナビシン　　夜業《よなべ》する時も
バ二人　　二人きり
ユイフリン　　結いをするにも
バ二人　　二人きり

ウラトゥトゥミデ　　貴女と永久にと
思フダラ　　思っていたのに
バヌトゥトゥミデ　　私と一生をと
思フダラ　　思っていたのに

島別リデ　　移住せよとの
仰ハラレ　　仰せであった
フン別リデ　　分村せよとの
仰ハラレ　　仰せであった

トゥバラマヤ　　恋する男は
行キィグリシヤ　　行けなかった
黒島《フスマ》ニ　　黒島に
残クサレ　　残されてしまった

カヌシャマヤ　　可愛い女は
居ルグリシヤ　　嘆願したが
野ユ底ニ　　野底に
別ギラレ　　移住させせられてしまった

トゥバラマトゥ　　男と
バントゥヤ　　私とは
フレハダミ　　肌をふれることなく
イカイミユナ　　会うこともなかった

移住の命令は道路によって区ぎられることが多かったといわれ、恋人同士がばらばらにわかれることもあった。野底に移らされたその女は、故郷の島を見ようと山にのぼり、悲しみのあまり石になったと語られている。野底はマラリヤで死に絶えた。

野底や真栄里に移住民を出した黒島は、石垣島の南の隆起珊瑚礁の平たい島で、満潮の時は水平線に沈んでしまう位である。井戸はあるが出るのはみんな塩水で、少しでも塩気のうすい水が出ると「甘い水だ」などという。それは実感としての甘い水なのだ。雨水にたよっているから、旱《ひでり》の時は、人も家畜もみんな飲水に苦労する。水を舟で運ぶこともある。水を汲む井をもたない島は、黒島以外にも鳩間《はとま》、新城《あらぐすく》等いくつもあり、たとえわずかな泉はあっても、大抵は水の貴い畠作の島である。だから旱の時には、台風であろうと雨をもたらすなら、むしろ待ちのぞんでさえいるのだ。しかし暴風のみ吹けば、塩風は島中の緑を赤くやけただらせてしまう。

水のない島には蚊はいないからマラリヤはないが、水田はみんな他島に出作りしていた。野底はもともと黒島の人が、十八キロメートルの海上をクリ舟でわたって、稲をつくっていたのである。

野底の東の伊原間《いばるま》は石垣島の一番細くくびれたところである。裏石垣に行く舟は、北端の平久保崎をまわるよりここをかついで歩いた方が早いので、舟越と呼ばれている。

今、白保《しらほ》を出てこの伊原間にいたる間は、オモト山の裾につづく丘陵や、サトウキビ、パインの畠、放牧地等が、島であることを忘れさせるように広々と続いている。

熱帯樹におおわれた島にパイン畠が

西表《いりおもて》島は熱帯樹林のおおう、未開拓の大きな島である。西海岸は屈曲が多く、古くから、仲良舟浮《ふなうき》などの港があった。また石炭も出て人があつまり、さかんに採掘した時期もあった。東海岸の古見《こみ》は、非常に古くから栄えた村であったらしく、アカハチ叛乱の時、石垣村の長田大主が難をさけてここに逃げている。十七世紀の半ばごろには人口も二百人余、十八世紀の終り頃は七百人をこすのである。ところがそれからわずか百年足らずの間に一四〇人ばかりに激減する。マラリヤがこの期間にひどくはびこったものであろうか、この傾向は他の村々についても同様である。

壮大なる旅行記『南島探検』の著者、笹森《ささもり》儀助《ぎすけ》がこの西表島を踏破した明治二十六年（一八九三）は、まさしくこの村々が草に埋もれて滅びようとしている寸前であった。彼は次の様な記録を残している。

〈高那村枝村野原へ十二時着、……村内樹木繁蔚ス、戸数六、人員十二（男九、女三）村長ニ問フ。丁壮ノ男多クシテ婦人少ナシ、何故他村ヨリ婦人ヲ迎ヘサルヤ。答、迎度ハ山々ナレドモ有病地ノ故ヲ以テ来レハ死スルト為ス。故ニ無病地各島ノ婦人ニシテ誰一人来ル者ナシト。…村ノ西方ニハ明キ屋敷草木ノ中ニ数十箇アリ、皆

『南島探検』を著した笹森儀助

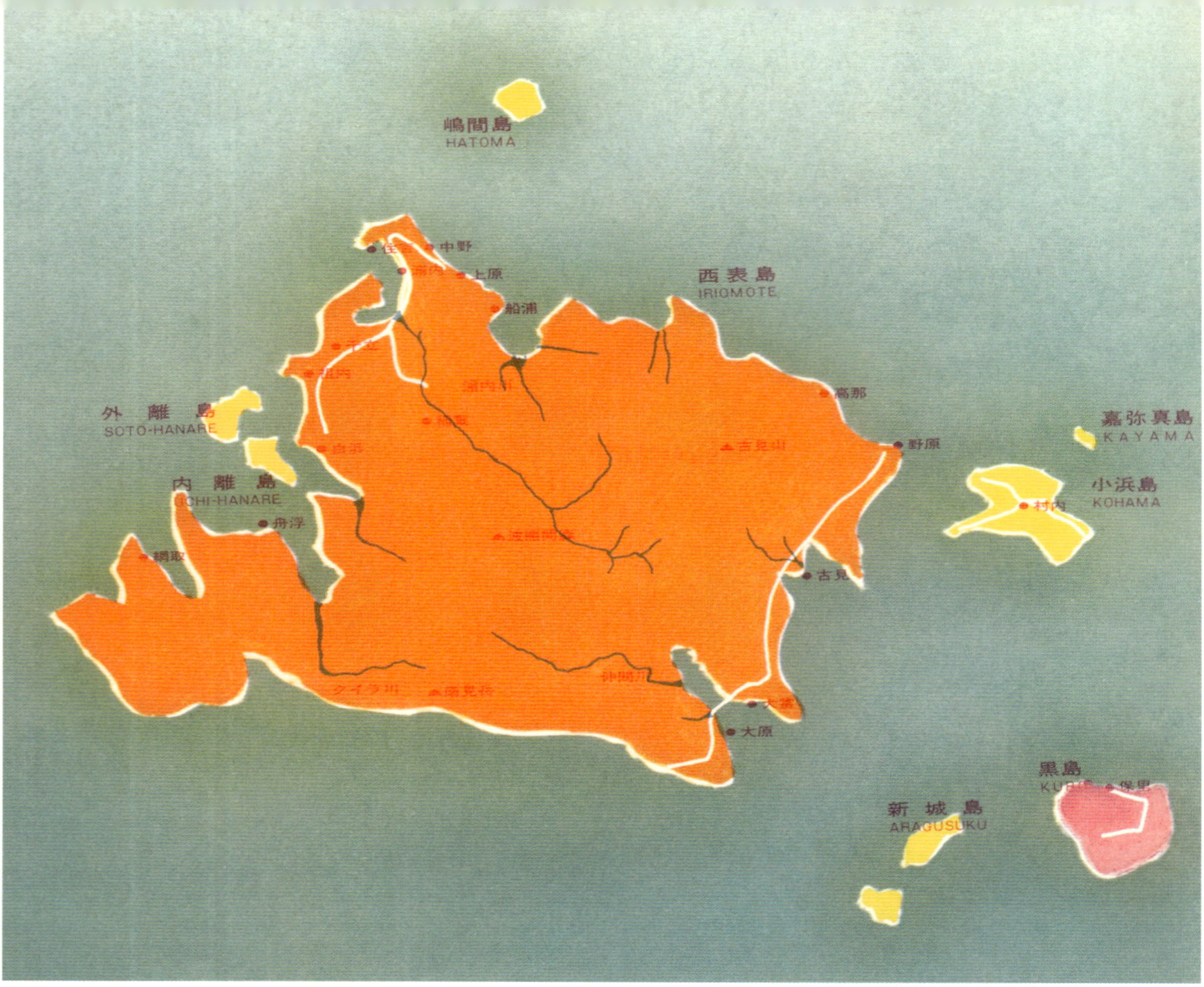

西表島略図

サキシマスオウの大木。西表島・古見

仲間川のマングローブ林。西表島・大富

おなり神信仰

日本語には兄弟姉妹を区別する言葉がないが、琉球語では兄弟を「えけり」、姉妹を「おなり」という。古くはおなりの生御魂《いきみたま》は、兄弟を守護するおなり神として信仰せられていた。

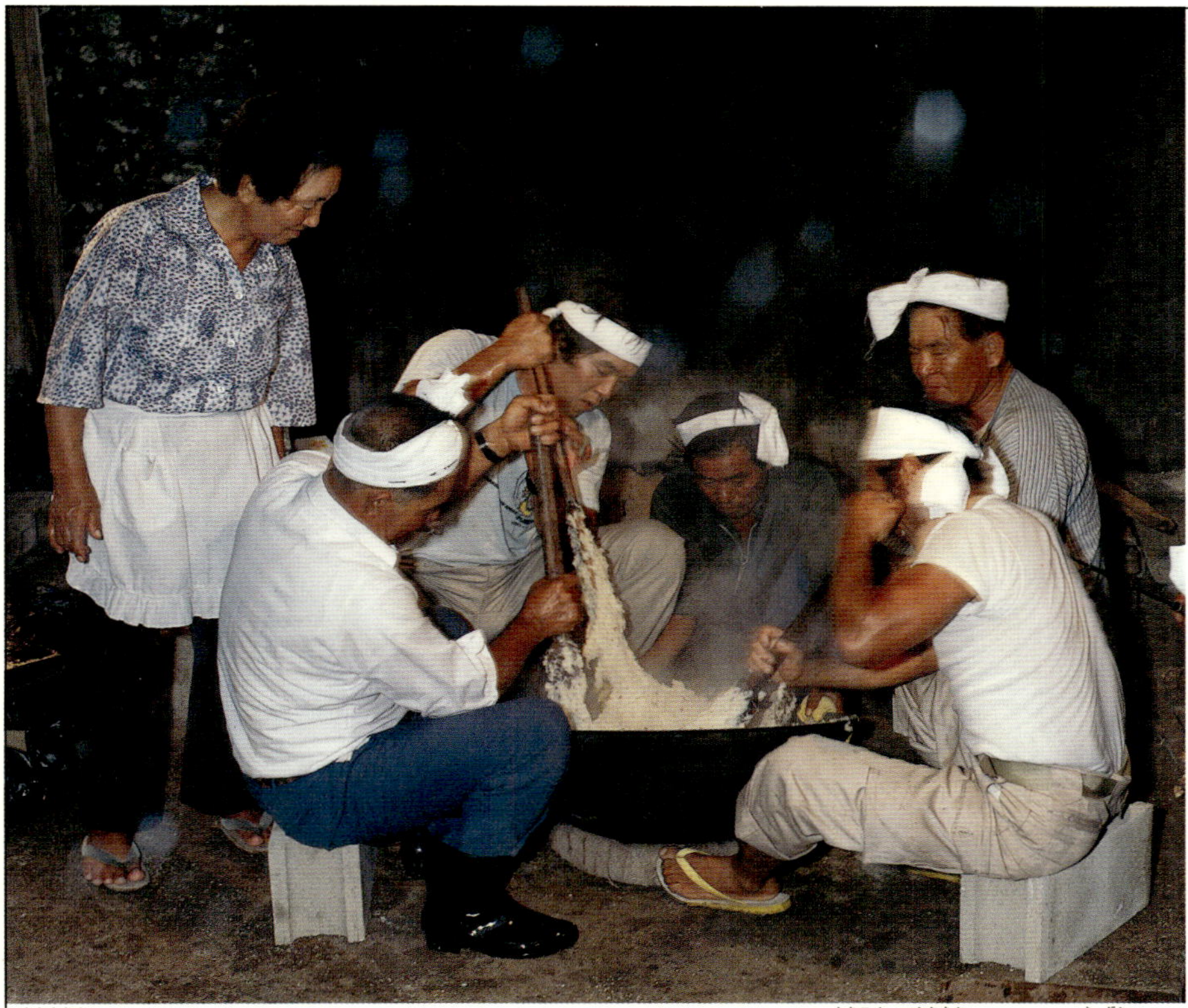

種取祭《たねとりさい》に欠くことのできないイーヤチ（飯餅）を作る。イーヤチは糯米《もちごめ》と糯粟《もちあわ》、それに小豆《あずき》を加えた餅である。竹富島　撮影・須藤　功

イーヤチを切り分けるのは姉妹と決まっている（右）。イーヤチの膳にはニンニクとタコの刺身がそえられる（上）。竹富島　撮影・須藤　功

兄弟の旅立ちに姉妹は手拭などの品を守護のしるしとして渡した。この信仰は殆んどわすれられてしまったが、八重山では、農耕儀礼の際に姉妹が夫の為よりも、実家に帰って兄弟の為の役割をつとめるなど、まだいくつかの形で残っている。琉球の古謡集『おもろさうし』の中でおなりの生御魂は白鳥となって歌われている。

死滅シ跡ナリトイフ〉

そして十八世紀の終り頃、三百四十人ばかりを数えた高那村は、儀助の通った時わずか六戸となり、マラリヤに加えて人頭税に苦しめられている。高那も野原も今は廃村である。

人頭税は、島津に服して貿易収入を奪われた琉球王府が、十七世紀のはじめ宮古、八重山の島々に、人頭にわりあてた重税である。十五歳から五十歳まで年齢によって、上・中・下・下下の四階級にわけられ、同じく四段階に分けられた村位との両方から、貢租額がきめられるのである。高那村は上村で、儀助が通った時、上男一人の上納額は約二石一斗余であった。

その上種々の付加税がつき、御用布や御用物の負担もあり、夫役もあった。新城島《あらぐすく》では、特産の人魚（ジュゴン）の肉を乾燥させた「海馬《かいば》」を御用物の一つとして出していたが、粗末な縄の網で人魚をとる苦しみ、そしてひきあげるよろこびが今に語りつがれ、御用布を初めて織りあげた少女の頃のその祝を経験している老婆もいる。

祭りの日、廃校の小学校の天水タンクの水を汲み、家に運ぶ。新城島
撮影・須藤　功

この村々が建設されたのは、大抵それまで出作りをしていた島民によった。高那も野原もそれまでクリ舟でかよってきていた小浜島の移民である。しかし中には、関係なく遠く離れた未開地におくられることもあった。崎山節の中で、小高い頂きにのぼって、

見ラディシバ　　じっとみつめていると
目涙マリ　　涙があふれて
見ラレヌ　　みえない

取ラディシバ　　手をのばして捕えようと
遠サヌケ　　するが遠い海の上で
取ラヌ　　届かない

と望郷の念をうたいあげたその遠い海の上の生れ島は、波照間《はてるま》島である。波照間島の人々の強制移住によってたてられた西表西部の崎山も、マラリヤのため再び廃絶した。

第二次大戦が終って、アメリカの管理下に移ると、マラリヤ撲滅は徹底的におこなわれることになった。今も家々の天井裏に白い薬粉が残るほどである。そして遂に

マラリヤはまったくなくなった。西表島もようやくその開発が、現実の希望の声として聞かれるようになったのである。

　東部仲間川流域の大原、大富などはそうした新しい開拓部落である。まだ部落をおおうほどの木々も茂らず、家々を囲う石垣もなくわびしい感じだが、水田も開け、サトウキビもパインの栽培もおこなわれ、缶詰工場もあるので若者の姿も多く、離島の寂しさは少ない。大半は新城島の人々である。戦争中から移住をはじめていた新城の人々は、空襲もうけ、家を焼かれて山に逃げ、栄養失調やマラリヤで死に、その災厄を島をみすてた神の罰だと海を渡って生れ島に帰り、そして再び西表へと、幾度となく家をこわし瓦一枚もクリ舟につむことをくり返して、やっと大原に落着いたのであった。

　中には沖縄本島からきた人もいる。米軍基地による土地の喪失などが、この地に移住させたのである。

　いまここは山地に水源をもつ水道もあり、十一時までは自家発電の電燈もつく。トラックも耕耘機もはしっている。パインも砂糖も自由化の波におされて不安はかくせないが、健康地となった西表は、すべてがこれからである。

　そんな新しい部落の片すみで、かつて西部の炭坑のタコ部屋から生きて逃げのびた、本土出身の炭坑夫の話をきくのは寂しいことであった。敗戦の身となって、故郷との音信をたったこの人は、故郷では死んだことになっており、ここでは無籍者となって、望郷の念にかられながら陽にやけ小さくしなびていた。


　夏の朝の太陽は早々と高くあがる。

　パイン工場への女達を満載したトラックが賑やかに、珊瑚の路の砂をけちらして走り去る。夜の間に路にびっしりつけられた無数の鼠の足跡はたちまち消えうせてしまうのだ。

　小さな馬にのって女配達人が郵便をくばりに他部落に出かけるのも珍しい。

　ゆったりと流れる仲間川をさかのぼると、両岸には八重山最大のマングローブ林の景観がひろがる。幹の途中から放射状にたれさがる無数の気根、垂直にたれるもの、泥中から直立するもの、奇妙な形態をもった種々のヒルギの林が、ある時は夏の光にてらし出され、ある時は妖しくうすぐらく舟に近づく。神々しいようなニッパヤシの樹林もある。

海のかなたへのあこがれ

　小さな島にしばらくでもくらしていると、海のむこうのことがひどくなつかしく、あこがれのように強くせまる。島で四箇《しか》を、更に遠く那覇《おきなわ》を、そして大和《やまと》を語る言葉のよろこばしさは、海にかこまれた小島に住んでこそ切実である。

　島の舟着場はだから特別の意味をもつのだ。桟橋もなく、浜辺にざざざざと舟をのり入れる小島であればあるほど、舟がつくというしらせは風よりも早く部落中に伝わる。その舟にあてのない人でも、小高いところにしゃがんで、しばしの賑わいをみる。ゆきずりの私もそうなるのである。海のむこうから何かくる。今日はくるかもしれない、明日くるかもしれない。そんな期待がいそいそと舟着場にみんなを走らすのだ。

　かつて神々もそのように待たれ、そして訪れた。

竹富島の西北の海岸にニーランの石がぽつんと立っている。昔、ニーランという理想郷から五穀を満載してきた神舟の、もやい綱をくくりつけたという石である。神々は島の御嶽《おん》の中のクスクバという岡にのぼって、この五穀の種子を八重山中にくばった。豊饒をもたらす神々は舟にのって、遙かむこうからやってきたのだ。

　そんな幸福をもたらす神々は、八重山の島々に今もその来訪が切望されている。

　近世の聞書きの中に

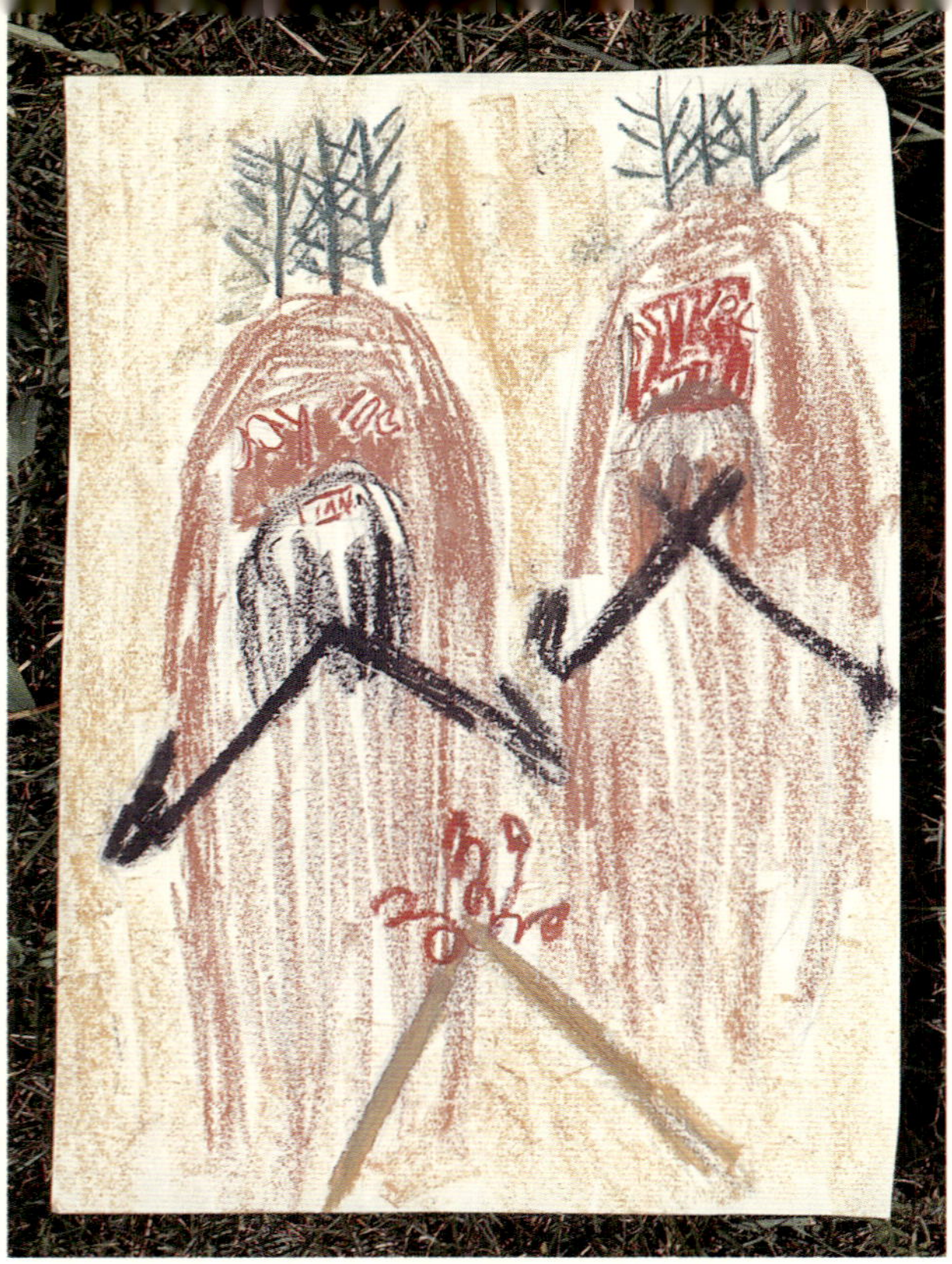

小学生が描いたアカマタ・クロマタ。新城島　撮影・須藤　功

〈猛貌の御神、身に草木の葉をまとい、頭に稲穂をいただき出現の時には豊年にして出現なき時には凶作なれば、所中の人、世持神と名づけ崇め奉り候〉

とかかれているが、その猛貌の御神が豊年祭《プール》の時など今も厳粛に訪れている。古見、小浜、新城、石垣島の宮良はその島である。

　出現の神はふつうアカマタ・クロマタとよばれる男女の神で、年毎の祝福を人々に与える。人々は非常に敬虔な畏れをいだき、祭に関与するのはきびしい秘密を要求されている男子の祭祀グループであった。このアカマタ・クロマタは別に「ニールピトゥ」（ニールの人）ともよばれていて、私も知っていたから、島に渡って何気なく

八重山の豊年祭に現れるミロク神。西表島・星立

7月下旬ころに行なわれる石垣市の豊年祭には、神が五穀を人々に手渡す光景がある。撮影・須藤　功

口にした時の島の人の大きな驚きを今にわすれることができない。ニールピトゥと口に出すことさえしてはならなかったのだ。まして突然あらわれたみずしらずの大和《ヤマトン》人《チュ》の女《いなぐ》が口にするとは……。

沖縄の古謡や伝承の中の理想郷は、ニライ・カナイとよばれているが、ニールピトゥはそのニライ・カナイからの訪《ま》れ人《びと》なのだろう。

ある夏、私は幸運にも新城島の豊年祭を見ることになった。この島の人々は、豊年祭のために生きている、といわれる程信仰深く、島を出ていった人達もみんな祭に帰って来るので、いつもは人気のない寂しい島が人であふれ、〝今日は島が沈みそうで……〟などよろこびのあいさつをする程になる。大変な旱《ひでり》の年だったので一升瓶に水をつめてもってきた人もいた。

第一日、男達は様々の祭りの準備に没頭し、女達は神酒を作る。以前は女達が米を口でかんでつばとまぜて醗酵させるという古風なやり方をしたそうである。

その夜から外出は禁止され、男達はみんな神聖な社へ行ってしまう。すっかり閉めきられた暑い部屋の中ですることもなく横になっていると、かすかに歌声と太鼓の音がひびいてくる。それは秘密の場所で神の誕生を待ちのぞむ男達のよろこびの声なのであった。

一体どんなふうに誕生するのだろう。じっと耳をすませていると歌声は不思議な海鳴りの様であった。

二日目の夕方、アカマタ・クロマタは社の広場に集った島の人々の前に姿を現わす。全身を野ぶどうのつるでおおい、頭に鳥の羽のようにひろがる、マーニ（くろつぐ）の葉を一本ふさふさとかざし、大きな赤い面は笑っているように少しやさしい。手には長いむちと棒をもち太鼓と歌にあわせて烈しく踊る。男も女も熱狂し神といりまじっておどる。

陽が沈むと、アカマタ・クロマタは部落の各家を残らず訪れ、歌い踊り祝福を与えるのだ。家々の前庭にはたい松がもやされ、神と共に歌い踊る男達の顔が赤々とてらし出される。昔は、マラリヤにかかって寝ている病人も、縁にいざり出て、アカマタサマをおがんで治ろうとねがったそうである。

夜半になると明るい月が中天にあがり、家々の屋根も森の木々も、神の巡遊に従う人々の髪も肩も真白く照らし出された。そんな時、ふうっと歌声の中に、〝神が美しくスデルように〟といっているのを聞いたのであった。蛇が皮を脱ぐことを云うスデルが、神の誕生に用いられるのをきくと体がおののくような語感がある。

アカマタ・クロマタが出現する美御嶽《みいうたぎ》。新城島
撮影・須藤　功

やがて巡遊も終り別れの時がやってきた。来年まで命を下さいとねがう老人達。人々は最後の声をふりしぼってわかれの歌をうたう。

鶏が鳴いたらどうしようか
鳴く鶏をうらむ
あけゆく夜がねたましい
わかれたくはないが
はなれたくはないが
仕方なくわかれよう
泣きたい気持でわかれよう
わかれてもまた来て下さいアカマタ
また来て下さいクロマタ

その一番鶏が、とうとうすぐそばの高い木の上で明るい声をはりあげ、いよいよ別れの時になった。神は真情をこめてゆきつもどりつ別れをおしみ歌いかわす、そしてだんだんと遠くへ去り、やがてふっと聖所の中に姿を消したのであった。

裏石垣の川平《かびら》や桴海《ふかい》、平久保等は、毎年八、九月の節《シ》祭《チ》にマヤという神の来訪があることで知られている。

普通マユンガナシとよばれていて、これもやっぱり男女の神である。眼と口に夜光貝をちりばめた真黒い面をつけ、ばしょうや、くばの葉で作られた衣をつけ、家々を巡遊して祝福する。それが終ると、平久保の場合は海に入り、胸までつかった時、海水の中で神の衣をぬぐのであった。静かな朝の海に神の草の衣が流れ、人々はいつまでもそれを拝む。

川平のマヤは別にニランタウフヤンとも呼ばれているから、ニライと関係することは明らかである。海にながされるマユンガナシの衣が、ゆきつくところがニライなのであろうか。

祭りに神の降臨があるのは当然のことだが、我々がみる本土の祭りは、それは多くの場合神霊として何かに依り憑《つ》く形である。

だが豊年祭にしても、節祭にしても、そこでは生々しくも異形の仮装の人であった。そして一般の豊年祭に出現する、福々しい、こっけいなミロクの手にも、種取祭の時、乞食のような汚い形で一番悪い馬にのるという白保のアカフチの手にも、穀物の種子がしっかりと握られているのである。

神々出現の際の島人との喜びにみちた交歓、祝福、訓戒、別れの溢れる悲しみの情景、それが祭りが本来もっている素朴な神人合一の境地なのではないかと思う。

このように訪れる神は祖霊なのだという考えもある。死んで三十三年たつと神になるという死者の霊が清まって、故郷の島に祝福をもたらしに来るというのだ。外部からの来訪者が、島に必ずしも幸福をもたらすとは思えないが、ここでは清まった先祖の霊のやさしい面のみが強調されている。

ニールピトゥ系神の来訪は、宮古、沖縄本島、奄美そして本土とずっとひとすじの糸につながれている現象である。

だが八重山の島々のもつその切望の強烈さは何によるのだろうか。死ぬほど疲れるという豊年祭に、島を出ていた人も帰って参加し、とうとうたった一人になった新城島下地のカマブジャ（ブジャ＝おじさん）が、島に残った最大の理由は、アカマタの祭りを存続させる為であった。本当に彼は二年ばかり、祭りの前には道の草をかり島人を迎え入れて祭りをやったのである。

大あこうの根ざしに
なりあこうの木ばいに

にはじまる雄大な「鷲の鳥節」は、八重山で一番めでたいおおらかな歌であると思う。大あこうの木の枝に鷲が七つの卵を生み、やがて清らかな羽が鷲にかえる。そしてとうとう元日の朝早くよろこばしくも旭さす東の方へ、次々に飛び去って行くというのである。

その東の方向が、

大大和《オオヤマトウ》ヌ　島《シイマ》ン　　大日本の島に
舞イ　チィケ　　舞って行け

と歌われたものがある。太陽の昇る海の向うの大大和ヌ島ンは、昔から志向してやまぬ方向だったのだろうか。

西表を去るという晩、別れの宴の暗いランプの下で膝を改めて話されたのは、祖国復帰の熱烈な願望の言葉であった。

大大和ヌ島ンは今迄何をしたろう。

即興の別れの歌も出て、最後は与那国のションガネ節となった。

暇乞イ　トウ　ムティィ　これがおわかれかと思うと
持チヤル　盃ヤ　　わかれの盃は
目涙泡盛ラチ　　涙が一杯おちて泡をもらし
飲ミヌナラヌ　　のむことはできません

情人との別れのこの歌が、島を離れる誰の胸にもひびく哀切な情をたたえていることが、静かにしみていくようであった。

島を出ている人も祭りにはもどり、家は久しぶりににぎわう。新城島
撮影・須藤　功

節祭の料理（猪肉もある）を分け合う。
西表島・星立

節祭に共同井戸のそばに旗幟を立てる。西表島・星立

種取祭は司と呼ぶ女の神人の御嶽の神への祈りで始まる。竹富島　撮影・須藤　功

沖縄には一年を通じてさまざまな祭りがある。いずれも祭りの古い姿を持っている。祭日の多くは干支で決まっているので、毎年、その日は異なる。

ようやく立った旗幟に拍手を送る。石垣市川平。撮影・須藤　功（67頁まで同じ）

盆の精霊送りのあとに行なう、自分たちの健康を願うドゥハダニンガイ。小浜島

種取祭の庭の芸能「腕棒《うでぼう》」。女たちが力強く演じる。竹富島

種取祭の「世乞狂言《ゆーくいきょぎん》」。ミンサー帯で引く五穀に、豊かな一年であることを重ねた一番。竹富島

12月（祭日は干支による）に行われる久部良祭《クブラマチリ》の棒踊り。与那国島

久部良祭に演じられる「臼曳き」。神へ豊作を感謝する一番である。与那国島

奄美大島南部の島々

文・写真　伊藤碩男

正月に食べる豚を浜で解体する。奄美大島・宇検村

奄美大島南端の油井岳《ゆいだけ》（484メートル）より望む加計呂麻島

よりつきの島

私がはじめて奄美大島を見たのは七年前のある夜のことであった。沖縄に向って飛んでいる飛行機の薄暗いレーダーに、奄美大島が映っていた。それはブラウン管の中に、あらわれては消え、消えてはあらわれる楔形の図形で、そこに島があることの他には何も告げてはいなかった。

しかしそれは私に遠い記憶をよびもどさせた。あれは戦後間もなく、私が子供の頃であった。大島紬《つむぎ》を背負った若い娘が母を尋ねてきた。多分行商に来たのであろう。母は結局何も買わず、娘は差し出された一杯の水をおいしそうに飲んで立ち去った。その娘の後姿と黒く大きな瞳が、ブラウン管の緑色の映像と二重焼きになって思い出された。

私が目《ま》のあたりに大島を見たのは、それから二年後、沖縄から島を一つずつ北上してきて、徳之島北端の岬に立ったときである。よい天気で、奄美大島は青く、長く、そして意外なほど近く横たわっていた。

島はいつも人を魅きつける。あの島でなら豊かな暮しができるかもしれない。人びとはいつもそう考えて、家族を乗せた刳舟《くりぶね》を懸命に漕ぎ出したのであろう。島から島へ……。

船の揺れが急にやんだ。外海から島々に囲まれた内海に入って来たのだ。息をひそめて胸苦しさをおさえていた人たちは、ほっとして起きあがる。昨夜五時に鹿児島港を出港し、奄美大島の玄関、名瀬《なぜ》市に寄港してからさ

木に上って遊ぶ子どもたち。加計呂麻島・於斉《おさい》

らに古仁屋《こにや》へ。十七時間の船旅の最後のコースに入ったのである。昨夜の激しいピッチングとローリングに揉まれたことが嘘のように静かな海である。ここは奄美本島と加計呂麻島にはさまれた内海で、瀬戸内という。瀬戸内の入口、曽津高崎《そっこうざき》の灯台が青空に白く浮くように輝いている。断崖には蘇鉄の濃い緑が層をなしてむらがっている。南側の海上は逆光にきらめいて、はなれた徳之島がシルエットになっている。

　瀬戸内は古生層地帯が沈降してできた内海で、南側の山は原始林そのままのような繁りを見せて、急激に海に落ちこむ。地図を見れば、その複雑なリアス式海岸の奥まった浦々に集落があるはずだが、船が内海に深く入っていっても、村らしいものは見えない。いつの間にか船は進んで、船から最初に見えた家並は古仁屋であった。

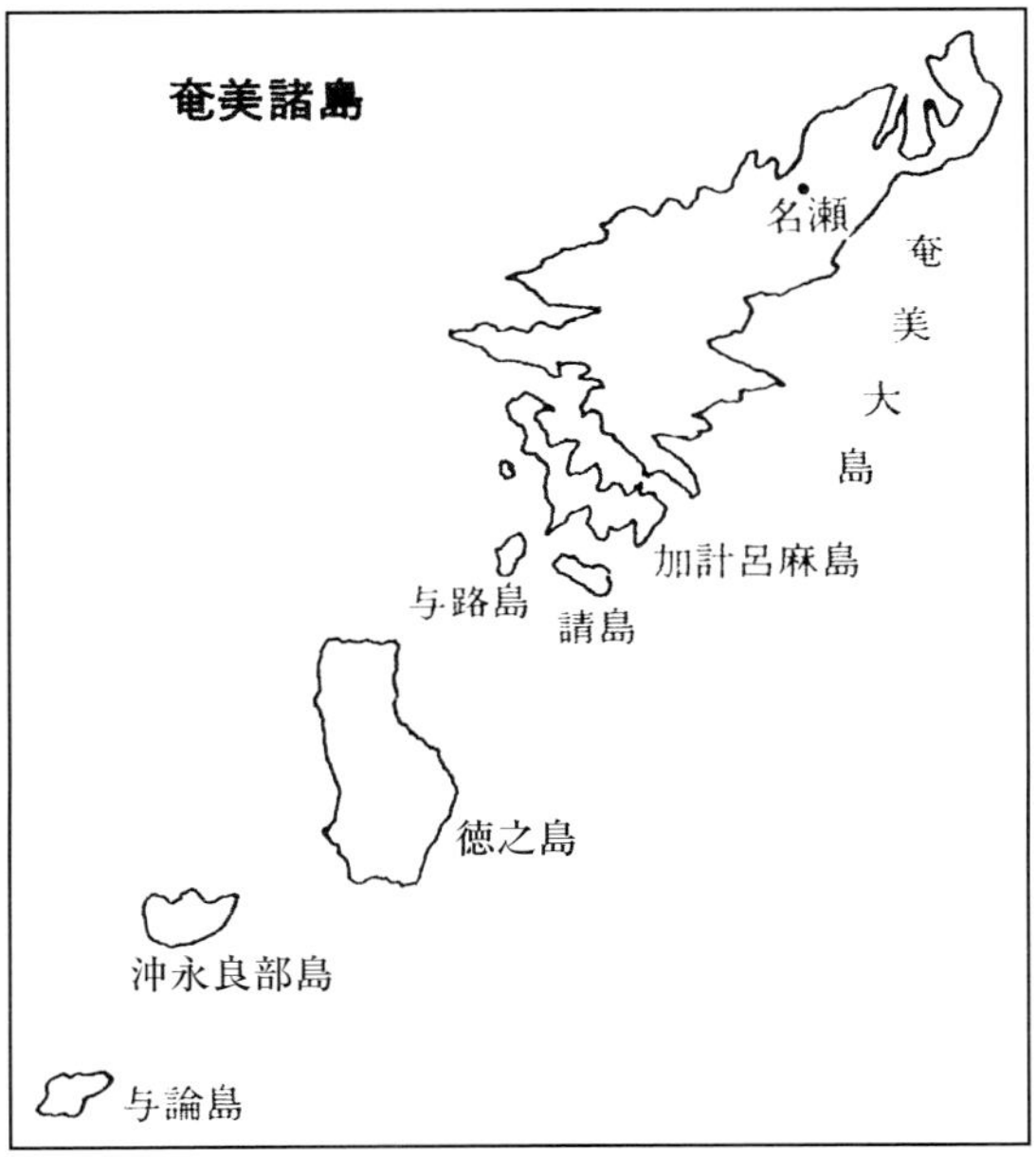

奄美大島南部略図（人文社『郷土資料事典』鹿児島県挿図を転写）

古仁屋

古仁屋は名瀬につぐ大きな町で、奄美大島の裏玄関といえる。瀬戸内の海は深く、風は加計呂麻島でさえぎられているという天然の良港であったため、ひさしく軍港であった。今は二千トン級の船が接岸できる埠頭、離島への通船《つうせん》桟橋の外に、甘蔗専用埠頭があって、クレーンで荷上げしている様子はいかにも甘蔗地帯らしい。通船が引きあげられている小さな造船所の側では、大ぶりのサバニ型の舟の中で船大工がノミをふるっている。

港からはフェニックスの並木道に沿って町が拡がっている。コンクリートづくり、平家建ての商店が町の裏通りに立ち並び、店先にテルと呼ぶ竹を編んだ背負い籠が積まれて、外から来たものの眼をひく。町はすぐつきてしまって、家のそばから甘蔗畑が山裾までゆるい斜面に拡がっている。

町はずれで木臼を彫っている人がいた。飛び散る木屑の中で、たくましい腕の筋肉がふくれあがる。ハツリに似たメッチャという道具で、松材を丹念に彫り込んでいくのだ。昔はこのメッチャで刳舟を彫ったものだが、木臼を彫るものも近頃では珍しくなったという。正月が近づいたので新調しているのである。

古仁屋が大島南部の政治、文化の中心地となったのは極く新しい。明治四十一年（一九〇八）に町村制が実施されるまでは東方《ひがしかた》村といっていた。それが海軍の要港となり、大正八年（一九一九）に要塞司令部がおかれてからは、海軍の町として発展して来た。町は大きくなったが、機密をまもるため、島民は多くの不便をしのばねばならなくなった。土を一尺掘るにも、三尺盛りあげるにも軍の許可を受けなければならず、違反をすれば憲兵に引っぱって行かれるような時代が続いたのである。そして敗戦。連合国軍の占領。本土との断絶、ちょうど今の沖縄のような状況におかれたのである。

古仁屋が島民自身の町として息を吹きかえしたのは、昭和二十八年、奄美諸島が日本に返還されて三年程たってからである。古仁屋に隣接している西方《にしかた》村、瀬戸内

連絡船の桟橋のもの売り。奄美大島・古仁屋

砂糖車図

対岸の実久《さねく》村、鎮西《ちんぜい》村を合併して瀬戸内町となった頃、やっと瀬戸内の海は島民が自由に往来でき、平和な暮しができるようになるのだが、中心地古仁屋は間もなく手痛い打撃をうける。昭和三十八年（一九六三）、大火が町の八割を焼いてしまった。町民はその復興のために長い努力をつづけてきているのである。

町役場の塔の上に見える「火の用心」の大きな看板。朝六時にうなり出す無気味なサイレン。そしてアナウンスカーが十数年前の大火のことを訴えつつ、ひと気のない朝の町を走りすぎる。町の人はみんな、ある感慨をもって見て聞いているのである。あまりに長い苦難の日々であった。

苦い黒糖

百余隻の軍船に分乗した三千余りの薩摩の軍勢が奄美大島を襲ったのは、慶長十四年（一六〇九）であった。薩摩藩のねらいは琉球にあったが、手はじめにその支配下にあった奄美を攻めたわけである。よく訓練された薩摩の兵の前に、奄美も琉球もひとたまりもなく敗れてしまった。それ以後奄美は藩の直轄下におかれ、明治の中頃までの三世紀近く、島の人びとは非情な生活を強いられる。

皮肉なことであったが、薩摩藩が奄美を占領したと同じ頃に、奄美に甘蔗栽培による黒糖製造技術がもたらされたのである。大和村《やまとそん》の人、直川智《すなおかわち》がシナの福建に漂着し、そこで黒糖製造の技術を学んで帰って来た。そして大和浜西浜原に甘蔗を植えて良質の黒糖を得た。

その頃内地には甘蔗から黒糖を作る技術はなく、わずかに南蛮貿易によってもたらされた高価な砂糖を、京阪の貴紳たちが賞味しているにすぎなかった。薩摩藩はそれが奄美で生産されていることを知ると、これをそのまま上方市場に持っていって、巨利をあげることを考えた。奄美は新たに占領した領土だから、住民にどんな無理でも押しつけられる。そして、島の生活の幸わせを願って、直川智が苦労の末持ち帰った黒糖製造の技術が、逆に島の人びとを苦しめ続けるものになったのである。

たとえば享保元文年間（一七一六〜一七四一）に、薩摩藩は定式買入《じょうしきかいいれ》糖と買重《かいかさみ》糖という政策を実施している。

定式買入糖というのは、島中の作用夫《さくいぶ》（十五〜五十九歳の男子）に一定額の黒糖を割りあてて、強制的に耕作させ、強制的に買上げるものだ。黒糖一斤につき代米三合五勺であった。黒糖一斤の大阪相場は米一升二合余りであったから、運賃、手数料、損耗料など引いたとしても、利益は売上げの半分に近い。奄美大島の定式買入糖割当は三五十万斤。利益は約二万一千石となる。ちょっとした小大名の石高が、年々この島からそっくり持ち出されたわけである。買重糖はその上の臨時割当てである。これは年々増加され、特に藩の江戸屋敷が焼けた時、その普請費の引当てに、文化四年（一八〇七）には百万斤が割当てられた。

政策はさらに苛酷になっていく。藩は砂糖利益の完全な独占を計って、安永三年（一七七四）砂糖惣買入制を実施した。余計糖の私取引きを禁じ、金銭の流通を停止して、島民の生活必需品は黒糖一斤に米二合の割りで交換させた。その一方で生産を厳しく管理する。黍横目《きびよこめ》、黍見廻《きびみめー》という役人を常駐させて、作付け反別の決定と割当て、植付け、手入れ、刈取り、製糖と、全過程を監督している。黍の刈株がわずかに高くても、子供が黍を噛っても、ひどい刑罰が待つ日々であった。

「腰を下して足洗う家もなく、民の有様は朝夕の食に悩み、磯の藻屑を食し、渇きさえ湿し難き程なり」後年大島を視察した薩摩藩勧農使得能通昭の藩への報告である。黍を刈り砂糖小屋《さたやー》に運ぶ。硬い木で作った搾《しぼ》り車《ぐるま》が牛ののろい動きと共にギリギリと回る。牛を追うのは子供である。搾られる緑色の糖蜜は、子供心にも苦い汁であったに違いない。

かしゅてしやんてん（こんなにかせいでも）
誰がため　なゆんか（なるのか）
大和《やまと》　いちょぎりゃぬ（ちょんまげの）
ためど　なゆる
宇宿《うしく》　がじまるや（ガジュマルは）
石抱きや　肥《ほで》る
掟《おきて》　黍見廻《きびみめ》や
島抱きゃに　肥《ほで》る
あだぬ（こんなにつらい）　世の中に
ながらえておれば
朝夕血の涙
袖《そで》ど　しぼる

島民たちの歴史と誇りを奪うために、藩は家々の系図も旧記類もことごとく灰にしてしまったが、人びとは怨みを込めて唄にして伝えた。

なぜ薩摩藩はこのような政策を断行したのか。武家の管理する社会体制というものが、まさにそのような体質であったからである。

幕府は諸大名の勢力をそぐためにさまざまな負担を課した。享保十八年（一七三三）、外様大名の雄藩薩摩にも木曽・長良・揖斐三川の改修を命じている。三年間の工事が終った時に、藩の財政は三十万両を使って破綻に瀕していた。家老平田靭負《ひらたゆきえ》はその責任を取って自刃している。藩はその後も累積赤字に悩みつづけるが、砂糖は格好の財源となったのである。

やがて幕末になってくると、阿波、讃岐、備前、和泉で良質の砂糖が作られるようになる。白糖すら出現する。奄美の昔ながらの製法による黒糖は次第に価格が下っていった。藩はまたしても増産でその穴を埋めようとするのである。最後には藩もイギリスから新式の白糖工場を四つ導入するのだが、宇検村須古《うけんそんすこ》の例を見ても、薪炭は島民より徴収し、労力は賦役によっている。近代化は望むべくもなかったのである。台風で建物が壊れたりして、白糖製造は二年で終った。

だが、収奪は明治になっても終らない。県が大蔵省の黒糖勝手売買差許しの布達を握りつぶして、永い間一部の商人と結託して藩政時代そのままに暴利をむさぼり続けているのである。これは何と理解したらよいのか。

後になって島民はこれに気づいた。諸鈍《しょどん》の浦常主《うらとこぬし》を代表とする五十六人の義民が立って、自由売買運動を起す。それはとりもなおさずお上にたてつくことであった。五十六人は谷山の獄舎につながれて、おりしも起った西南戦争に狩り出され、あるいは戦死し、あるいは戦後故郷へ帰る途中難破して死んだ。生きて帰ったのはたった四人であったという。

離島通船桟橋

暗い歴史に較べて、油井岳からの風光がまぶしいほどに明るい。瀬戸内が穏やかに、豊かに広がっている。年に何回か襲って来る台風にも、ここは安全地帯なのである。東側は大島と加計呂麻島にはさまれた狭い水道が見えて、その先は太平洋につながる。阿木名の北は山また山。四〇〇メートル程の低い山波ではあるが、その多様な重なりは永く人間を拒んで来た。所どころ大きなヘゴが天に向って大きな葉を拡げて、密林の暗さをわずかに明るく彩っている。

太陽は明るく輝き、三世紀近い人々の心のかげりを隠してしまったかのようである。どこからとも知れずそこだけ人の集まった離島への通船桟橋も、午後の陽にわきかえるように明るかった。

午後の二時半になると、この桟橋から十数隻のポンポン船がいっせいに離島に向けて出発する。桟橋はいっとき大変なにぎわいを見せる。ミカンやザボンを並べた女たちと客とのやりとりが忙しい。それらは鹿児島から船で運ばれて来たものだ。赤い魚を十尾あまりザルに入れて、岩壁の上で老婆が一人ジッと客を待っている。「売れますか」老婆は無言で強いまなざしを返し、ふたたびジッと客を待つ。

桟橋いっぱいに散らかった大きな荷物の間を縫って、島に帰る人びとが目的の船に集まって来る。女の人が圧倒的に多い。たいてい買物でいっぱいになった籠《テル》を額から掛けている。朝九時に島の各地を発って、古仁屋で用事を済ませ、今帰って行くところである。着物姿や琉球風の髪形も混り、鹿児島から帰郷した高校生の姿も多い。

船はみるみるいっぱいになって、女たちは後から来る人に膝を繰り合わせ、島言葉《しまぐち》のおしゃべりに余念がない。みんな知り合いなのである。

通船は一定の時間に出てしまう。あとは傭船を頼まなければならない。多人数で乗れば高くはないが、一人二人で乗るには随分高いものにつく。それでも利用する人

島々を結ぶ通船。島の人々の足である。奄美大島・古仁屋

は多いのであろう。つながれた傭船の数は多い。大島側は次第に道路の整備が進んでいるとはいえ、離島も瀬戸内も舟だけがパイプなのである。加計呂麻島は目の前にあって、近頃は油井岳の椎の木が切り倒されてイノシシが泳いで渡るという程近いが、加計呂麻の南側や、請島、与路島に行く便は、冬などとかく欠航しがちである。

いつの間にか通船はあらかた出てしまった。問われて私がともかく加計呂麻へというと、私たちの船に乗れと誘う。新任の女の先生を迎えに来た諸鈍小学校の先生であった。新任の先生は学校を卒業したばかりで、母親が付いて来ている。母親と迎えの先生たちの間ににぎやかな会話が交され、諸鈍の美しく平和な生活が力説された。小さくおし黙った新しい女の先生を乗せて、焼玉エンジンが山々にこだましていた。

諸鈍芝居《しょどんしばや》

生間《いけんま》で船を降りて枝振りの美しい琉球松の並木道をたどる。小さな峠を越えると、突然視界が開けて、弓張った白い浜沿いに諸鈍の部落が見えた。家々の間に福木の円い濃緑色の葉がキラキラ輝いている。

部落の入口に神社がある。大屯《おおちょん》神社といい、平資盛《たいらのすけもり》の墓がある。寿永の秋、壇之浦の合戦に敗れた平資盛が一族郎党を率いて南島へ逃れ、安徳幼帝を奉じて云々と書かれた碑が立っていて、村人は平家の子孫であると固く信じている。

奄美大島は古来交通の要所であった。古老たちの幼い頃、マーラン船や、沖縄の山原船《やんばるせん》がこの白い浜に寄ってくるのを何度も見たという。大和へ、南島へ、たくさんの船が季節風や潮流に乗って往来したのだ。平家の敗戦がいち早く伝わるのも当然であり、落武者が流れついたとしても不思議ではあるまい。しかしなぜ平家伝説がかくも根強く残ったのか。

平家の子孫であることに重い意味が加わったのは、薩摩藩の直轄領になってからだ。苛酷な黒糖政策を強いられ、逃れる術もない苦しみの中で、同じ大和人《やまとんちゅ》の、それも由緒ある子孫であることを強調する意味は、私たちには窺《うかが》えぬほど大きなものがあっただろう。そういう村人

諸鈍《しょどん》芝居を伝える集落。この諸鈍の海岸には赤い花の咲くデイゴの大木が並んでいる。昭和52年（1977）11月　撮影・須藤　功（81頁まで同じ）

大屯《おおちょん》神社（右）の境内に、「楽屋入り」といって諸鈍芝居の踊り手が入場する。

木型に紙を幾重にも重ね貼って彩色した諸鈍芝居の面

への懐柔策であったかもしれないが、大屯神社と石碑を建てたのは薩摩の役人であった。村人は神社を大切に祀り続け、諸鈍芝居《しょどんしばや》を今に伝えた。

諸鈍芝居は室町期の田楽の流れをくむ芸能である。奄美の外の島でも同系統の芸能が旧八月の十五夜踊りなどに含まれているが、諸鈍芝居のように多くの面を持つものはない。紙面《かびづら》と呼ばれるこの面は、木型に紙を幾重にも貼って、彩色したもので、手作りの稚拙さの中に、かえって妖しい想像をさそうものがある。繰り人形があるのも珍しい。

今では毎年旧九月九日―北九州のおくんちの日―に、残っている十一演目が大屯神社に奉納されている。この日、他の部落では火の神の祭りがあり、内地的な祭りの仕方は諸鈍だけである。芝居は、もともとは定期的に演じたものではなく、藩政時代には数十年に一度しか行なわれていない。それが明治初期になると爆発的に演じられるようになる。永い黒糖の苦しみから解放された人々の、喜びの表現であったのだろう。調子に乗った若者たちは徳之島まで興業に出ている。しかしそれは失敗に終った。台風に遭って帰ることができず、面も道具も売り払ってしまった。以後芝居は峠を越えてはならぬとされたが、道具がなくては芝居が打てず、大正三年まで中断される。

こういった芸能を伴うほどの祭りには随分お金がかかるものだ。村の経済的な基盤が整い、生活に余裕ができなければ、芝居の仕度も難しい。大正三年諸鈍小学校

種子島《たねがしま》の名高い法師が踊ったといわれるシンジョウ節

諸鈍芝居はサンバトウ（三番叟）の前口上で始まる。

中国で祝いに踊った剣舞《けんばい》が伝わったというスクテングワ（棒踊り）

美女に襲いかかろうとする獅子を狩人が退治するシシキリ（獅子切り）

の落成式に、芝居が復活して演じられたというのも、人びとのやむことない芝居への郷愁や努力もさることながら、小学校が作れるほどにやっと村が立ち直って来たということが大きいだろう。

現在芝居は県指定の文化財になっている。しかし今度は別の理由で保存が難しくなってきた。若い人がいなくなった。そして人びとはもはや平家の子孫であるという自負心を必要としなくなり、芝居はなくてはならぬ楽しみでもなくなった。生活に密着しなくなった文化財は失われて行くものである。それを無理に残そうとすると心が壊れる。現在諸鈍中学の生徒に教えているのだという。やがて生徒たちも島を出るだろうが、いつかは帰って来るものもいるに違いない。その時活きて来るはずだ。そういう見事なほどに息の永い願いなのである。

旧の九月九日頃はウルメの夜釣りの最盛期で、練習に充分時間がさけなくて—細々とした石油ランプの灯の下で、一座の人はこもごもに話してくれた。

一本足の高倉

薩南から奄美を歩きながら、茅葺きの屋根を見ていると、変化にルールがあるのに気づく。薩摩半島では曲り屋型が目立っていた。徳之島以南ではトーグラ（台所）と、ウイヤー（オモテ）という二つの建物に別れ、間にナカエという建物があったりした。諸鈍の家は、その中間といったところだ。二つ《ふた》屋《やー》とは呼ばれているが、トーグラとオモテは軒でくっついて、両方をつなぐ床張りの通路がナカエ（ナカマ）の名を残している。もともと機

草屋根

（すまい）

諏訪之瀬島

沖永良部島・大津勘

与論島・朝戸

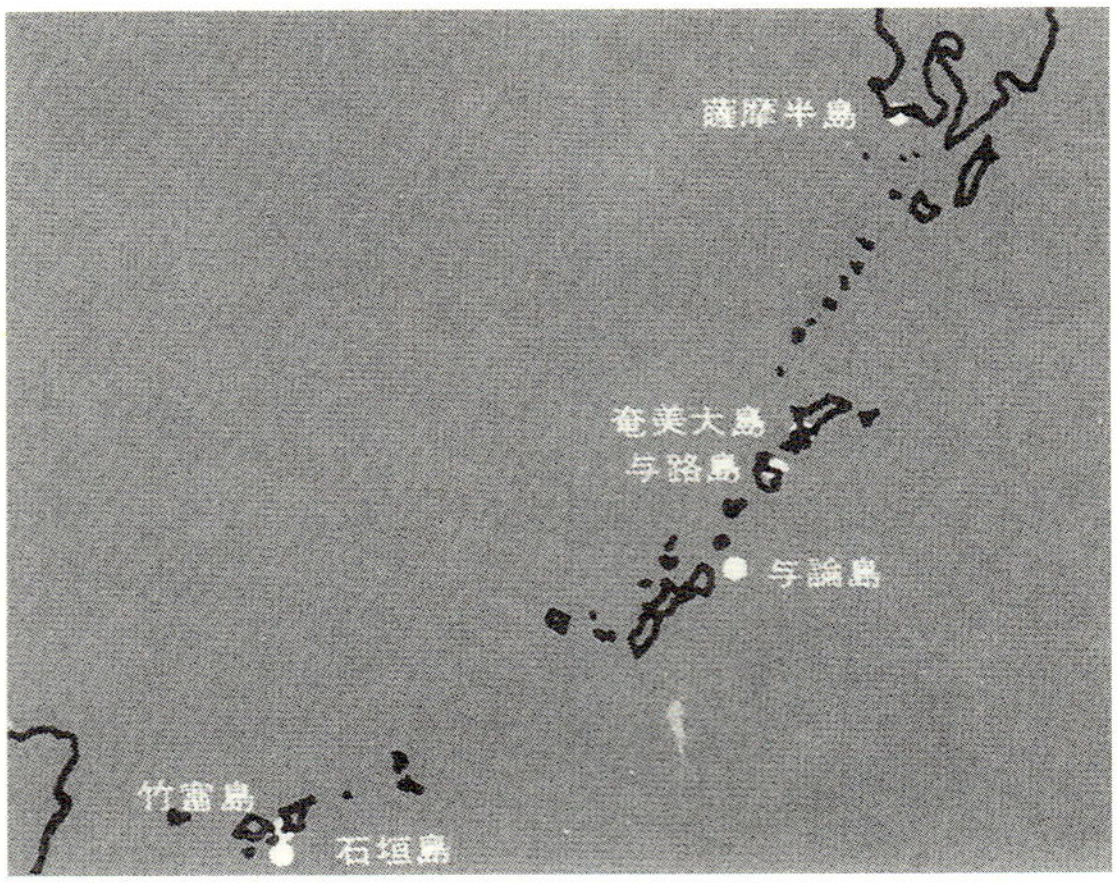

南西諸島略図

薩摩半島・河辺町清水

竹富島

石垣島・川平

沖縄本島・国頭村伊江

加計呂麻島・三浦

徳之島・母間

薩摩半島・河辺町清水

徳之島・面縄

与論島・麦屋

薩摩半島・河辺町清水

波照間島

竹富島の赤瓦屋根の家並みは、国の重要伝統的建造物保存地区の指定を受けているが、祖国復帰前は右の写真のように草屋根が多かった。

能の違う建物は別々に建てるのがあたりまえだったらしい。トーグラの半分は土間になっていて、そこにカマドが築かれている。鍋の上の黒光りした、大きな蓋《はまんた》はワラや茅で編んだものだ。カマドの隅には真石《まーいし》が三つ、∴形に置いてある。火の神様《ひにゃはんがなし》を祀ったものだ。かたわらには大きな素焼きの水甕がある。トーグラの残りの半分は床が張ってあり、竹を割って編んだすのこが敷いてある。夏は涼しくていいという。

ナカマを通ってオモテに入ると、こちらは畳が敷いてある。オモテは家々のまつりをする所で、普通大工の神様などが祀ってある。私が一夜のお世話になって、泊めてもらったのもオモテであった。

住いの方が比較的簡素な造りなのに対し、高倉は精巧な建物である。普通四本の柱を立てて、その上に床を張って屋根をかぶせる。壁がないから、出入れは床から行ない、その度に丸木を刻んだ梯子をかける。所によっては柱が六本とか九本になったり、床全部が水平でなく、周辺部を斜めにしたりするが、基本的な形は変わらない。島に多い鼠の害や湿気からよく穀物を守って来た。

もともと部落の公倉であって、貢米などを入れておいた。中には大和浜の高倉のように、火を避けて部落から離れた所にたくさんまとめて建てたものもある。郡倉《ぶりぐら》といっている。のちには物持ち《ゆかりっちゅ》が自家用に建てるようになるが、現在では、ほとんど朽ちるにまかされている。

さて、諸鈍には一本足の高倉があったという。高倉には釘は使っていない。台風や火事の時など、四隅をしめる貫木《ぬき》を抜いて、縄をかけて引っぱると坐りこむように作ってあるという。後でまた組みたてなおすわけである。一本足の高倉はその手間を省こうとしたもので、倉の部分が風を受け流して回るようになっていた。ところがそれがアダになり、ある台風の時軸受けが摩擦熱で火を吹いてしまう。

　結局失敗ではあったけれど、その独創性には驚かされる。しかも専門の大工ではない。高倉にしても二ツ屋にしても、部落の中で人手を貸し合って、それぞれ自分で建てたものだという。たいていの家に大工の神《せくのかん》が祀ってあるのも、そう聞くと不思議ではなくなって来た。

奄美大島本島に多く残っている高倉

蘇鉄《なり》味噌《みそ》

諸鈍を朝早く発った私は、野見山へ浜伝いの道をたどった。早くも黍刈りに来た人のものであろう、浜辺にイタツケ舟が漂っていて、舟の影をくっきりうつした澄んだ海底を、魚の黒い影がよぎって行く。黍畑の高い穂波がそこだけ大きくゆれている。刈る人の姿は見えないが、葉のこすれあう乾いた音だけが息吹きとなって伝わって来る。

　甘蔗畑がつきると道は山道になった。蘇鉄《そてつ》の樹に囲まれて、小さな芋畑が急斜面を埋めている。蘇鉄は等高線に沿った波になって山の上の方までうねりながら重なっているから、遠目にもそこに畑が続いていることが判る。戦中戦後にかけて拓かれたものである。蘇鉄はその土どめと風除けのために植えられたものだが、今はもう苦労して唐芋（甘藷）を作ってもろくな金になる訳ではないと、草の茂るにまかされた畑が目立つ。かつて蘇鉄自体が飢饉の時の重要な食糧であった日々があったという話は、もはや嘘のように遠いのである。

　十一月になると蘇鉄の樹の頂きに、朱い玉のような実《なり》が群って、みのってくる。このアカナリを発酵させて臼で搗いて炊いて食べる。これをナリガユという。蘇鉄がいざという時あてになったのは樹も食糧になったからである。ナリを取りつくしてしまった樹を切り倒し、五十センチ位に切って割り、柴をかぶせて十日も置くと発酵してボロボロになってくる。それを臼で搗いて水に晒すと、底に黒い澱《せん》粉がたまる。それを陽に干し晒してから炊いて食べる。これをセンガユといった。

　戦中戦後の食糧不足を別にしても、日本人が飢饉から解放されたのはごく近年のことである。どこを歩いても飢饉の怖さと、草の根・木の皮、食べられるものは何でも食べたという話が伝わっている。蘇鉄は、早ばつに襲われやすく鼠害の発生しやすい南島の大切なチエであり、備えであった。ただ、恐いのは蘇鉄のセンには毒があることだ。晒し方が充分ならば問題はないのだが、飢えている時に手間ひまかけてはいられない。飢えた子の泣き声に耐えかねて、毒の残ったセンガユを炊いて、苦しみながら死んでいく。蘇鉄地獄と人びとは呼んだ。それが自然のもたらしたものならば、まだ諦めることもできたであろう。だが南島の自然の災厄がしばしば地獄にまでなっていたのは、裏に黒糖地獄があったからである。だが、蘇鉄の味噌は今でもうまい。高倉の下に赤実《あかなり》が並べて干してある。粉にしてから麹を混ぜて蘇鉄味噌《なりみそ》を作る。紬を織る手を休めて話してくれた奥さんはビニール袋いっぱいのナリミソを持たせてくれた。魚に生味噌をつけるのが最もおいしい食べ方だそうだ。それ以後ナリミソの香ばしい味は、私ののろい歩みと共にあって、旅の終るまで私を楽しませてくれた。

蘇鉄の実を干して割る。奄美大島・屋鈍

砂糖小屋《さたやー》

山越えの道は急であったが、よく人が通るためか歩きやすい。尾根に立つと伊子茂《いこも》湾が大きく円弧を描いている。山影の海が瑠璃のように輝いて、次第に色を深めていく先に、請《うけ》、与路《よろ》の島が浮いていた。ちょうど南西諸島の家々のヒンプン(目隠し塀)のように伊子茂湾の浦々を隠している。

山の上から見渡すと、外海から見通せない湾の一番奥まった所には、古い部落が一つある。家々のまわりの緩やかな斜面は、山の際まで甘蔗畑で、薄紫色の穂波が風にゆれている。その先はもう急峻な山である。甘蔗畑の中を一本の川が流れて海に出ている。そのまわりの湿地だけ、まだ、水田が残されている。甘蔗は湿地にあわないからだ。

もっと注意して見ると、山腹にある家は大きく、屋敷構えもゆったりしているが、海の方に近い所は比較的家が小さく密度も高い。部落の発展の跡が見えるようだ。

山の方をサトという。きれいな泉が湧いていて旧家がある。いかにも人が最初に住みつくにはよさそうな所である。これに対して浜の方をカネクという。カネクは砂浜のことである。サトから分家した人や新しく入って来た人たちが、そこを次第に埋めていった。部落が大きくなっていけば、海の方にしか伸びていけない地形なのである。明治後年以降になると九州の炭鉱地帯や満州開拓団、あるいは東京や大阪に新しい天地を求める人が多くなった。山の急斜面まで唐芋畑が這い上ったのは、戦後そういう人たちがどっと島に帰った時である。それがまた島外に新しい職場が増えて、島では土どめの蘇鉄ばかりが目立つようになって来た。

カネク（砂浜）がよくわかる。奄美大島・清水

山裾を煙が這っているのが見える。山陰に個人製糖所があるのであろう。十一月は製糖のはじまる時期である。甘蔗の刈取りに、末になると二度目の稲の刈取りが加わって、昼間部落を訪ねても、ほとんど家にいる人はいない。私は煙を頼りに砂糖小屋に寄って見た。

重油の発動機にベルトで連結された搾《しぼ》り車《ぐるま》に、女の人が長い甘蔗を一本一本差し込んでいる。搾られた緑色の糖蜜が、樋を伝わって地中の樽に溜まっていく。隣りではもうもうたる湯気の中で、男たちの黒い影が大きなヘラを持って、浅い鉄箱に張った糖蜜をかきまぜている。糖蜜は急速に酸化するので、石灰乳を混ぜているのだ。発育盛りの子供にいいという。鉄箱の下には火が通るようになっていて、焚き口には乾した搾りかすが山と積んである。大型の製糖工場は古仁屋にあって、昭和三十八年から運転しているが、海が荒れると出荷できないし、運賃も高いので、個人製糖所で黒糖にした方が割りがよいのだと男たちは話してくれた。

私はできたてのまだ熱い黒糖を手のひら一杯にもらって歩きだす。長い間島民を苦しめ続けた砂糖生産がその生活を明るくするようになったのは、ここ十年あまりのことといえる。だが早くも不安の影がさしている。政府は営農家の保護のために一定の基準を設けて砂糖工場と取引きをさせているが、その買上価格は相対的にさがっている。沖縄と奄美を合わせても、国内の全消費量の十パーセント程しかまかなえない。とてもキューバやハワイの安い砂糖の比ではない。特に奄美ではその複雑な地形が不利である。古仁屋の製糖工場もとうとう昨年閉鎖された。

砂糖に変わる産業も次第に考えられている。例えば養蚕である。須子茂《すこも》では昭和四十四年（一九六九）から桑園の造成が進んでいる。農林省が価格保証しながら、これを協業化していこうとしている。桑にはまず猪の害がない。甘蔗や甘藷では、ひどい時には六〇パーセントも食われてしまうことがあるという。そのかわり今度はハブが恐い。桑畑を拓くのに良い四月五月は、ハブの繁殖期にあたっているからである。

木々に埋もれた日々

家々の屋根はずいぶん赤や青のトタン屋根に変わってきたが、村の中の道は昔ながらにサンゴ石灰岩を積んだ塀が続き、白い道はきれいに掃き清められてチリ一つ落ちていない。気が付くと、道の四つ角に高い脚のついた木箱が立っている。中に欠けた茶碗やビンの破片が入れてある。見つけた人が誰かれとなく拾って入れたものであろう。ここには子供たちならずとも、裸足になって遊びまわりたくなる清潔さがあるし、そうしても安心なだけの細かな心遣いが生きている。十ヶ月後ふたたび島を訪れた時、私はまた箱の中をのぞいて見た。同じ茶碗に同じビンのかけら。ちっとも変わっていなかった。

単調に深く入りこんだ伊子茂湾に沿う道をたどって、やはり人気のない於斎《おさい》に着いた。大きなガジュマルが枝を張り、景気よく気根を垂らして、子供たちが登ったり降りたりして遊んでいる。私も荷をおろしてしばらく加わる。日が暮れ、太陽が赫くガジュマルや屋根を染めあげる頃になって、やっと大人が畑から帰って来た。泊めてあげられそうな家は思いつかぬがとすすめられるままに、私は隣り部落の伊子茂小学校の先生を訪ねて一夜の宿を請うた。そして夜遅くまで僻地校の話を聞いた。

伊子茂は古い部落で、西家という代々与人《よひと》をつとめて来た旧家がある。まことに立派な石組みの塀に囲まれた屋敷である。与人というのは名瀬に常駐した薩摩藩代官のもとに、各間切に置かれた役職で、村の長が任じられた。警察業務を担当した島見廻《しまみめー》と共に島役人ともいわれる。与人は代官と村人との間にたってさまざまな苦労をしなければならなかったが、村の中では一番の権力者《ゆかりっちゅ》であった。

私は西家を訪れて遺唐使遺物を見せて頂いた。青銅の香炉、青磁の壺、それに「文章高北斗福寿等南座」と陽刻され、金箔を貼った額。遺唐使が止められたのは八九四年であるから、少なくとも千百余年以上前のものがこの家に伝えられて来たことになる。この辺りの畑を掘っていると宋代の瓦の破片も出てくるという。きらびやかな屋根をのせて、どのような建物が建っていたのだろうか。どんな役割りを果した土地であったのだろうか。

加計呂麻島・伊子茂の西家に伝わる、左から竜口、額、青磁の壺

西家の草深い庭の片隅に石造りの竜口が深いノミ跡を見せて立っている。首里の政府立博物館の庭で見たものとよく似ている。奥さんの話では、まだ琉球が統一されず、地方ごとに按司《あじ》（豪族）たちが勢力を争っていた時代に、敗れた按司の妃が加計呂麻に逃れて、伊子茂で子を生んで死んだという。その墓がもとはこの屋敷内にあったともいう。竜口はその妃がたずさえて来たものであった。

　西家もまたかつては本島南部の篠川にあって、瀬戸内一帯に勢力を振った按司であった。後に対岸の加計呂麻島薩川に移り、最後にはこの伊子茂に落着いている。その話は伊子茂が琉球との交渉の一つの接点であったことを語るように思う。薩摩に占領され、帆船の時代も遠く去って、今では埋もれたような部落になってはいるが、マーラン船が船やどりしている風景を憶えている人もまだ多いのである。

　私は一度瀬戸内側に戻ってから、西端の薩川に向った。リアス式の海岸線に沿って、道は出ては入り、入っては出て続いたが、道巾も広く、琉球松の落葉が足裏に快かった。内地の汚れた海を逃げだして来た真珠養殖の筏が、浦々を格子模様で埋めている。島人には良い働き口と歓迎されているという。

　サバニが二隻岬の陰に浮いている。追い込み漁をやっているらしい。潜って魚をおどしながら、あらかじめ張りめぐらした網の中へ追いこむ漁法で、奄美以南でよくやられる。浜に寄せたサバニに近づいて見ると、黒いウェットスーツの男たちは、与論から来た人たちだった。

ミャーの二つの建物1

　こうして村々を通り抜けながら歩いているうちに、私は次第に共通したものがあることに気づいて来た。例えばアシャゲとトネヤである。

村のなかのミャーと呼ばれる広場。加計呂麻島・三浦

左アシャゲ、右トネヤ。加計呂麻島・三浦

村の道を歩いていくと、村の中ほどで、両側の石垣が途切れて広場に出る。ミャーと呼ばれる場所である。たいてい大きなガジュマルが濃い影を落としていて、旧八月の豊年祭のために土俵などが作ってある。新しく公民館が建てられるのもここである。

　公民館のない場所にはその片隅にちょっと変わった建物がある。柱を掘り立て、茅葺きの屋根をのせただけの、壁も床もない建物である。時には稲が積んであったり、耕耘機が占領していたりして、物置き小屋かと思ってしまうが、ミャーの中にあるのでやはり異様である。この建物がアシャゲなのである。

　ミャーにはもう一つの建物がある。トネヤといって同じように簡素な茅葺きの建物であるが、こちらには壁もあり床も張ってあって、中にはかまどが築いてある。火の神も祀られている。それでいて人は住んでいない。

　さて、アシャゲは祝女《ノロ》（南西諸島の司祭者）の神まつりをする所だという話である。調べて見ると、アシャゲは古事記に出てくる「足一つ騰《あが》りの宮」の短訛したものだと考えられている。古事記中巻のはじめの部分に「神《かむ》倭《やまと》伊《い》波《わ》礼《れ》毘古命《ひこのみこと》、其の伊《い》呂《ろ》兄《せ》五瀬命《いつせのみこと》と二柱、高千穂宮に坐《ま》して議《はか》りて云《の》りたまひけらく、『何処《いずこ》に坐《ま》さば、平らけく天《あめ》の下の政《まつりごと》を聞《きこ》しめさむ。猶東《なおひむがし》に行かむ』とのりたまひて、即ち日向《ひむか》より発《た》たして筑紫に幸行《い》でましき。故《かれ》、豊《とよ》国の宇沙《うさ》に到りましし時、其《そ》の土人《くにびと》、名は宇沙都《うさつ》比古《ひこ》、宇沙都比売《ひめ》の二人、足一騰宮《あしひとつあがりのみや》を作りて、大御饗《おおみあえ》献りき」とある。アシャゲは村人が神を迎えて祀り、饗応する場所なのである。

　一方そういうまつりのためのまかないは、すべてトネヤで準備される。

　だがトネヤの語源は意見が分かれる。トネモト（刀禰元）つまり部落の長老あるいは部落の開祖の家の意味だといい、また唱え屋つまり神詞《のりと》を唱える所で、ノロのまつりの物的な世話をするグヂ（男の神役）が住んでいたともいう。双方の性格を持っている建物と考えられる。

　トネヤは一つとは限らない。瀬戸内一帯の部落は数軒のトネヤを持つのが普通である。例えば山寄りのサトドネがあり浜側のカネクドネがある。上の方のウンシャートネ、中に分かれたナハブラトネ、トゥラードネさまざまに区別されて呼ばれている。それに関係があるのか、おそらく貢租の単位だったと考えられるトネダカという言葉もある。こういう分布を見るとトネヤは村の構成上のあるまとまりごとの中心になっているように見える。そして最初山裾に住みつき、次第に土地を拓き、村も大きくなって、さらに村分かれしてゆくイメージが浮んで来る。

　瀬相《せそう》の部落ではかつてトネヤで火の番をしていた夫婦がいたという話を聞いた。部落の女たちは毎朝トネヤから火を貰って帰って使ったという。そういわれて思い出してみると、アシャゲには地炉（イロリ）がないが、トネヤにはカマドだけでなく地炉がある。そして火の神様《ひにゃはんがなし》。トネヤと火―どうやらこの関係はもっとも重要なもののように思える。

　アシャゲの何もない空間にはどこか人を畏怖させる不気味さがあるのに較べ、トネヤは何とも人臭い。いやトーグラにそっくりではないか。そういえばオモテはアシャゲに似て、家々のまつりの場所である。アシャゲとトネヤはオモテとトーグラという住いの形と根を同じくするものではなかったのか。だとすればトネヤはまさにトネのトーグラそのものではなかったのか。

　こんなふうにミャーの二つの建物を理解していた私は、フユンメの祭りを見て、またすっかり考えなおさなければならないことになった。

女だけの山芋の祭り

旧暦十一月初の戊《つちのえ》の日に、木茲《きじ》でフユンメ（冬折目）というコーシャ（山芋）の祭りが行なわれると聞いて、私はふたたび加計呂麻島を訪れた。

　祭りが行なわれていたのはトネヤであった。九人程の女たちが、白い神衣《かみぎん》をつけ、頭には白い布《サージ》を巻いてそれぞれの座についている。女たちの前の三方《さんぼう》には薄桃色のコーシャがうず高く盛ってあり、座のかたわらにはミシャク（神酒）を醸した壺も見える。小振りの水甕ほどの茶色い壺で、バショウの葉で封がしてあり、アザハ（ススキ）が三本立てかけてある。

　このまつりは女だけのまつりである。男たちはみんな仕事に出かけてしまって、いつもはトネヤを遊び場にしている子供たちも、この日はあたりに姿を見せない。

　神事はミシャクを開くことから始まった。当番《あたり》役のイガミ（後述）がうやうやしくバショウの封を開ける。居

ミシャクのはいった瓶。加計呂麻島・木慈

ミシャクをいただく神人《かみんちゅ》たち。加計呂麻島・木慈

太鼓が響いて踊り始める神人。加計呂麻島・木慈

並ぶノロや他のイガミたちは、じっとその手元を見つめている。アタリの人が白いどろっとしたミシャクを椀についで、ノロの前に持っていく。緊張しきった顔である。ノロは受け取った椀を頭上に捧げて唱えはじめる。低いが明るい抑揚を持った声が流れ、イガミたちはうつむいたまま身じろぎもしない。唱えごとをひとしきり続けたあとで、ノロは椀を口に運んで一口ふくむ。そして右手に坐ったイガミに渡す。同じようにうやうやしく飲んで、椀は次のイガミに渡される。こうして椀が一巡すると、神事は終る。

　とつぜん歌がはじまった。太鼓が鳴り、ノロが立上がって舞いはじめる。薄暗いトネヤの中に神人《かみんちゅ》の白い衣がひらひらゆれて、今までしんとしていた世界が、急ににぎやかに変わった。外は陽が明るく輝いている。遠くイタツケ舟が一そう浮び、釣人の笠が陽を照り返す。

　この祭りに使うミシャクは、普通三日前からアタリの人がトネヤで作る。最初の日は臼で搗きつぶした米の粉と、すりおろした生の唐芋を混ぜて寝かせて置く。次の日米を搗いて炊き、これもそのまま寝かせて置く。三日目に両者を混ぜ合わせ、壺に入れて封をし、できあがるのを待つわけである。これを三日ミシャクといっている。その年の気候次第では五日もかかることがある。すると五日ミシャクと呼ぶことになる。

　昔は処女が口を塩で清めて、生米を噛んでは吐き、噛んでは吐いて作ったものだという。薄甘い飲みものであった。

　私は須子茂でもう一つフユンメを見ることができた。こんどは神事のあとで座に加わることを許されて、ミシャクやコーシャをごちそうになった。女たちが楽しげに踊り出す頃、沖の夕離れ《ゆうはな》（無人島）に太陽が赫く落ち、外に見えるアシャゲの柱が一本一本くっきりと浮び上った。そしてぐんぐん濃さを増す空に、茅葺きの屋根が突きささるように沈んでいった。

ミャーの二つの建物2

　フユンメの祭りの場所はトネヤであった。別に便宜的にそうなった訳ではなくて、もともとアシャゲでやる祭りではないという。しかもよく聞いてみると、トネヤで行なう祭りはフユンメだけではない。火の神の祭りはうなずけるにしても、オムケという神迎えの行事やオオホリというその神を送る行事もトネヤで行ない、その間神はトネヤに滞在されるといわれると、私の頭はすっかり混乱してしまった。

　いったいアシャゲは何だったのか。アシャゲで神をまつり、トネヤでそのまかないの準備をするのではなかったのか。こうなるとトネヤは本来アシャゲに付属する建物だとは思えない。煮炊きができて、いろいろな神もまつれるというならば、何でアシャゲが別にあるのか。

　アシャゲでやる祭りの主要なものは、稲の収穫を祝うアラホバナと粟の収穫を祝うウフンメである。形式はフユンメとほとんど同じで、トネヤで醸したミシャクを稲の穂や粟の穂でかきまぜて、神に捧げて共に飲む。参加するものも変らない。

　違うのはそれがアシャゲであることと、米や粟である

稲刈り前に、豊かな実りを感謝してアシャゲで行なう新穂花《あらほばな》。加計呂麻島・嘉入　昭和53年（1978）7月　撮影・須藤　功

ことだ。

山芋や里芋は東南アジアを中心に永い歴史を持った作物である。おそらく人間が持った最初の栽培植物であろうといわれ、日本でも稲が入ってくるずっと前から作られていたと考えられている。そして特に女と関係が深い。ミシャクは米で作ったものだから、祭りの内容が古いままだとは思えないが、まつりは非常に古くから伝えられたもののはずだ。そしてその場所も古くからの場所くさい。

一方粟と稲は山芋より新しく入った作物だと見られている。それぞれ別の起源を持ち、別系統の栽培技術と文化を持っているし、入って来た時期や経路も相当違うと考えられているが、いずれも山芋よりは高度な技術を要し、栽培には障害も多い。だから祭りも度々しなければならず、後章でふれるミニャクチのように男子も独得の役割りを果す。そして両方とも貢租として用いられた作物である。

アシャゲはもとは祭りが済むと燃してしまったものだという。ごくごく簡素な小屋がけであったに違いない。そういうアシャゲに神を迎えるまつり方が、粟、米どちらの作物とより深い関係を持っていたのか私は知らない。台湾の高地に住む人たちの粟の祭りでも、同じような小屋を建てるから、粟とともに入ったまつり方かもしれないし、もっと古くからあったものかもしれない。ただ、人臭い「トネの家」での山芋の祭りを見た後では、やはり新しいもてなし方を求めることに、より新しい神と結びついているように見えてくるのである。

そのアシャゲがいつの間にか恒久的なものになっていったのは、そこで貢租の作物がまつられたことと関係があろう。おそらう琉球王朝の統一が進み、ノロの神事がより公的なものに組織化され、一方では貢租が定期的になったからではなかったか。

そういえば二つ《ふた》屋《やー》の歴史もそれと同じものかもしれない。おそらく似たような経過をたどって、仮のオモテが必要になり、やがて二つ屋になり、さらにはトーグラにくっついて一体化していったのではないか。—ミャーの二つの建物に、幾重にも打寄せた文化の波をわがものとしていった、海のような人びととの心を垣間見るように思えるのであった。

失われた祭り

いまもミニャクチといわれる祭りがある。稲の収穫祭に先だって行なわれるもので、水口《みにゃくち》にいる田の神様に、収穫の無事を祈るのだが、古くは大人になったばかりの男子が主役であったという。昔は自分もやったという壮年の人もいるから話だけを書いてみよう。

六月、稲の穂がようやく稔る頃の朝早く、十五歳になった二人の男の子が、誰にも見られないように田の水の取入口へ素裸で駆けてゆく。この田はグジヌシの田とか本ドネの田とかいうから、部落の中心的長老の田、つまり最初に開かれた田である。田の中で最もできのよい穂を三穂とって、もみをしごき、持っていった木の小臼でつきくだく。これに水を混ぜてどろどろにしたものを、二人で交代に飲むのである。それから唱えごとをして、二人で角力をとって帰ってくる。そしてそのあいだ、ノロはアシャゲで神に祈っている。この日は村中仕事は休みで、みんな浜へ行って一日遊んで来たという。唱えごとが面白い。

北東《にしひぎゃ》の　稲霊《いなだま》かなし《（様）》　わーきゃ《（我々の）》　下《しも》ゾネ《（ドネ）》に引き寄《ゆ》せ
て　羨まちたぼれ《（うらやませたまえ）》　名あがりんしょうれ《（名をあげさせてください）》　尊《とおと》やくめ
さー　南《はい》風の吹かば　北《にし》の畦《あぶ》し枕　北《にし》風の吹かば南
の畦し枕（阿室）

宇検村の部連ではもう少し詳しかった。

水口神《みにゃくちかん》にょう　中田《なーだ》ん神《かん》にょう　田尻《たじん》の神《かん》にょう
うしゃげー《（捧げますから）》　すらげー　今年の稲がなしは
上作　じ《（でこそあると）》　思たんばん《（思ったのに）》　やっと　九しゃく《（九分）》
うまれたすが《（できましたが）》　来年《やね》の稲がなしや　上作うまれて
名あがりんしょうれ　はいっとうとがなし
南風《はいかぜ》の吹かば　北《にし》じ枕《まくら》　北風《にしかぜ》の吹かば　南《はい》じ枕　近
さん人《ちゅう》や　見ちの羨《うれ》め　遠さん人《ちゅう》や　聞いて羨め
はいっとうとがなし

今行われているミニャクチは、各戸から米を集めて、ミシャク(神酒)やシュケ(生米を搗きつぶして水で練ったもの)、餅をつくり、子供も加わって綱引きをする。

本当の稲の収穫祭は八月十五夜で、このときは特別ノロ行事はなく、部落総出で収穫の喜びを分かちあう。有名な八月踊りはこのときに三日三晩かけて踊りまわるの

大工の神祭りに供えられた墨壺。加計呂麻島・須子茂

である。アラシツ（新年）といっている。

大工《せく》の神《かん》の祭りも、今はなくなってしまった祭りだ。子供の頃大工の神の祭りを見たという人が島にはたくさんいる。

アシャゲを建てたり、屋根をふきかえたりするときは、セクのカンを呼んで祭りをしたものだという。

村の上《かみ》の方の、モリヤマといっている所で、大きなカネの音が鳴りひびいて、セクのカンが降りてくる。ノロや神人《かみんちゅ》が山へ迎えに行っている。村人が土下座をして、その到着を待っていると、ほどなくカネの音が近寄って来て、頭の上でグァングァン鳴りはじめる。この時は絶対に顔をあげてはいけないのだが、子供のこととて好奇心には勝てず、そっと上目づかいをして見ていると、神人の白い神衣《かみぎん》の間から、これはまた地にひきずる程の大きな白い袖をひらひら舞うようにひるがえして、両手に大きな扇を持ってうち振っている神がいる。カネを鳴らす神もいる。中に真黒な衣裳をつけた神がいて、六尺棒に目盛をつけたもので、アシャゲのあちこちを、目にもとまらぬ程の早さで計ってまわる。ジョーギモチカミ（定規持神）、つまりセクのカンである。

セクのカンに限らず、神のやってくる道はきまっている。人一人やっと通れる程の神道《かむみち》は、モリヤマや浜から部落の中を通ってミャーに通じる。常日頃はき浄めてあって、物を置いたりしてはならない。神は山からやって来て、山へ帰るか、または海に行くという。

モリでカネが鳴ったと思うと、もう自分たちの頭の上で鳴っていた。とても人間わざでできることではないと、古老は首をひねっていた。

神々に近い女たち

フユンメは女たちの祭りであり、司祭者はノロであった。

女は特に霊感にたけている。沖縄の女の友だちが遊びに来て話しているうちに、「私はそういう霊感がそなわっている」という話になった。彼女が何げなくつぶやいたことが実現したり、遠方の近親者が訪ねて来る夢を見て、「今日あたり来るよ」といっていると、本当にそうなることが多いので、自分でも気味悪く思うことがあるという。

南西諸島ではこういう女性の霊感に特に深い意味を認めて、女性を敬う風習があった。例えば男が姉妹《オナリ》の枕元を通ってはいけないという。オナリとは男からいう姉妹のことで、（逆に女が兄弟をさしてエケリという）オナリにはその兄弟《エケリ》を守る力があると信じられ、オナリガミカナシと敬われていたからである。

舟の高ともに
坐《い》ちゅる白鳥っぐわ
白鳥やあらぬ
をなり神がなし

（奄美民謡大観より）

帆船は風の吹くときを選んで航行するのであるから、どうしても危険が高い。しかも季節ごとの卓越風に従って南へ北へ旅するのだから、往復の旅は長びいた。民謡はオナリガミの守護を信じて、心を励ましつつ風まかせの航海に乗りだしたようすを伝えている。遠くへ旅立つものは、自分のオナリから神サジ（鉢巻のようなもの）をもらい、常に頭に巻いて守護神とした。オナリの髪の毛三本をもらって肌身につけたり、船に祀ったりしたこともあった。今はオナリガミの言葉を聞くことはまれになったが、いろいろな形で根強く生きているのに気づく。

ノロもこういった女の霊力を信じる思想から生まれて来たものであろう。沖縄では叱ることをヌルという。目上の人が目下の人に注意を与えるといった意味である。ノロはそのヌルから来た言葉だという。神のおつげを人に伝え、神事を司るわけである。

昔は南西諸島の各間切《まぎり》（村）にはノロがいて、村の祭祠を司っていた。政治や行政は男の仕事だが、貢租のこと、開墾のこと、はては個人の経済活動についてまでも、ノロを通じて神託が求められたから、その実権はたいしたものであったようだ。

それは一つには誰でもノロになれた訳ではなくて世襲であり、普通村の長老のオナリがなったからでもあろう。ともあれ霊感をそなえ、神がかって、神託を告げる能力がなければならない。そしてもともと未婚でなければならなかった。だからノロが死ぬと私生の娘や、妹、姪などが継ぐことになった。そういう正統でない霊媒もいたが、ユタと呼ばれて神まつりには関係しない。

とはいえ、加計呂麻島のように間切が小さく、人口も少ない所では、資格の厳しさは守られてはいない。既婚の女でもノロになるし、ノロが結婚することもある。また現在の須子茂のように、ノロがいなくなった間切では、勢頭神《せどがみ》とかウッカン、イガミといったノロを補佐する女たちが祭りを行なっている。それでもノロの座は明けてあって、ノロのかぶるカブリカズラが置いてあった。

イガミのことにもふれておこう。

須子茂で区長さんの家に泊めていただいた時である。オモテの床の間に見慣れぬものが置いてあった。水を張ったガラスのコップに、真石《まーいし》が三つ入れてある。奥さんに聞くと「私のイガミです」という。女の人にはそれぞれ自分を守ってくれる神がいる。その神は浴川《アミゴー》にいて、何か不幸や病気などのおりに、ユタやノロからあなたのイガミが拝んでもらいたがっているのだと教えられ、はじめてこの守り神の居場所を知ることになる。

女たちは毎月壬《みずのえ》の日の朝早く、誰にも見られぬようにアミゴーに行き、体を浄め、ショケ（塩気のある料理）を供えて拝んで来るという。日頃はこのアミゴーから持って帰った真石を、コップに入れて家で拝むわけである。こうして自分のイガミ（守護神）の判った人をイガミといって、ノロの祭祀の手伝いをする。六十五歳以上の女はみなイガミだとも部落の人はいう。

奥さんは私を自分のイガミのいる所まで案内してくれた。誰もまったく気づかぬようなヤブの中に泉があって、奥さんのイガミの宿っている場所は、そばの岩の一すみであった。

自分のイガミに手を合わせる。加計呂麻島・須子茂

さて、各間切で祭祀を司っていたノロたちは、琉球王朝の成立とともに組織化されていった。琉球王は王のオナリガミを代々聞得大君《きこえおおぎみ》と呼ばれる最高のノロとして、王国の祭祀の最高責任者に決めた。そしてその下に三人の大あほむしられ（祭祀を司る偉大な女人）を置き、琉球を三つに分けて統治させた。

奄美大島には、聞得大君の発行したノロの辞令ともいうべき「インバン」が多数発見されている。このインバンを持っているノロは、インバンノロ、御印加那志《ごいんかなし》、オヤノロなどと呼ばれて、ノロドンチに住んだ。ささやかながらノロ田を持ち、村からの供物を受けて、絶大な権力を持って他のノロたちを支配した。

藩政下でもノロは消えなかった。禁止されてノロ田も取りあげられてはいたが、しょせんは形だけのものであり、その権威は相変わらず人々の間に保たれつづけた。御印判をもらうため、秘かに刳《くり》舟を漕ぎ出して首里の聞得大君の所に行ったオヤノロの話が快挙として伝えられている。

しかし今ではノロの残っている村はごく僅かになってしまった。戦禍を受けた沖縄ではもうノロのまつりは行なわれなくなって、私の知っているノロは町役場に勤めている。八重山では数人になってしまい（八重山ではツカサという）、奄美大島でノロもいてしっかりした祭りが残っているのは、加計呂麻だけになってしまった。

ミャーの聖なる石

アシャゲやトネヤの建っているミャーに、もう一つ重要なものが置かれている。村人はこれをイベカナシと呼んでいる。円錐形の石であったり、奇岩であったり、大きさも二十センチ位の小さいものから、五十センチ位のものまであって一定しない。そばに盃などが置いてあったり、コップに水を供えてあったりするが、普段は子供たちが遊びまわっていて、手を合わせたり、黙礼したりしている人は見かけない。

イベカナシ。奄美大島・油井

この石が意味を持ってくるのは、ある種のノロの神事のときのようで、たとえばオオホリ（お送り—神送り）が近づくと、親は子供たちに、イベカナシのまわりで遊んではいけないという。

須子茂のオオホリは旧四月壬《みずのえ》の日である。トネヤではお祀りしてからノロを先頭にして神人《かみんちゅ》たちがイベカナシを三べんまわって浜に向う。そして海へ神を送るのだが、

両手に持ったアザハ（ススキ）を振って神送りをする。加計呂麻島・嘉入
昭和53年（1978）7月　撮影・須藤　功

神との別れをおしんで、なんとか引きとめようとアザハ（ススキ）を打振る。結局あきらめて「来年またおいでください」と唱えて、アザハも海に捨てて拝んでおわる。

イベカナシとは何だろう。沖縄の島々のオタキやウガンジョでは、これとそっくりなものを見かけることがあったし、与論島の赤崎ウガンなども実によく似ている。しかし、急に気になりはじめた私に、村人は誰も明確には答えてくれなかった。

この原稿にとりかかる前になって、ふと地名で、イベと関係のあるものを探してみる気になった。すると、まったく同じではないが、イビとかイミとかいう地名が内地にあるのである。中部地方の揖斐《いび》川、播磨の揖保《いぼ》川、国《くに》東《さき》半島の伊美などがそうである。

このイビとかイミというのは、イツキビ（斎所）の短く訛《なま》ったものだという。するとイベはイツキビ→イビ→イベではないか。斎《イツキ》は「忌むべき」もの、神います、人の近づいてはならぬタブーの地、またはタブーの行為の意味がある。するとオオホリで神人がイベカナシを三べんまわって海に出るのは、タブーの地から神を送り出すということにはならないだろうか。ところがまた判らなくなる。

加計呂麻の各村には神を迎えるオムケの行事がある。須子茂では三月の初めの壬の日、オオホリの約一ヶ月前である。この時はイベカナシは登場しない。まつりはトネヤで行なわれ、神はトネヤに滞在されるというのである。つまり、この神は海から来て、トネヤに滞在し、イベカナシをまわって海に戻られるということらしい。なぜこの時だけイベカナシが登場するのか。

ふと一つ思いつきが浮んだ。伊勢神宮と似てるではないか。ひょっとしたら上図のようにならないだろうか。

見通しのいいところからぐるっと見渡してみると、村の上方の、大体村のどこからでも見える小高い山がある。モリヤマとかオボツヤマ（お仏山）、ゴンギン（権現）などと呼ばれていて、村の人はあまり近寄ろうとしない。先にのべたセクのカンもここから迎えた。すると、イベカナシは盤座《いわくら》と同じく、モリの象徴であるとはいえないか。海の象徴であるものもあるかもしれない。またミャーは庭だとのみ思っていたが、実は宮ではあるまいか。いや庭と宮とはもともと同じ言葉であったのではないか。それにアシャゲとトネヤの関係。

ふとした思いつきで描いてみたこの図に触発されて、

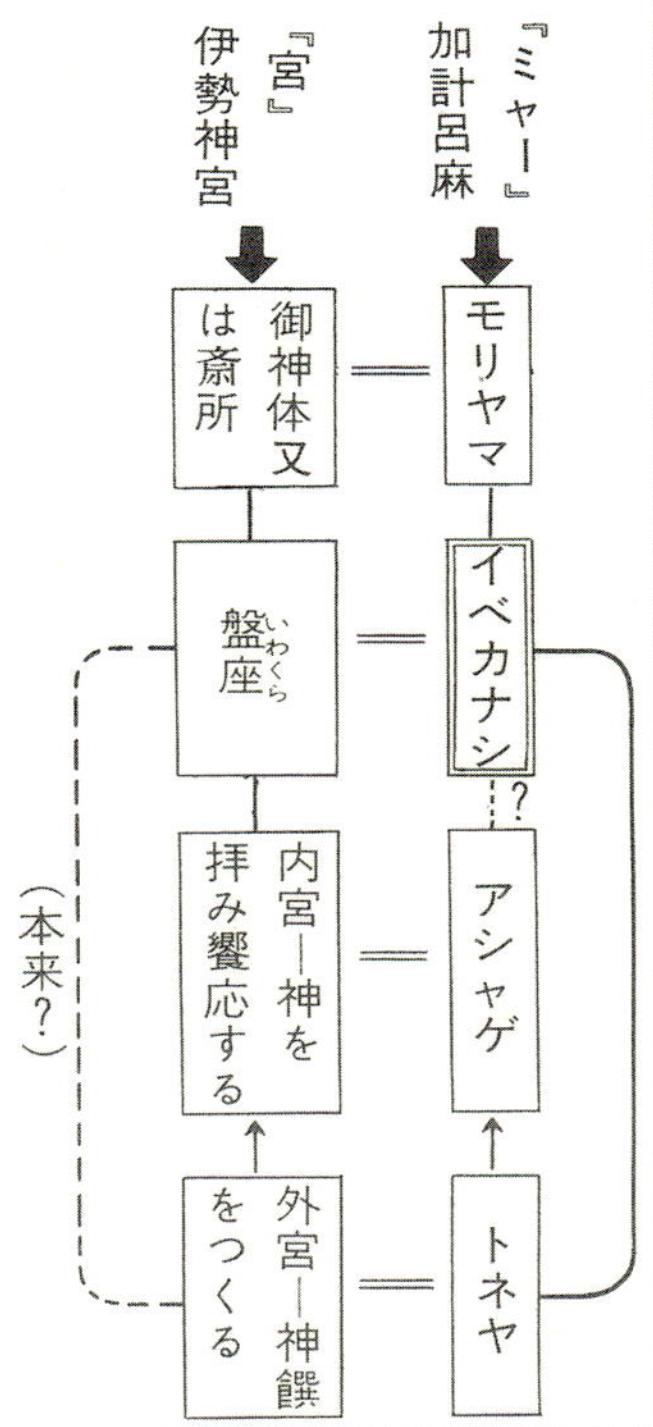

●沖縄の島々の各村にも、もとはアシャゲが必ずあったというが、今は、まず見られない。ただ、オタキやウガンと呼ばれる聖地や拝所にも、モリヤマ、イベカナシ、アシャゲ、トネヤのそれぞれに対応する形があるように思われる。たとえば火の神を共にまつったオタキは、トネヤを思わせる。

●盤座というのは、神である山体やモリの近くにある岩石などで、その神を迎えてまつるためのものである。のちには社殿ができる。

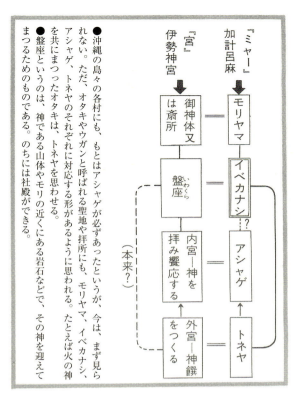

長い時間の間に人間がつくりだし、あるいは迎え入れてきたものの重なりが、さまざまなイメージとなって現われては消えた。

ついでにもう一つ海から迎えるものの話を書いておこう。

「ウッチュハギを焼く」という行事が加計呂麻に残っている。お爺さんの足を焼くという意味で、内地のお盆のように祖霊（高祖《コス》ガナシ）を迎えるのだが、内容はかなり違う。一説には水死したものなどの霊が海からあがってくるものだともいい、門口ではきもののようにしつらえたワラの上でモミガラをくすべるのは、その冷えた足を温めるためという。

ともあれ、海から来た霊魂に御馳走するのだが、お膳はオモテの縁に外から食べられる向きに置く。そして外から家の中に向けて、ワラで十文字につくった人形《ひとがた》をお膳に立てかけておく。どうやら高祖ガナシは迎えても、家の中まで入られては困るらしい。翌日この人形は屋根の上に放りあげられてしまうのである。海から来て天に行くのであろうか。

浜でもらって来る名前

私はふたたび古仁屋にもどって、今度は与路《よろ》島に渡ってみた。海が荒れて舟が来ず、一日待ってやっと乗りこんだ。

与路は奄美大島に付属する島々の最南端にあって、古仁屋からは瀬戸内を抜けて、加計呂麻島の東をまわりこみ、請《うけ》島を経て、さらに六キロほど西南にある小さな島である。古くから人が住んでいたらしく、石斧や尖底土器が発見されている。

船が桟橋に着いたときである。見知らぬ少年が私を待っていたかのように話しかけてきた。

「おじさんどこへ行くの。何日いるの。面白い所知ってるよ」

与路島は藩政下にあった頃には流人の島であった。高い崖の上から罪人を突き落して処刑した所があるという。私は少年に誘われるままに、海岸沿いに処刑場に向った。岩を拾い拾い行きながら、少年のおしゃべりはやまない。処刑場はひさしのように突き出た三十メートル位の高さの崖の上にあって、海岸から見あげただけで目がまわりそうであった。と、少年が遠慮がちに案内料をくれという。正直なところ私は一瞬とまどった。だが、考えてみると当然のようである。いろいろな思惑で大人が口にしにくいことを、少年は無邪気にやっているにすぎない。少年の行為が正当なので、今までの私の旅は人の好意に甘えすぎていたのだろう。

「おじさんは貧乏だから、そんなにあげられない。三百円でいいか」

少年はうなずく。サンゴを積みあげた垣に根を張ったガジュマルの葉に、夕陽がキラッと輝いていた。その陰から黒い牛がのっそりと現れて、モーとないた。

十二月という人のたくさん来ない季節でもあったためか、どこの家でも「召上《みしょー》れ、菓子でもアガッチ、みしょーれ」と歓迎してくれる。リュックサックをおろして、のんびりと人の話を聞けるのはうれしい。あるおばさんは

請島より望む加計呂麻島

アリカチム（歩きはじめ）の話をしてくれた。

「名付け祝い《いうえー》のことですな。十月の二十三日から二十五日までのよい日に、アディッ浜へ競走で行くっち」その年に生まれた子供、みんなですよ。船で競走するっち。

「アディッ浜にあがって、真石《まーいし》を取って、『人まさり、友人《どうし》まさり、千人の力、万人の力、あらちたぼれ（与えたまえ）』と唱えるんです。浜で男の子二人に角力をとらしたり、ショケを食べたりして遊ぶのですわ。帰りも競走で帰ってくるっち。『負けぬよう、船とり（衝突）せぬよう、まんぐいえるなよー（まぎれるなよ）』といいながら帰ってくると、ミャーでノロカナシが待っていて、『アディッ浜行っち、名前もろて来ちがー、来ちがー』。一生懸命《いけぼっち》行って来ちがー』といいながら、赤子の顔に朱をつけるんですよー」

「また競走で川へ行くと、年な人が桶に水を入れて待っていて、『オレー、オレー』とひしゃくで顔にかけるんですよ」

「それから家に帰って、運気をもらった真石を祀って、『いしぐどうま、かなぐどうま、びりゃーの子の栄ゆように、名前をもらって来ました』と三度唱えるんですよ。生まれてからその日までは名前はありません。ただアミャー（赤ちゃん）と呼んでいるだけですわー」

子供の名前を浜でもらう。浜は海との接点だから、海から名前をもらうことになる。アディッ浜を沖から見ても、ガジュマルの木に囲まれた、真白な小さい浜で、何の変哲もない。ただそこは陸づたいに行くことはできず、普段人は行かない。幻のような海のかなたの神話の楽土ニライ・カナイと人びととのかかわりを思い出させることの話は、南西諸島の最も基本的な生活と信仰の形を現わしているようであった。

考えてみるとあの少年の行為も、海から名前をもらうことや、木茲の浜で見た魚とりの石垣《かき》に寄った魚を拾い集めることと同じではないか。魚も木もハブも、いつまでもいて欲しい神も扱いにくい祖霊も、そして災いをもたらしかねない人間も、みんな海のかなたからやって来た。子供の名前さえ海のかなたから漂って、アディッ浜に寄り着いてくるではないか。私もそんな寄りものなのだ。少年に教えられた気がして、晴ればれとした気持ちになって海を見た。波頭の白さが目にしみた。

焼内湾

古仁屋から焼内湾への道は、とんだ大まわりを強いられる。直通便のバスは少ないので、西仲間行きに乗って、新村で乗りかえる。バスが奄美大島最高峰の奄美岳（六九四メートル）の南麓をまわっていって、峠を越えると急に視界が開けてくる。椎などの密林がパルプ用に伐採されているからである。宇検村《うけんそん》はパルプ材一色の村であった。倒した材木は切り断った崖から海に落して、深い水深を利して千トン級の船が湾内深く入りこみ、ウィンチでつりあげる。あとには琉球松が植林されていく。

風の強い焼内湾の石垣と舟小屋。奄美大島・屋鈍

それが瀬戸内とウリ二つのように似ていた焼内湾の風景を変えている。トラック道がほとんどの部落に通じ、名瀬から西まわりの観光道路もできるという。陸路が整備されるにつれて、焼内湾の通船もすたれ、湾の西端の屋《や》鈍《どん》への船だけが残っていた。

屋鈍は西風の強い所だ。海岸のアダンは折れまがり、石垣は軒よりも高い。墓地のタマヤは吹きとばされないように針金でしばりつけてある。やはり強風のためであるのか、船小屋が立ち並んでいるのが奄美大島では珍しい。

人が大勢浜に出て、豚の毛を焼いている。沖縄や奄美の村々では、正月が近づくと浜辺でこんな風景によく出合う。豚や山羊の一頭を二、三軒で分け合って、血も大切に取っておく。漁網に塗れば強くなる。単に利用できるものを無駄にしないというだけでなく、ここでは血は汚いものではないのである。その良い例が八重山群島のミンサーという帯であろう。今では普通の染料を使って観光客に売っているが、もとは女が自分の女の血で染めあげた糸で模様を織って、好きな男に贈った帯だ。

屋鈍の目の前に枝手《えだて》久島《くしま》が浮んでいる。昔琉球の船が難破して、まぎれこんでいたハブが上陸し、奄美大島に拡がったという伝説を持つこの島も、数年前まで沖縄の漁師夫婦が小屋掛けして漁をしていたが、今は住む人はいなくなった。

枝手久島の裏側に、島をヒンプン（家の目隠し塀）にして宇検の部落がある。碇《いかり》家という与人の家や、源為朝の伝説をもつ鎮西《ちんぜい》家という旧家があり、薩摩の役人も常駐していた所だ。旧家は山の中腹にあって、立派な石造りの手水鉢や、大きな灯明台が庭にある。貢進船が琉球へ、大和へ発つときに、航海の安全を願って火を絶やさぬようにしたものだという。

私はバスの来る湯湾へは戻らずに、歩いて北の峠を越えて、東シナ海に面した大和村《やまとそん》の西のはずれ、今里に向った。この道をとると思勝《おんがち》まで歩かねばならなかったが、宇検村のノロはかって今里のオヤノロから神事を教わったと聞いたからである。

落日

私の旅はいつの間にか、人びとの心の歴史を訪ねる旅になってしまったようだ。

今までさまざまな人に会った。親しく口をきいてくれる程のあいだがらになると、きまって大和人《やまとんちゅ》の圧政の話になった。大和人は奄美では薩摩藩の人のことだ。そして次に出て来るのが琉球王の時代（ナハン世）であり、ノロが話題にのぼって来る。ふと耳を傾けると、村のどこかのラジオから琉球放送の民謡が流れ出て来る。——奄美にいると琉球の近さが実感として解るのである。

薩摩藩の徹底した圧迫と収奪の政策をもってしても、ノロ行事に代表される琉球型の文化を壊すことはできず、島人の心まで隷属することもできなかった。その強さは何であったのだろうか。いや逆に侵略というものの弱さであったに違いない。どんなに侵略者が暴力をもって人びとを虐げようと、侵略という行為自体が弱点なのだ。島人はノロの祭りを意識して残そうとしたのではあるまい。ただあたりまえのことをあたりまえのこととして来たにすぎないのであろう。文化とはそうしたものではないだろうか。

今島々を歩いていると、日本の他の土地でと同じように、現代文明共通の匂いをどこででも嗅ぐことができる。人びとはともかくも思い思いに生活を立てていて、かつての暗い影を見ることは少ない。そして島々が明るさを取り戻した時、ノロの祭りは消えようとしている。今里ではもう祭祀は僅かしか行なわれていなかった。加計呂麻で見聞きしたような緻密な行事も残っていない。人びとはそれを懐しいとは思っても、もはや無くては落着かぬ、あるのがあたりまえのこととは思わなくなった。

私もそれがもし島々がやっとふたたび手に入れた明るさの代償というのなら、いつまでもその明るさの方を願う。ただ、たとえば子供たちに神とは何かと聞かれた時に、神と共にあった人間の生活を目のあたりに伝えてやることは、もはや誰にもできなくなってしまうのだなと、痛いほどにさとるだけである。

バスのある思勝までの道は長い。歩けども、歩けども、山と岩礁が続き、私の前に立ちふさがった。それを乗り越え、乗り越え、歩きながら、人間にとって生きるとは何だとつぶやいてみる。東シナ海にふたたび赫い太陽が沈んでいった。

焼内湾の浜にて。奄美大島・部連

海の稲魂　山の稲魂

小野重朗

アラセツの日の二つの祭り　奄美大島北部の竜郷村秋名《あきな》は東支那海にのぞんで、広い田袋（タブクロは水田の集りをいう）を持つ部落である。

旧暦八月のアラセツの日にこの部落で早朝と夕方と二度に分けて古風な祭りが行なわれる。朝のものはシチャガマといって山上に小屋を揺り倒し、夕のものは平瀬《ひらせ》マンカイといって海の岩の上で行なわれ、共に稲魂様を招く祭りである。

アラセツというのは新節の意で旧八月初丙《ひのえ》の日である。次にくる壬《みずのえ》の日をシバサシ、更に八月十五夜、この三つはミハチガツともよばれ一年で最も重要で、また楽しい行事がある。

新節という名の通り、夏の季節を終えて、冬（南島では秋の季節をとび越えて冬として把える傾向が強い）を迎える祭りだが、奄美の八月は稲の収穫を七月に終えて、収穫を感謝し次の豊作を祈る月であり、本土の正月に相当する。この日奄美の村々では新米でカシキという赤飯を作り、ミシャクという甘酒に似た聖なる飲物を醸して、夜を徹して八月踊りが賑わう。秋名ではこうしたアラセツの一般行事に加えてシチャガマと平瀬マンカイの行事がある。

小屋をつくる　シチャガマはこの新節の朝の行事の名であると共に、節小屋という字が当てられるようにこの行事のために作られる小屋の名でもある。アラセツの前に必ずこの小屋が作られる。今は部落の男たち全員で材料を集めて一日で作るが、元は盆の後から十五歳の男の子が集って役割をきめて材料を集め青年や大人の力もかりて小屋を作るものだった。

小屋は秋名田袋を眼下に見渡せる山の中腹のシチャガマ屋敷に作る。掘立柱のワラぶきの片ひら屋根で方八メートルほどのもの。二本の椎の本柱の前には竹を割って梯子状に作ったものを添え、それからダンチクの葉の繁った茎を出して、これを遠くから見れば二本の巨きな稲に見える。

シチャガマの行事　アラセツの早暁、部落の子供、青年壮年の人たちが集って屋根の上に登る。女性はみな山の下の道から遠く見物してシチャガマには登らない。初めてのアラセツを迎える男の子は「シチャガマ踏ませ」といって親が抱い

秋名田袋の家並みを見おろす山の中腹に作られるシャチガマ。
昭和54年（1979）9月　撮影・須藤　功

てシチャガマの屋根を踏ませる。元は子供たちが作って貰った重箱を開いて御馳走の初《はつ》を屋根に供えるものだった。

　夜が明けかけて、屋根上に人々が溢れるほどになると、部落のグジという男神役が二人、本柱の上の所に立って田袋に向って唱え言をする。

　――用仁《ヤニ》・佐仁《サニ》ヌ稲魂様《ガナシ》ヤ秋名田袋チ寄リ満チンショチ。伊津部田袋ヌ稲魂様ヤ秋名田袋チ寄リ満チンショチ。北風《ニシカジ》ヌ吹ケバ、上ン畦枕《マブシマクラ》、南風《ハイ》ヌ吹ケバ、下《シャ》ン畦枕。生レハチギラシ、名揚《ナア》ガリンショウレ。

（用仁・佐仁・伊津部は田の多い部落名で、そこの稲魂様もみな秋名田袋に寄り集まり給えということ。畦枕はよく稔った稲穂が重さに倒れかかって畦を枕にすること。はち切れるほど稔って稲魂の名をあげ給えと祈る）

大勢の男たちがシチャガマの上にのぼって揺らし始めると、シチャガマは次第に傾き、やがてつぶれる。撮影・小野重朗

　この儀礼が終る頃、田袋の向うの山に日が昇ろうとする時刻となり、シチャガマの屋根は百人ほどの人数が登って、シチャガマを揺する歌がはじまる。幾つも鼓《つづみ》を打ち、声を揃えて歌う。

　西カラモ揺リユリ
　東《ヒギャ》カラモ揺リユリ
　西東の稲魂、招《マヌ》キ寄《ユ》シロ

　歌はこの他にもいろいろ歌われ、一節を歌い終ると、「ヨラ、メラ」と掛け声をかけて全員でシチャガマを揺する。足をふんばり、膝に手をあて、ヨラで一方に体重をかけて押し、メラで反対側に押す。これを繰り返すうちに本柱の根がゆるんで、ぐらぐら揺れはじめ、歌も掛声も急調子になり、揺すりはじめて三十分ほどでシチャガマは人をのせたまま倒れてしまう。朝日がまだ昇らぬ内に倒すのがよいという。シチャガマが倒れると、その上で八月踊りを踊って朝の行事は終る。

　シチャガマを揺すり倒すについて古老たちにも定説といってはないが、畦枕という言葉のようにシチャガマが傾き倒れることは稲の稔りがよくて傾き倒れることを現わし、来年の豊作を祈る意味があると言われている。

平瀬マンカイ。左が神平瀬、右が女童平瀬。撮影・小野重朗

平瀬マンカイ　次にその日の午後になると平瀬マンカイが行なわれる。場所は部落に近い海岸である。平瀬というのは波うちぎわの水上にでている岩のことで、「神平瀬」と「女童《めらべ》平瀬」という二つの大岩が十数メートル離れて向い合っており、その上で平瀬マンカイは行なわれる。

午後三時過ぎになると部落の人々は一重一瓶を提げてこの海辺に集まってくる。家々からは神平瀬にアラセツのカシキ（赤飯）の初が供えられ、また「シチャガマ踏ませ」に対して「平瀬踏ませ」といって去年のアラセツ以後に生れた女の子を抱いて平瀬の岩を踏ませる習わしもある。

午後五時過ぎに「女童平瀬」には部落の男女神役が、七、八名上る。晴着をつけ、鼓も持っている。それに少々おくれて「神平瀬」には五人ほどの高位の女神役が上る。オヤノロ、ノロといわれる人たちで、白い広袖の神衣《かみぎん》をうちかけて着て、八月サバという新ワラの草履をはいている。

女童平瀬の神役たちと神平瀬のノロたちとは海を間にして向い合って立ち、先ずノロたちが歌うと女童平瀬の神役たちはそれに合せて両手を招くように振ってマンカイをする。次は逆に女童平瀬の方が歌うと神平瀬のノロたちがマンカイをする。

マンカイは招き合いの意と言われ、両手を胸の前で招くような、左右に流すような単純な手ぶりで踊ることである。歌は五首ほどある。

玉ノ石ノボテ、何《ヌ》ノ祝取《イエト》リュル
西東《ニシヒギャ》ノ稲様《イヤガナシ》、招《マヌ》キ寄シロ
　今年世ヌ変テ、ウトマラシャヘンデ
　磯《イショ》ノ綾貝《アヤスビ》ノ、陸《アグ》バ上《ヌ》ブテ

（ウトマラシャヘンデは不思議なことだの意という。綾スビは美しい宝貝で、それが陸に上って稲の実になったの意という。）

日の暮れかかった茜色の海を背にしてのマンカイは神の出現を思わせる神秘的な光景である。マンカイを終えると神平瀬のノロたちは岩の上に座り、東の海の彼方、ネリヤ（竜宮、ニライに同じ、稲はそこからもたらされたと伝承する）の方を向いて合唱して拝む。拝み終ったノロたちは神平瀬を下りてくる。女童平瀬の神役たちもおくれて下りてくる。

平瀬から下りたノロたち、神役たちは、海のみぎわのところで自然と輪になって、「スス玉踊り」や「稲すり踊り」という農耕とつながりの深い歌を踊りはじめる。日の没した後の暗くなりはじめた浜辺で、白衣のノロを中心にした踊りの輪がゆっくりとめぐる。

一方では、海辺の岩や草原の上に席を作った部落の人々は持参の重箱をひらき酒瓶をかたむけてにぎやかな宴がはじまる。主婦は重箱を男たちは酒瓶をもって近くの組をまわって御馳走を配り、酒をついで回る。いわゆる一重一瓶の宴である。神役も宴に加わり、一般の人も踊りの輪に入って、いっそう賑わい、あたりが暗くなってやっと人々は帰途につく。その夜はおそくまで部落の広場で部落全員が集っての八月踊りがある。これでアラセツの日の全行時が終ることになる。

稲刈りあとの作業を演じる「稲すり踊り」。昭和54年（1979）9月　撮影・須藤　功

　こうして見てくると朝のシチャガマと、夕の平瀬マンカイとはたいへん性格のちがった祭りなのであるが、しかしその目的は共に稲魂ガナシを招き豊作を祈るという点で同じだと言える。同じ目的を持ちながら、何故やり方のちがう二つの祭りをするのか。二つの祭りをもう一度考えてみよう。

なぜシチャガマを倒すか　シチャガマの小屋を揺すり倒すのは古老の考えているように豊作の稲の穂が重くて畦枕をする様を演ずることによって豊作を祈るのであろう。事実、シチャガマを前からみると本柱の前の飾りとダンチクの枝とで左右二本の大きな稲の茎と葉にみえ、屋根に上った人々を稲の実とすれば、シチャガマが倒れれば巨大な稲の畦枕が実現することになる。しかしシチャガマはただそのためだけに建てるのだろうか。

　現在、シチャガマを行なっているのは秋名部落だけだが、明治の終りから大正にかけて、この行事をやっていた部落は竜郷村から現在の名瀬市にわたって十部落ほどあり、その頃の話を聞いてみると、多くの部落ではシチャガマの中に祭壇を作って花や食物を供えて神を祀り、アラセツの後のシバサシ（柴さし）にそれを揺すり倒すものだったという。そうしてみると、シチャガマは本来は神を迎えて祭るための小屋で、その神というのは先の唱え詞にでる稲魂様であると考えてよかろう。古い神祭りの形は、仮屋を作って神を迎え、神を送った後でその小屋をこわすものであった。シチャガマも稲魂様（あるいはアラセツの神）を迎え祭るものだったのが、秋名では伝承の途中でその部分は消失忘却され、こわすことだけが新しく別な意味（畦枕の様を象徴するという）をもつ行事となって、それがシチャガマを作る目的だと思われるほどに変遷し特異化したのだろう。

シチャガマ—男の子—山から　シチャガマの全体の例を通じて言えることはこの祭りに参加するのは部落の男性であること。材料集めから、シチャガマ作り、祭りにいたるまで元は、部落の子供組、十五歳をかしらとする男の子たちの集団行動として行なうものであったということである。嘉永年間に奄美大島に流された名越左源太の著した『南島雑記』にも次のように書かれている。

「志知弥賀麻《シチャガマ》、頓賀《ドンガ》の日前以茅をきり材木を集め木屋作り、田神をまつる。村中拾五六歳以下拾二三歳を限り、白酒を作り、是を祭る祝文あり、名瀬間切に限り祭る也」

　ドンガの日というのには問題があるが、子供組がこの祭りの主役だったことははっきりする。名瀬市有屋でも、子供組の者がいろいろの役割をきめて山から材木やカヤを運び下すときに掛声勇ましく山を下ってくると、部落の人々はそれを神の来臨のように迎えるものだったという。これは山から下る子供たちはこのシチャガマの祭りの神（ここでは稲魂ガナシ）として部落を訪れていることを教えていよう。部落の子供組は司祭者であると共に神でもあると言えよう。後には年齢階梯的な子供組の活動も衰えて、祭りは秋名でのように大人の力をかりたり、グジに唱え言をしてもらうように変ったものと思われる。この有屋の例でみられるように、シチャガマに招き迎える神、稲魂ガナシはどうやら山から下って訪れて来るらしいことも注目せねばならない。

平瀬マンカイ―乙女―海の彼方　次に平瀬マンカイについて考えよう。「神平瀬」と「女童平瀬」との間のマンカイにはどのような意味があるのだろうか。この行事が海の彼方のネリヤから稲魂ガナシを招く祭りであることは言い伝えられている通りだし、マンカイの歌にも詠まれている。そうしてみれば二つの平瀬のマンカイも稲魂を招く意味のものであろう。女童平瀬には今では男のグジと女の神役たちが上っているが、本来はその名の通りに若くて清浄な乙女たちが上ったものであろう。神平瀬に上るノロたちは、神平瀬という名が示すように、神として、この場合は稲魂ガナシとして上っているのだろう。乙女たちが女童平瀬の上から招けば、招かれてネリヤから稲魂が神平瀬の上に来り立つ――その稲魂に代ってノロたちが神として神平瀬に立つのであろう。

　平瀬マンカイの方はシチャガマに較べて行なっていたことが明らかな部落は少なく、隣りの竜郷村嘉渡だけである。ここでは海辺に、女《イナグ》平瀬と男《インガ》平瀬とがあって女平瀬にはノロをはじめ女神役が上り、男平瀬にはグジという男神役と男の部落有志が上ってマンカイをするものだったという。ここでは昭和初年まで続き、今でも平瀬マンカイはしないが、部落の女の子たちはアラセツの日の午後、この海岸にでて重箱を開いて遊び、平瀬にはカシキを供えているという。この部落の女平瀬、男平瀬という名は秋名の神平瀬と女童平瀬よりは新しくて変遷した形であろう。神を招き迎えることが忘却されて、男と女とがかけ合いで歌い踊るだけのマンカイとなったものであろう。ここでは現在女の子たちが浜にでて食事をする行事ばかりが残っているが、この事は平瀬マンカイでは部落の女の子（女童）たちが中心的役割を果すものだったことを教えているようである。奄美だけでなく薩摩半島から甑《こしき》島にかけて女の子が海辺で料理や食事をして遊ぶ日が多くみられるが、これらの中にも古く村の乙女たちが神を招き接待する神事であったものがあると考えてよさそうである。

相異る二つの世界観　このようにみてくれば、秋名に見られるアラセツの祭りのうち、シチャガマは部落の男の子供が中心になって山から稲魂を迎える祭りであり、平瀬マンカイは部落の乙女たちが中心になって海の向うのネリヤから稲魂を迎える祭りであると要約できよう。

　それにしても不思議なのは、山から稲魂を迎えるのと、海から稲魂を迎えるのとは両立し得ないような矛盾をもっているのに、同じアラセツの日の朝と夕とに同じような力の入れ方で二つの祭りを行なうのは何故かということである。

　これはつまり、奄美それに沖縄も含めた南島には二つの世界観が見られるということであろう。一つは海の向うに楽土・原郷があるという考え方と、もう一つは山の上に、さらにはそれをもっと高くした天上に楽土・原郷があるという考え方と、この二つの世界観が両立したままに、このアラセツの祭りに朝夕二重の行事を行なわせることになったのであろう。

海からきたもの　海の向うの楽土の名はネリヤ・カナヤ（奄美）、ニライ・カナイ（沖縄）と呼ばれ、人間生活に必要な火や稲の種もこの楽土からもたらされたものとされる。この世界観をもつ文化は南島を中心に海を生活の場とする人々に古くから伝えられたもので、この文化はオナリ神信仰（姉妹《オナリ》が生神様となって兄弟《エケリ》の航海など海を中心とした生活を守るという信仰）を伴なっていて、女性に特に若い女性に強い霊性を認め、ひいては女性を神の依り代として神役とするノロ制度を保持しており、夏の祭りの旧暦八月を最も大切な節としてきた。

山からきたもの　それに対して山の上に楽土を考える文化は九州を北から南へ、さらに南島へと伝えられたと思われるが、これは山地の生活、狩猟や樵業などを中心としてきた人々のもので、その神観念は狩の神、大工の神といった具体的なものから山の神といった抽象的なものに移り、さらには山から天空にまで抽象されて奄美・沖縄ではオボツ・カグラという天上の楽土を持つものとなった。男性を中心とする社会、特に年齢階梯的な組織をもつ子供組や青年組によって山から下って来て家々を祝福したり祭りをする秘儀的な行事を伴なうことが多い。この文化は九州本土では正月を大切な祭りとする季節感をもっているが、南島ではその地域性に応じて八月を中心にする季節感に切りかえたものと思われる。

二つの波の重なるところ　ネリヤ・カナヤを海上楽土とする世界観は南島の原文化として古く遠い歴史をへており、オボツ・カグラを天上楽土とする新しい北からの文化がその上を被ったものと思われるが、ここ奄美の秋名部落では、この二つの新旧の文化が不思議な調和した形を保って、シチャガマという山の祭り、男女の祭りと、平瀬マンカイという海の祭り、二つの祭りが共に稲魂を招くという共通の目的で結ばれていて、不思議といえば世にも不思議な祭りと言えよう。

輪になって八月踊りが始まる。昭和54年（1979）9月　撮影・須藤　功

与論島——ユンヌの人々

文・写真　伊藤碩男

城から供利《ともり》港方面を望む。

南の上空より望む与論島東南部。右端の岬が赤碕

島へ――

「与論へ行くとね、若い人たちばかりで、私のような中年組が行くと気恥しい」と、ある人が言っていた。

与論島の何が若者をひきつけるのか。エメラルドグリーンに輝く海、白くまぶしい砂浜。打ち寄せる波が人の足跡を消し去って、いつも新しい波紋を踏みしめ、自分自身の足跡をつける喜び。しかし、それは与論島に限ったことではない。南西諸島のいたる所にある。かつて、その海を眺めながら、はるかな国を想い、人を想うのには、与論でなければならなかった。それは昭和四十七年（一九七二）まで続いた。沖縄が返還され、与論は日本の最南端ではなくなり、若者の辺地趣味を満足させる島ではなくなった。それでも多勢の若者が与論へ向う。

おしよせる観光客　昭和五十一年（一九七六）四月、私は鹿児島から与論へ向かった。二度目の与論行である。船は八年前に乗ったときから比べると、二倍以上に大きくなっている。揺れ方もひどくない。昔は、二等といえば船底で換気が悪く、異臭がたちこめて息苦しい旅をしたものだった。しかし今は豪華船で、二等は船底でなく、換気も冷房になって肌寒い位である。小さいながらもマットが敷かれ、掛け毛布が備えられ、背中の痛みをこらえながら輾転反側した昔を思えば夢のようだ。私の経験の中では、最も神経を細かく使っている船だろう。これは、奄美諸島をめぐり沖縄へ行く船会社が二ラインあって、互いにサービスの競争をしているからである。

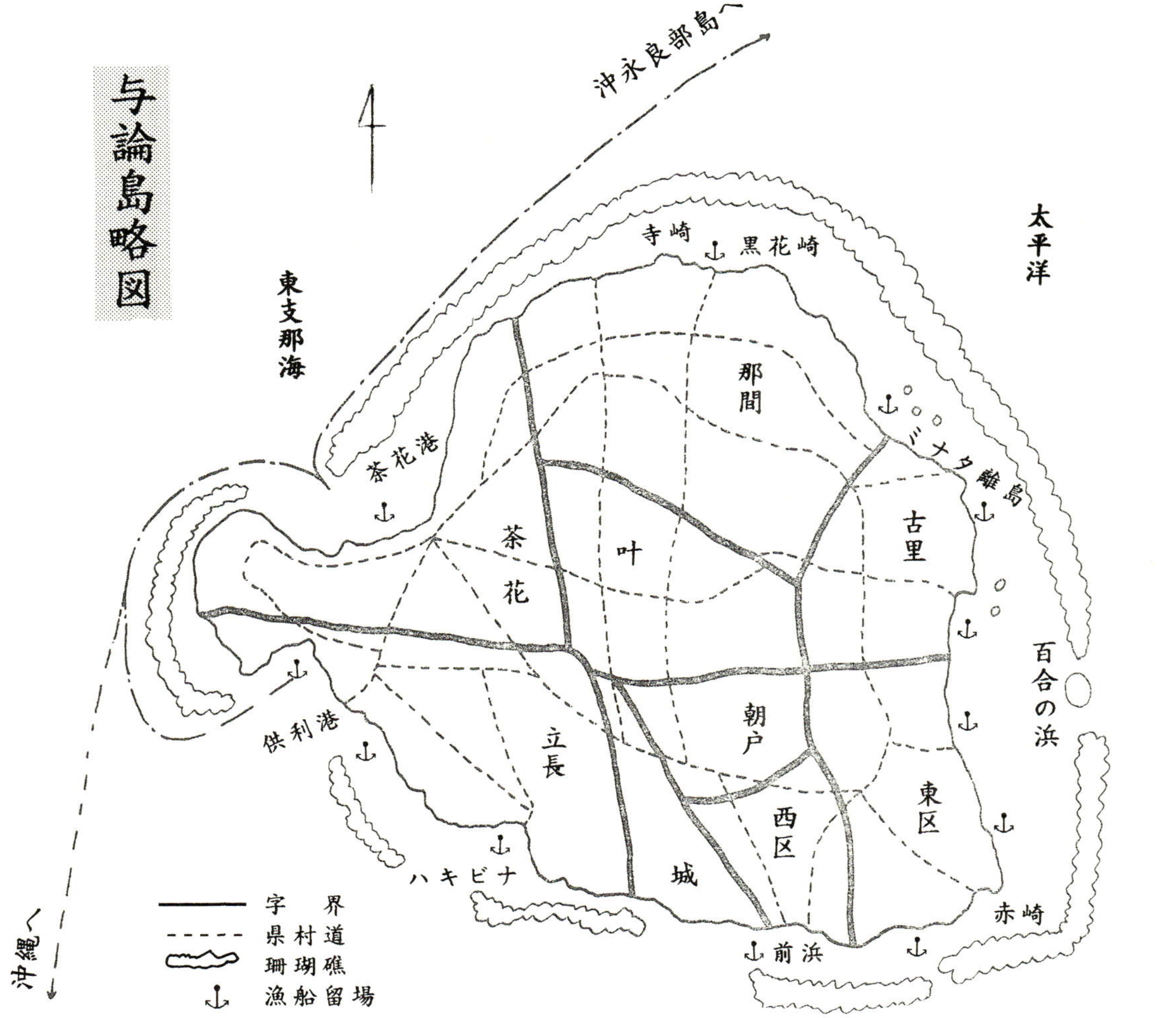

栄喜久元著『与論島の民俗』挿図より

シヌグの組のひとつ。これから祈りにはいる。昭和52年（1977）8月　撮影・須藤　功

このような競争はありがたいが、よく考えてみると、二つの船会社が営業して成り立つ程の客があることになる。最近五年間の与論島入込客数調査表をみると、昭和四十九年（一九七四）には四十五年の二・六倍の人が与論島に上陸している。月別では、四月のシーズンオフでも六千三百人、与論島の人口七千人に匹敵する。まして夏になると八月だけで二万人が押しかける。島の人口の約三倍である。年間を通すと七万五千人で、そのうち観光客だけで六万二千人。島に入る人の約八三％である。したがって船の利用客のほとんどが観光客で、そしてその全部と云ってよい程が若者である。

もともと船は島の人の便宜をはかって生れたのだが、利用客へのサービス向上は、観光客を中心に行なわれている。サービスは観光客の数に比例して良くなり、島の人の力によってそうなったのではないことに、そして、膨大な数の観光客にある不安を感じるようになった。私たちは今まで日本の高度成長下に爆発的な民族の漂流を経験し、その中で変ってきたのは、観光公害ともいえる在地の人々の心の荒廃であった。私が初めて与論を訪れたのが昭和四十三年（一九六八）で、当時の観光客数は一万五千人程であった。その頃から四倍にふくれあがった今、島の人々はどのように変ったのだろうか。島という自然風土につちかわれた人々の精神にどのような変化が出ているのだろう。

離島苦《しまちゃび》を知ることができるか　午後二時頃、船は与論島の茶花《ちゃばな》港に沖泊りした。風向きによって島の反対側の供《とも》利《り》港に入港する場合もある。通船が迎えに来る。船が大きすぎて接岸できないのだ。茶花港に接岸可能な船は五百トンまでである。八年前の船も八百トンで接岸できなかった。客が増えて船はどんどん大きくなるが、港湾施設はなかなか追いつかない。通船に乗換えるのだが、波が小さな船を上下に押しゆらす。波のリズムを見はからって飛びのる。やって見ればさして危険ではないが、はた目には、はらはらする。若い人たちは、初めての島の初めてのスリルを喜んでいる。私は船の乗換えの度に、離島のきびしさを味わう。あるとき、茶花港で通船に乗って出発を待っていると、六十歳位の女の人が乗船切符をにぎりしめ、乗るか乗らぬか決心がつきかねているようである。通船の係員が大丈夫だから安全だからとなだめすかして、やっと船に乗りこんだが、もやい綱を解きだすとやにわに陸にあがって逃げていってしまった。通船の客はその滑稽さに笑ったが、船員たちは笑わなかった。島の人にとって旅とは、重大な決心のいることだった。勇気を持って出発することをその第一歩から強制されるのである。船員たちはその女の人の気持ちが痛い程よくわかっていたのだ。後日、この女の人を隣りの沖永良部島で見かけたときには、おばあさんやったね！　と、その勇気に拍手したものだった。

「島に帰る」という島の人の言葉は、村に帰るという意味である。四方を海で囲まれた隔絶感が、わが村を島といいあらわしているのだ。この隔絶感は台風のときに特にひしひしと感じるのだ。逃げたくとも逃げ場所の無い絶望感にさいなまれる。与論に来た若人の何人かは、このことをよく知っている人もいる。宿の「楽苦我喜帖」

乗る人もおりる人も若い人の多い茶花港

と表題したものをめくってみるとわかる。閉じこめられた青春を思いきりぶつけている。「風風風、雨雨雨、島には絶対来ないぞ」など、飾りけがなく迫力がある。「与論はすばらしい、またくるぞ！」などと誉めそやすより、はるかに島を知ったのではないだろうか。島の人が毎年体験していることに、この人は短い滞在期間に運よく？ぶつかったからだ。こんな隔絶感を島の人は離島苦《しまちゃび》といっている。

この離島苦が根底にあることがわかってくると、船を迎える岸壁の賑やかな光景も、単なるにぎわいとして見ることができない。以前は民宿の名前の入った高張り提燈が十数本並び、夕方の薄暗くなりかけた濃紺の空に黄色くゆらめいて、長かった旅のつらさを一度に払い去ってくれるような光景であった。通船が近づくにつれて人の顔もややはっきりしてくると、何ともいえぬ暖かさが感じられたものだ。それは灯というものの効果であったかも知れないが、いずれにしても心からの歓迎を感じるのである。それは離島苦をくぐり抜けた人の気持のあらわれである。「宿はおきまりですか」と問いかけるのは、大抵中年のおばさんで、その当時はほとんど民宿の主婦が迎えに来ていたものだった。今度は高張り提燈は〝民宿○○〟と書かれたベニヤ板に白ペンキのプラカードに替り、迎えの人々も真黒に陽やけして、ところどころ肌がむけて赤まだらの熱帯魚のような若い人ばかりであった。明らかに島の人ではない。内地から来たアルバイトの学生か、または、ひまをもてあました結果遊び半分にプラカードをかかげにきたような若者たちで、都会の喧

ガジュマルや福木の濃い緑に囲まれて、家はそれと見分けにくい。

高倉の柱のそばにおいたいざり機で織物をする。

砂糖黍刈りの合間の一服

噪さがそっくり引越してきたような賑やかさである。島の人はそんなプラカードのかげにかくれてしまって、心なしかひっそりとした空気を感ずる。

初めて島に来たとしたら、このような外面上の賑わいに目を奪われてしまい、離島苦など全く知るよすがもないだろう。また、外から来た人間が離島苦など知らないのが当然で、知る必要もないことかもしれない。しかし、かつて私が受けた島の人の暖かさは、離島苦に否応なしにつながっている。離島苦は、島の人の人格を高度に洗練させたのだ。そしてそれは今でも続いているだろう。

十五夜踊りを見たい——

琉球から来た地主《とこぬし》の神　今度の旅も前回と同じように、十五夜踊りを見ることが主な目的である。十五夜踊りは、旧暦の三月、八月、十月の十五日、満月の日に島の豊作と安穏を願い、地主神社《とこぬしじんじゃ》に奉納する踊りである。地主神社は、島の一番高い所にたてられている。もともと、ここは世ノ主《ゆぬぬし》（君主、または一地方の支配者）の居城であった。現在は地主の神（平和で安穏を常に約束する神）を祀る神社となっているが、これには一つの伝説がついている。それは、沖縄から築城のために来たある男が、島の一番高い所で沖縄の方をみていると、沖合いにピカピカ光る物があった。調べてみると一つの箱が浮いていて、その中には七つの頭骨が積まれていた。そのうちの一つは頭髪が生え、金の簪《かんざし》をさし、口に一葉の書をくわえている。書には「わんとてまつる島や永代幸福なり」と書かれていた。与論世ノ主は、これを「この島の永代の幸福のために」と奉葬した。これが地主神社の初めだという。

南西諸島には古くからニライカナイ信仰がある。それは海の彼方には桃源郷があり、あらゆる幸せは海の彼方から神によってもたらされるというものである。地主神社の由来にまつわる伝説は、その信仰と深い関わりをもちながら、政治的な意図も含まれたものである。何故なら、与論世ノ主はこの島で生れた豪族ではなかったからだ。第一代の世ノ主は、琉球王朝の最盛期をつくった尚《しょう》真王《しんおう》の次男の尚朝栄《しょうちょうえい》が渡ってきてなったもので（永正九年（一五一二）、与論に城を築いたのも彼の時代である。すなわち、琉球からこの島を支配するべく来た人が島を治め、いつもよい世の中を約束する神として、地主神社を創造したわけである。これはニライカナイ信仰が、沖縄でも与論でも、同質の精神文化として存在していたからこそ、島の人に受けいれられたのであろう。そして、幸福をもたらすという地主の神は、十五夜踊りを奉ずる対象として、最もうってつけの神だったのである。

島の安穏を願い、二番組が旗を立てる。

一番組と二番組　さて、十五夜踊りは一番組、二番組という、二つの組による踊りで構成されている。一つの祭りの中に二つの組があるのは、そこに何らかの意味があるにちがいない。二つの組を比べてみると、まず踊りの系統が異なる。一番組は内地式の狂言や風流踊りで、派手な道具だてがあって誰にもわかりやすく、面白い。それに希望者は誰でも習い覚え、参加することができた。一方、二番組は琉球式の手踊りで、たいした道具だてはなく、踊りも荘重なものである。それに組の構成員も、城《ぐすく》の村人の十数人による世襲である。彼らのうちでは、現在城から他の地区に転出している人もいるが、十五夜踊りになると、組内の一員としての務めを果すために、わざわざ城へやってくるのである。それに、十五夜踊りの象徴ともいえる、二番組の旗と太鼓は城の外へ出してはならぬという掟がある。あるときそれを破ったところ大飢饉に見舞われ、それ以後この掟は厳重に守られている。このように、二つの組がそれぞれ多数の自由参加か、限定数の世襲か、内地式か琉球式か、軽妙な踊りか重々しいものか、と対立的に仕組まれ、お互いに競いあうことによってまつりが盛りあがっていくのは興味深いことである。

また、二番組の踊り子《おどぃこ》は全員がサージと呼ばれる手拭いで覆面をする。覆面は仮面であり、覆面をすることによって人が神に変身したことを意味するものだろう。人が神に扮するのではなく、神そのものになるという具体性に以前から興味をもっていた私は、二番組をきちんと

神酒を交わし、十五夜踊りへの心の準備を整える。

見てみようと思っていた。

主取《ぬしど》いは大変な役目だ　町の公民館長にお願いして二番組の主取い（座元）の家にお邪魔したのは、ちょうどまつりの三日前の十三日で、町長がまつりをしてもらいたいと要請する日であった。かつては薩摩の代官が要請したものと伝えられているが、現在では町のお歴々が主取いの家に集まる。こんなことからも、このまつりが昔も今も島の公の行事であることがわかる。

主取いの家は、島のほぼ中央、どこに村があるかわからない程濃い緑にかくされた高地にあった。そこは城《ぐすく》という。地主《とこぬし》神社、城跡も城の村内であった。与論の他の家と同じように福木などの木に囲まれ、サンゴ石灰岩を積みあげた石垣にはさまざまな花が咲き乱れ、花越しに円錐形の高倉《くら》の草屋根が見える。高倉の奥には母屋《おもて》とトーグラ（台所）が草屋根からトタン葺きに代って新しい。主取いはもともと輪番制だったがなかなか引き受け手がなく、今の嶺山《みねやま》さんはもう七年も務めている。これは責任の重い役割で、務めるには余程の覚悟がいるのだ。例えば、まつりの一ヶ月前から不浄なことは一切しない。肥にさわらぬ、牛の手綱はとらぬ、女を近づけぬ、といったことで、七年も主取いをしているとあちこちに不義理が重ってしまう。親戚知人の不幸や出産、病気の見舞いにも、この一ヶ月の間は出向いてはならないからだそうだ。これらの禁忌は二番組全部の人々が守っていたそうだが、今は主取いを別にしてさほど厳しくは行なわれていない。

午後三時頃、踊り子《おどぃこ》たちが主取いの家に集まる。皆黒い着物を着ている。踊り子たちはまず暖竹《でーく》という草の葉を水にひたし、肩や胸、頭にふりかける。体を清めるのだ。そして直接母屋の縁からはいる。トーグラにはいってはならない。トーグラは火を扱う場所で日常生活の場だから、万一不浄のものもあるかも知れないからだ。もちろんこの家の主人もはいらない。禁忌の一ヶ月は食事も家族と別で、母屋で一人で食べる。踊り子は縁から入ると、太鼓、旗、旗頭がしまわれている戸棚を拝み、次に主取いの先祖の霊に拝礼してから初めて主取いと挨拶をかわす。一同がそろうと、太鼓を棚から降ろし、主取いと太鼓持ち《どうーすん》の間に置く。主取いがまず二つの盃に神酒を捧げ、祝詞を述べる。

踊りはいつ頃できたのか　「今日ぬゆかる日十三日から踊り子ぬ組、相揃うて、むかし三代大水ぬ与人がのだて始めん、しょう、ちゃる、三年廻《もう》いの折目まつりがなし、今日から習い踊りしゃべえんこと、神の御前に出ぢてい取りちがえまちがえあらちたばん、なよったししゃ美踊りめてぃたばあれ」（今日の吉日の十三日から、踊り子の組、相揃って、昔（世ノ主《ゆぬぬし》の）三代目の大水与人《よひと》が創始したもうた、三年に一度（つまり一年おき）のおまつりでございます。今日から踊りの練習をしますから、（地主の）神の前に出てとりちがえ、まちがえあらし給うなきよう、よろしく美しい踊りをさせて下さい）と云いながら、盃の神酒を少し太鼓にたらし、残りを自分がいただき、次に塩を少し太鼓の上に盛る。盃は太鼓持ちにまわり、同じ祝詞をのべ、盃を太鼓に捧げ、また主取いにまわわす。その次は旗差《ばたさ》し、踊り子という順に神酒がまわる。

ところで、この祝詞によると、十五夜踊りは世ノ主

祭場へ向かう踊り子の一行

十五夜踊りを奉納する地主《とこぬし》神社で神事を行なう。

ボソッ、ボソッと締太鼓が打ち出されて十五夜踊りが始まる。

（花城《はなしろ》世ノ主）から三代目の大水与人（一五六五〜一六三五、与人とは村＝間切《まぎり》の代表者）によって組立てられたことになっているが、他にも諸説がある。すなわち、花城世ノ主が来島後、島人の慰安にと、自分の子供らを琉球や奄美大島に派遣して二番組を、内地に遣わして一番組を、さらに島内の歌や踊りも集めて組立てたという説。また、薩摩の支配下に入った後、ときたま来島する代官（沖永良部島に代官所＝蔵元があり、与論はその管轄下にあった）が、島人の慰撫政策として習わせたという説もある。いずれにしても、十五夜踊りの組立ては、十六、七世紀のことのようだ。

　祝詞のなかでもう一つ気になることがある。それは十三日から練習を始めるといっていることだ。本当に練習なのだろうか。練習ならば、なぜ神酒が必要なのだろう。なぜ神事めいたことをしなければならないのだろう。ひょっとしたら、十三日は予習の日ではなく、まつりはその日から始まっていたのではないだろうか。踊りが組立てられてからは、まつりの主役が踊りとなって、それ以前からあったものの残滓が十三日の神事めいた形とし

面をつけた踊り手が祝い酒を受ける。

て現存しているのではないだろうか。

雨《あめ》賜《たまわ》れと祈るのは――

まず「アーミタボーリ」が

盃は踊り子にまわってくる。踊り子たちは太鼓に盃を捧げない。自分の持ってきた扇子の要に神酒をたらす。つまり最初に神酒を捧げるのは、自分の道具に対してである。これは道具が単に物としての道具ではなく、人間の知恵の所産であり、精神的シンボルとしての道具だという考え方のあらわれではないだろうか。道具をまつるということは、このあたりの島を歩いてみるとよくぶつかる。例えば大工《せく》ノ神《かん》として家の

彦左頭巾を被った二番組が、神に願いをするような手振りで踊る。

床間に置かれているのは、墨壺と曲尺である。古くから大工は職業としてより技術者としての尊敬の念が高まって、その象徴として墨壺や曲尺が神性をおびてまつられるのであろう。十五夜踊りの道具、太鼓や扇子には、大工ノ神としての墨壺、曲尺と同じような意味を感じとることができる。

さて神酒が私の前にまわって来て困ってしまった。私には捧げるべき対象がないのである。とっさの思いつきで、ペンに神酒をたらしてからいただいたが、私をじっと見ていた踊り子の一人が「誠に法にかなっている」といった。そこであらためて道具に対する人の気持が、現実に人々の中に生きていることを知らされたのである。またこうした些細なことが私を単なるまつりの見物者から、まつりの参加者へ昇格させてくれ、居心地のよい場を与えてもらうことになったのである。

太鼓が庭に出され、太鼓持ち《どぅーすん》の心をこめたバチさばきがあたりに乾いた響きを伝えると、踊りがはじまる。初めは「アーミタボーリ」である。

「雨賜れ《あーみたぼーり》、賜れ《たーぼーり》、島果報《しまがふー》と《ど》世果報《ゆがふー》、島果報と世果報」（私たちに雨を下さい。雨が降ってくれれば、私たちの村は豊作でこの世の中が幸せになるのですから）

これは歌ではない。祈りの言葉である。雨が島の人の生活を左右していることが、この言葉によってよくわかる。他の演目とは違った真剣さが、踊り子の手振りの端々にみなぎる。節ばった掌が天に向けてひらりひらりとひらめく。身振り手振りの優雅さにあらためて驚いた。踊り子は百姓である。百姓の手だ、百姓の手だと思わずつぶやく。この手が雨を乞い願うのだ。現在伝えられている二番組の演目十八番の中に、この「アーミタボーリ」は数えられていない。人々は「アーミタボーリ」を芸能として考えていないからだ。この踊りにこめられた真摯な動きには、芸能として楽しむ余裕がまったくないのである。

旗差《ばたさ》しは四メートル程の竿の先につけられた重い旗頭を高くかかげて、「さあー」と気勢をあげる。面白いことに旗差しはしゅろで作ったつけ髭をつける。これは何を意味しているのかわからない。十五夜踊りの中で、旗差しが登場するのはこの「アーミタボーリ」だけである。

踊りによって小太鼓と三線《さんしん》（三味線）の囃子がはいる。

旗頭には稲穂（果実とも）だという たくさんの団子がついている。
昭和55年（1980）9月　撮影・須藤　功

旗差しは、旗頭を絶対に倒してはならない。もし倒れれば村に大変な災厄がふりかかってくると信じられているからだ。旗頭は竹を曲げて輪にし、その輪に赤い玉が沢山吊るされている。これは稲穂を意味する団子だとも、果実や木の実などの成り物をさしているのだともいう。いずれにしても五穀豊穣の願いがこめられている。また竹の輪の真中には、竹とんぼのような風車がつけられてあって、時折り吹く風にかすかな音をたてる。雨をもたらす風向きをいち早く知らせるのだろうか。雨賜れと祈る心の具体的表象物にちがいない。与論島で人びとの最大の関心事が雨であることが、このまつりの初日から痛く感じられた。

あまんじょうの井戸　与論の人びとをしてこのようにまで雨を切望させるのは、島の特殊な地形によるものである。沖縄本島の北端辺土岬から眺めた与論島は、空と海の青さにわずかにはさまって、それと見わけにくい。ちょうど小皿を伏せたような扁平な島である。比較的高いところにある城《ぐすく》の地主《とこぬし》神社でも標高九四メートルで、台風のときなどは、くだけた波頭が島を通りこして反対側の浜に落ちるといわれる。そんなときは、塩害で大被害をこうむる。

台風は雨をもたらしてくれる方が多いが、風台風のときの塩害は恐ろしい。また南西諸島の多くの島と同じように、サンゴ礁が隆起してできた島であるから、雨はサンゴ石灰岩を溶かしながら地下に潜る。従って与論島には川がない。川という言葉はあるが、それは地下を流れる川である。隣りの沖永良部島では、そんな川を暗河《くらごう》といっている。かつては、自然の洞窟の深くに降りて地下水を汲んだものだった。地表に流れる川がどんなに私たちの生活を潤しているか、日頃気がつかない。与論や沖永良部に来て初めて川の有難さがわかるのである。

川はないが、地下水が自然に湧きだしている所が、夜《よ》川《かわ》、イノハ川、秘定《ひじょう》川など数ヶ所あるが、その一つに赤崎《あーさき》の近くに〝あまんじょうの井戸〟という泉がある。〝あまんじょう〟は〝あまんの門〟という意味である。〝あまん〟はやどかりのことであるが、奄美諸島一帯では、あまみ人《びと》の創成期の頃をなつかしみをこめて〝あまん世《ゆ》〟と呼んでいる。それは古き良き平和な時代を代表する言葉である。この泉の名は、古い昔から島に人が住みついてきたことを示しているのではないだろうか。『おもろそうし』には与論を示すのに〝かいふた〟とも〝与路〟〝与論〟とも書かれているが、島の人たちは古くから〝ユンヌ〟と呼んでいたし、今でもそう呼ぶ。それが〝あまん世〟から続いてきた呼び名ではなかろうか。〝ユンヌ〟なんとやさしい響きをもっていることだろう。あまん世のユンヌ。

また、最近赤崎の洞窟から二体の人骨が発見された。これに先立って、隣りの沖永良部島の竜泉洞でも二体の人骨が発見されている。特に竜泉洞の人骨の上には三十センチ程の石筍《せきじゅん》がのびており、石筍の成長率から考えて、ほぼ三千年前の人骨だという。

〝あまんじょう〟といい、発見された人骨といい、あまん世の夜明け、ユンヌの夜明けである。島に人間の生きていける条件があることを、あまみ人《びと》は発見し、生きつづけてきたのである。

天水もためる　人々は水を得るために、泉を探し求めただけではなく、もちろん天水を貯める方法も考えた。それは、木の幹にギシキ（カヤの一種）をまきつけて、降っ

上と中は一番組の狂言「源為《みなもとのため》朝《とも》公」。下は最後の「六十節」で、見物人も参加して踊る。

ギシキ（カヤの一種）を伝ってくる水を瓶に受ける。

た雨が幹をつたわり落ちるのを誘導して、かめなどに貯めるものである。ところが島にはかめを作る技術がなかった。島のあちこちに残っているかめは、ほとんどが沖縄の壺屋でつくられた、口のつぼまった焼酎甕で、その量の多さは沖縄との交流の深さを物語っている。かめが沖縄からはいってくる前は、大きなシャコ貝（ギーラ）を利用していたものだろう。赤崎の浜には直径一メートルを超えるシャコ貝が砂に埋もれているという。こんな巨大なのは特別だが、六十センチ位のものは沢山あるから、自然が与えてくれた恰好のかめである。ギシキを使って貯めた水は飲料には使わなかったというが、それは地下水を汲みあげる掘抜井戸の技術が伝わって以後のことで、もちろん井戸が干上るようなときには飲料とされたであろう。今では町営水道が完備されて、天水を貯める装置はどこにもみることはできない。

主取《ぬしど》いの嶺山さんにお願いして作ってもらったが、木の根方にかめを据え、ギシキを木の幹にまきつけるのにたいして手間はいらなかった。雨を待つと、思ったより多くの水がとれることがわかった。夕立ち位の雨でも、一斗程入るかめ一杯になり、口からあふれ出てしまうこともあった。

十五夜踊りの「アーミタボーリ」は、飲料水のことだ

地下水の流れる大切な水場

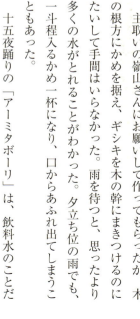

けでなく、農作物への雨の祈願であることはいうまでもない。

本番に備えて念入りなシュグミを　主取いの家に集まった町のお歴々と、二番組の面々との歓談は夜おそくまで続いた。さて、二日目の十四日。やはり午後三時頃から主取いの家に踊り子が集まり、太鼓への儀礼など前日と全く同じように行なわれるが、この日の朝初めて旗をあげる。旗は旗頭の下につけ、主取いの庭の木に結ぶ。旗には頭に日天を頂いた二頭の竜が向きあって描かれ、両端には島中安穏と書かれている。竜は雨を呼ぶという信仰からきていると思われる。遠くから見ると、森の中から抜き出て風にはためき、やっと森そのものが人家の屋敷林であることに気づく。つまり森を見れば人家と思えばよいのだ。この日に旗をあげるのは、町長とか、代官とか、島中あげての公の要請に応えるという意志表示なのである。

　この日は滅多に見られない儀式を見た。というのは、太鼓《どぅーすん》持ちの引きつぎの儀式である。太鼓持ちと旗差しは世襲であるが、どちらかに禁忌にふれることがあると、踊り子の誰れかが代行しなければならなくなる。このときは本来の太鼓持ちの家に不幸があって、一年が過ぎて忌があけ、代行太鼓持ちから本来の人へその役割りを返すというものだった。これは太鼓を中にして両者が向きあって座り、三度ずつ太鼓に神酒を捧げ、祝詞を述べるというごく簡単なものだった。しかし禁忌は儀式をつくらせ、作法を生み、ひいては礼儀、しつけにまで発展している。こうしたものが社会を構成する潤滑油として大きく働いていることを、二人の盃のやりとりの中に見たおもいであった。

　またこの日には、シュグミといって道具などの修理をする。主な作業は、旗頭の成り物を補充するとか、太鼓の皮の点検をするなどがある。太鼓の皮は牛の皮。五年前に張りかえたという。また旗を新しくしたことがあり、古い旗はシュグミをする日に燃したという。煙が真直ぐ天に昇って、それは神々しいものだったと、踊り子の一人が語ってくれた。今ある旗は中学校の絵の先生に書いてもらったものだそうだ。このシュグミも、まつりの本番に備えてのものだ。何かミスがあっては島の将来に不吉な暗示を与えることになる。そんなことがあってはならぬ。練習も補修も充分に念を入れてやらなければならない。一人一人組内の気持ちを確かめつつシュグミをするのである。この日、町長は一番組にまつりの要請に行く。まつりは一番組と二番組がそろわなければ成立しないことになっているから、当然一番組にも要請するわけだが、一番組でも二番組のような神事が行なわれているかどうかは見ることができなかった。

十五夜踊りとは何だろう——

いよいよ本番。だがノロが登場しないのは　三日目、十五日。まつりの本番の日である。集まるのも、太鼓への儀礼も、前々日と同じである。違うことは、この日だけ主取いと太鼓持ちが琉球式の冠物をかぶっていることである。これは王の前に伺候する正式の装束の一つで、今では公に対する礼装といった意味合いがある。「町長からの再三にわたる迎えがありましたので、私たちは出かけることにいたします」と主取いは太鼓に語りかけ、旗頭を持った人を先頭に、太鼓を打ちならしつつ、地主神社へ向う。二番組の太鼓がきこえると、先に神社に集まっていた一番組はいそいで百足《むかで》旗を立てる。一番組の旗で、三尺程の幟のまわりに沢山の房がつけられていることからついた名である。百足旗を立てることで、一番組が二番組を迎える形をとる。また町の面々も二番組を迎える。一同そろうと、地主神社の前に座り、拝礼が行なわれる。神主が祝詞を奏上し、玉串を供える。このときの序列は、主催者の町長、二番組、一番組の順であった。

この様子を見ていて、私はあらためて気づいたことがある。与論は琉球文化圏に属するのだと信じていたのだが、ここに出てくるのは神官で、ノロ（祝女。女の神職者）が居ないのである。そういえば、今まで見てきた二番組のまつりの経過にも、女が登場する場面はなかった。それどころか、女を遠ざけているのである。このまつりは琉球式神事の最も要となる所が欠けているのではないか。何故だ。島にはもともとノロは居なかったのだろうか。そんなはずはない。ある家の門口の藪の中に、テーブルサンゴを立てて囲ったものがあった。聞いてみると、ノロが身を清めた場所だという。またこの日、祭典の始まる前に地主神社の前で何か懸命に祈っている女の人を見たが、「あの人にさわってはいけない」と注意を受けた。神聖なノロに男はさわってはいけないのだ。私はそこに現在のノロを見た。しかしこの人は祭典に加わっていない。公式の祭典の場から姿を消してはいたが、眼をこらせば、ノロはいたのである。まだノロは人々の中で生きているし、やはり琉球の精神文化は引きつがれていたのである。

与論の歴史の中で最も顕著に知らされることは、奄美の他の島々と共に琉球から分割され、薩摩藩の直轄支配を受けたことである（慶長十四年＝一六〇九）。やがて訪れる砂糖地獄は、奄美大島ほど凄惨を極めたものではなかったと伝えられる。それは奄美大島に比較しての話で、この島が小さく生産力も小さいとみなされていたからかもしれない。また遠隔の地で（代官は始め徳之島に、のちに沖永良部に常駐したが、与論にはときどき来るにすぎなかった）薩摩藩の支配が強く及ばなかったのかもしれない。それにしても、大きな政治支配のもとに島人は変革をせまられたであろう。ノロという女祭司が島人の精神生活を支配していることは、新しい支配者にとって我慢のならないことであった。それによってノロは潜行し、十五夜踊りは男祭司の手にゆだねられ、薩摩の統治支配の具に供されたのだろうか。

黒ずくめの踊り子たち　地主神社の前での拝礼が終り、城跡の広場で踊りが始まるのは、午後五時頃であった。最初は二番組の「アーミタボーリ」である。これには一番組から蛇皮線と金だらいを持った二人が加わる。一番組と二番組が共に踊るのはこの「アーミタボーリ」だけで、そこには組を越えた共通の願いをする姿勢があらわれている。二番組は黒装束で、さらに踊り子全員がサージと呼ばれる黒い手拭いで覆面をしているから、全身すっぽりと黒く印象的である。

　黒というのは何だろう。黒は闇だ。人間の恐怖心をよぶ第一のものは暗闇だ。その暗黒の世界から、闇をそのままもちこんだ異形な集団が、満月の夜に踊る。まさに神々の訪問としては、できすぎるくらいの舞台装置だ。神々は暗闇を明るくしようと、楽しくしようとして来ているのではない。暗ければ暗いままを伝えようとしている。恐ろしいものは恐ろしいものとして、眼をそらすことなく受けとらねばならぬ。恐ろしい神々を畏怖することから、人間の生活を始めねばならぬ。雨は欲しいが台風はごめんだでは済まされない。島の人の生きる道は、そのどちらをも受けとらざるを得ない。二者択一はないのだ。災厄と恵みは同時にやってくる。自然の中に生きることは、異形の神々を直視する思考を育んだ。二番組の集団とその踊りは、こんなことを表現しているのであろう。

　「アーミタボーリ」に続いて二番組の「一度いうて」が切れ目なく踊られ、一番組の狂言「三者囃《さんじゃばやし》」が島言葉《しまぐち》で演じられ、二番組の「君様《きみさま》」、一番組の「長刀《なぎなた》」と交互に行なわれる。「長刀」は弁慶と牛若丸の闘いを表わしたものだが、弁慶も牛若丸も二人ずつ四人の武闘であるのが面白い。演目は一番組十三、二番組十八、とあるが、二番組の十八番は、雨が降ろうと風が吹こうと踊りきらねばならぬという。中途でやめると与人に不慮の災

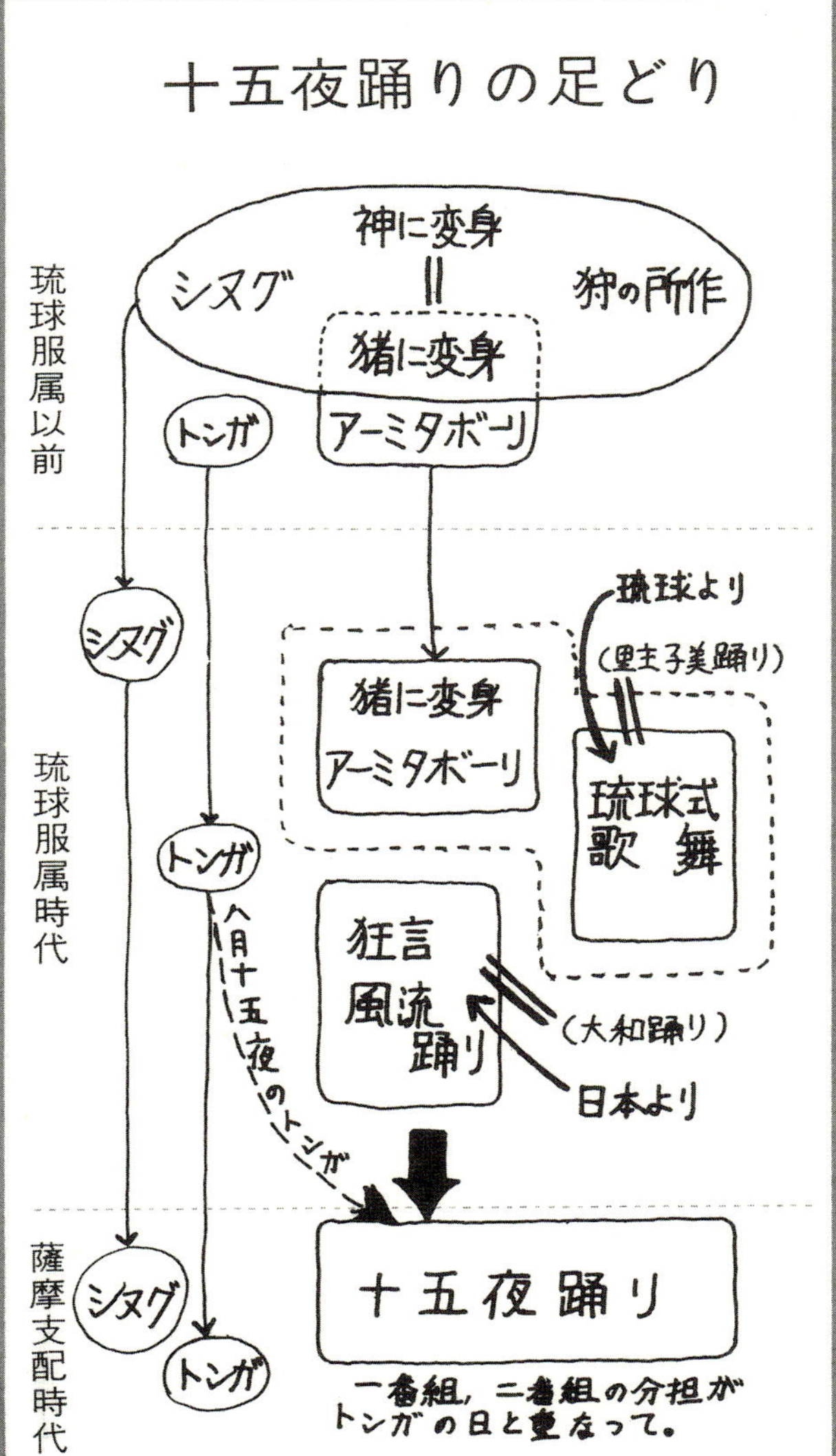

・十五夜に米と芋をたいて練ったものを飾って祖霊や月を祈るのをトンガといい、南島一般に行われた。ことに八月十五夜の月は明るく、人々は海の見える場所で歌い踊りあかしたという。トンガの日と重なってシヌグ踊りから十五夜踊りの名になったのかもしれない。

いがおこるといわれた。しかし現在伝えられているのは七番までで、八番以降を知っている古老がいなくなっている。

観客もただおとなしく見物しているわけではなく、飲み食いしながら踊り子たちに声をかける。酒が充分まわる頃、一番組の「六十節」が始まると、人びとが踊りの輪に加わる。南の夜の空に熱狂した人びとの甲高い歌声が響く。やがて夜も更けて踊りの輪も小さくなると、二番組は旗をたたみ、引きあげる。このとき踊り子はサージをしていない。充分に飲んだ焼酎に足をとられながら、ひきうたを歌いつつ主取いの家に向う。切々と泣くようなひきうたは、さらに乾いた音をたてる太鼓の音にひきずられ、まつりの終った安堵感と、言いようのないわびしさが複雑に重なりあう。一同は主取いの家で太鼓と旗、旗頭をしまい、拝礼をし、主取いや太鼓持ちは冠物をとると、すべての行事は終る。

十五夜踊りの成りたちを考えてみた　島の老人の中に、十五夜踊りのことを「シニュグ踊り」という人がいた。それを聞いて、はっと思いあたることがあった。シニュグとはシヌグのことではないのか。シヌグは琉球文化圏の各地で、一般には一年おきに、盆前の亥《い》の日に行なわれた男のまつりだといい、現に与論でも行なわれている。男のまつりだから女が登場することはなく、ノロが司祭することもない。もし十五夜踊りのどこかにシヌグの要素が含まれているとすれば、このまつりにノロが登場しなかったことへの疑問もとけるのではないだろうか。

シヌグは非常に不思議なまつりで、男がある手続きを経て神に変身する。神の誕生が必要なのだ。山の中（山のない与論では海辺）で誕生した神は、里に降りて人びとを祝福してまわる。そして里人の前で狩りの真似事をして、海へ去ってしまうというものである。

このシヌグと十五夜踊りの二番組との関係をみてみよう。二番組の踊り子は黒ずくめとなることで変身する。シヌグも男が一夜を明かして神となる。これは共通点だが、二番組の踊り子は多数（現在は八人）で、シヌグ神は一人だ。もっとも、村の男達全員がシヌグ神になる例（沖縄本島の国頭村《くにがみそん》安田《あだ》）もあるというから、思いまようのはおいておく。

次にシヌグには明快に狩りの所作があるのに、十五夜踊りにはない。ところが、踊り子のサージの覆面のしかたが気になる。それは耳を表わしているとしか考えようのない結び方をしているのだ。そこで、踊り子たちは猪《しし》を表象しているのではないかと連想してみる。猪ならば狩りの対象である。

もっとも、踊り子が神になる、猪になるというのを、覆面をして耳を形づくるというだけで考えるのは軽率かもしれない。神への変身は一定の手続きをふまねばならないのだ。シヌグ神は、一人で暗い森の中で一夜を過ごさねばならない。少くとも山へ行かねばならない。踊り子が城《ぐすく》で身支度をするような簡単なものではないのだ。やや苦しいのだが、踊り子が猪に変身する手続きは、十五夜踊りが組立てられたときにはもう消えていたのか、それとも故意に無視して、覆面という面白さだけが残されたのではないかとも考えてみる。

シヌグとウンジャミ

柱に稲穂を結んでシヌグの準備をする。

シヌグの語源は、琉球の開闢《かいびゃく》神志仁《しに》礼久《れく》によるとか、神に変身するのに一夜を「忍び」過すことから、シノブ→シヌグとなったとかいわれるが、確かなことはわからない。

まつりの仕方も各地で少しずつの差があるが、与論の場合は大体次の通りである。

七月十六日（旧暦）まつりの準備。祭《さー》場《くら》をつくる（臨時に設けるもので、掘立て柱に天幕を張った十畳程の広さ）。シヌグ道（シヌグの時にだけ通る）の草刈り。氏子《うじく》から米を集めてミシャク（神酒）をつくる。シヌグ旗（旗竿に白布を二本つるす）や弓をつくる。あるシヌグ集団（血縁や地縁で集団をつくる、現在は二十五あり地縁の方が強いようだ）では座元が夜、寺崎にあるガジュマルの樹の下に籠って神霊をうける。座元はその夜見た夢で農作物の豊作を告げられる。

七月十七日、氏子が座元宅に集まりシヌグ旗を立てる。座元が祝詞を唱える。内容「われらの根地神様《にいじがみかなし》（村をはじめた神）大神様《うぷがみかなし》、ここのシヌグ神様、足元の神様、今年は一年おきのシヌグの始めのおまつりです。氏子たちは揃って拝みます。どうぞ村中の子孫が力強く、命長くあらせて下さい。村中のいろいろな災厄を祓って下さい。風の害、旱魃のないよう見守って下さい。五穀は立派に稔り、牛馬は足が強く長命でありますよう。次のシヌグの年の今日までお守り下さい。豊年が続きますよう」一同神酒を頂いて、シヌグ旗を先頭にシヌグ道を通って定められた場所へ（数集団合流する場合もある）。ある集団は海の見える高い崖の上でシヌグ旗を立て、シヌグ神にまつりを受けとってもらうよう座元が祝詞を唱える。持参のもので宴を持つ。宴の後、近くの畑に旗を立て、男の子たちは暖竹《でーく》の枝をもって家打《やーう》ちに出発（数人で組をつくり壁、柱を暖竹の枝で打ち祓う）。子供を送った後、別のシヌグ道を通ってある広場へ。途中別の集団に会うと、座元は昨夜のお告げを伝える。数集団共に広場で宴をする。途中シヌグ旗を畦に立て、的を置いて座元が交代で弓をひく。夕暮れ、座元や旗持ちは東の海へ行きお送り＝神送りをする（家打ちに用いた暖竹の枝、シヌグ旗の竿を海に捨てる）。

七月十八日、各集団で宴をする。

七月十九日、座元はシヌグ終了の祝詞の後宴。祭場《さーくら》を解体。

シヌグまつりをする年を神年といい、厄年であると考え、シヌグのない年を間年といって神無年と考える。

男が中心のシヌグに対して、女が中心となるウンジャミ（海神祭り）がある。これは、海神に豊漁、豊作を願うもので、シヌグと同じ年にやる所や、間年に、また毎年やる所もある。祭日は七月十七日か七月初亥の日、村対抗の舟漕ぎ競走をするところもあり、ノロが舟に乗って、競漕の優劣で吉凶を占うという。シヌグ神が人々の前に姿を現わすのに対して、ウンジャミには姿ある神が登場しない。ウンジャミは現在の与論では行なわれていないが、ノロを先祖にもつ家では、ウンジャミネゲー（海神祭願い）といって、ウンジャミの時に着たという白い神衣や鈴などを使って供えものをするという。

以上は、小野重朗先生の「与論のシヌグとウンジャミ」（南日本文化七号　昭和四十九年二月）を参考にさせていただいた。

それはそれとして、「アーミタボーリ」と豊作を祈る農耕的なまつりのなかに、猪を狩るという狩猟的な所作がどうして入りこむのだろうか。ましてや、猪は農作物を荒らす害獣である。

ところが、西日本には狩猟習俗や豊作祈願が密接に結びついたまつりが意外に多いのだ。例えば、鹿児島県大隅半島のシバまつりという正月行事は、猪のかわりに円形の的を転がして、それを弓で射て豊作を祈るというものだ。狩猟と農耕、この異った生業《なりわい》が、ある行事でお互いにない合わさっていることは、両者を異るものと区別して考えられないのではないだろうか。つまり、両者は同時に存在し得るのである。猪は農作物を荒す害獣ではあるが、蛋白質の補給源でもある。猪の生活条件は人間の生活条件でもあるのだ。人間の一方的な都合だけで害益をきめつけるのは今様な考え方で、昔の人は私たちよりはるかに自然の仕組みを知り、それに順応して生きてきたのだ。人間が猪に変身するという一見奇異な考え方も、より深く自然の中で生きていた人びとが、生産に関するものすべてに神性があると考えていたと理解すれば、猪に変身するのも、それが神となることも不思議ではない。日向《ひゅうが》（宮崎県）の銀鏡《しろみ》（西都原市《さいとばる》）では、狩った猪の頭を神格化し、祭壇に供えて拝礼もすれば、その前で神楽も舞うのである。ともかく、狩猟と農耕が併存するのであれば、アーミタボーリする十五夜踊りに猪が登場することも納得できる。

シニュグ踊りということ、祝詞の中にある「三年廻い《もう》」という言葉（数えて三年ごと、つまり隔年。シヌグもそうである）、狩りの所作などから、二つのまつりの関連性を推理してみたのだが、十五夜の満月の夜に主取いが、ほら豊作だからこんなに沢山の猪が村にやって来たよ、と誇示するのが、十五夜踊りの原型ではなかったのだろうか。

満月が中天にかかり、その蒼白い輝きに見ほれながら、焼酎にほてった頬を心地よい風になぶらせつつこんな推理を楽しむのは、与論に来てまつりを見なければできないことであろう。

まつりは一度中断された　このようなまつりを支えるには、人びとの熱意がなければならないが、それだけでなく、それなりの経済力も必要であった。実は、このまつりは明治十七年（一八八四）に一度中断している。それは島の経済的疲弊によるものだが、その主な理由は明治維新後の黒糖の自由売買にあった。黒糖の生産販売は、それまで藩の厳しい統制下にあったが、維新後には群がりよる蟻のように、内地の悪徳商人がどっと島におしよせてきた。薩摩の統制下にあって、貨幣の流通すら禁じられていた島民が、新しい貨幣経済の波に対応できるようになるには時間がかかった。さらに明治十一年（一八七八）にはコレラが蔓延して、多数の死者を出した。こうしてシヌグと十五夜踊りは中断された。

ところが、明治十九年（一八八六）には天然痘の大流行が襲った。前年には、島初めての村医が来ているのだが、その手当ての効果もなく、死者千数百人という大惨事になってしまった。この頃の人口は約三千人と推定されるから、その半分を失ったことになる。一家が全滅して、墓に運ぶ人もない屍が放置されたままだったという悲しい話も伝わっている。さらにその翌年には、不審な火災が頻々とおきた。そして誰いうとなく、これらの災厄は重要な奉納祈願の踊りを中止したからだとの声があがり、明治二十三年（一八九〇）に復活されたのだという。

　復活された十五夜踊りは、それまでシヌグと共に一年おきに仮屋《かりや》定屋《じょうや》番所《ばんしょ》（代官の役所）で行なっていたのを、毎年の行事とし、場所も地主神社でということになった。これが今の十五夜踊りである。

刈ったキビの葉を二又の鎌で切り落とす。

生活を支えた作物——

砂糖キビを作ってきた　与論島にキビ（砂糖キビ）がはいったのは、奄美大島におくれること二四八年で、幕末の安政四年（一八五一）であった。薩摩代官の強制によるものだったが、奄美大島の黒糖地獄を知っている島民

昔のサタグルマ（砂糖車）。牛が長棒を引いてまわす胴の間にキビをはさんで搾った。

動力化された現在の砂糖車

は、誰も喜んで植えつけするものはなく、役人の目を盗んで根を切ってしまったという話もある。そのキビが、現在では島の中心産業となっている。

　昔はキビから黒糖を作って貢納した。黒糖を作る所をサタヤー（砂糖小屋）という。刈りとったキビの運搬に便利なように、キビ畑の片隅に作られることが多かった。まずキビから糖汁を搾《しぼ》る。この搾り機をサタグルマ（砂糖車）という。サタグルマは三つのローラーからできている。ローラーの噛みあう部分にキビを一本一本さしこんで糖汁を搾る。さしこんだキビを、もう一つのローラーに返してやる。つまり、二重にローラーにかけるのだが、このようにしても充分に搾りきれるものではなかった。初期のサタグルマは木製で、動力は牛である。長い棒が真中のローラーと直結され、棒の一方を牛の背に結ぶ。牛が円を描いての歩みにつれて、サタグルマがまわる。

　搾られた糖汁は樋をつたわり、地面に埋められた甕の中に溜ってゆく。サタヤーには大きな鍋が据えられて糖汁を煮つめる。煮つめるときに石灰を入れるが、酸化と腐敗を防ぐためである。石灰はサンゴ石灰岩を焼いてつくったという。煮つまってできた黒糖を、百斤樽（約六十キロ）にうつしかえて、藩に貢納したのだそうだ。

　木製のサタグルマが鉄製にかわり、昭和三十九年（一九六四）頃までこうした黒糖生産が続いた。経験者の話では、奄美諸島が日本に返還された（昭和二十八年＝一九五三）頃で、百斤樽がゴム長靴二足分に相当したという。その頃長靴は三百円位であったから、百斤樽一本が六百円であった。百斤樽の他に一丁樽（約一二〇キロ）があり、大体一アール当り三丁（三六〇キロ）の黒糖がとれたというから、一アール当り三千六百円の収入だったわけだ。

　昭和三十九年に、近代的な分蜜糖《ぶんみつとう》をつくる工場ができて、サタヤーでの黒糖つくりは終った。現在は一アール当り七トン程のキビがつくられ、製糖期（十二月〜四月）には、畑から工場へどんどんトラックで運ばれる。生産者は毎年工場と契約して値を決めるが、値のいい年も悪い年もでてくる。悪い年には金肥代に追われて損をするという。キビの値が悪いからといって、簡単に他の作物に代えるわけにはいかない。水が問題になるからだ。キビは乾燥に強い植物なのである。

「キビ作は五月までに肥を入れておけばいいのだから楽なもんだ。今は金肥だが、昔は海からウニをとってきてそのまま投げ入れておいたもんだ。ウニは腐るともの凄い臭いがするが、良い肥料になった。石灰分があるから、硫安などに金を出すよりはずっと良かった。ソテツ葉も折って入れたな」

楽だとはいえ、キビ作だけでは生活をたてられないという。製糖期が終って、植えつけをすませると、次の製糖期が始まる十二月までは出かせぎに行く。東北地方の農民の出かせぎと、ちょうど逆のサイクルになっている。島外に出ない人は、シーズンに入っておしよせる観光客を迎える民宿を経営したり、他の作物の世話で忙しい。

米を作る苦労　キビが入る前の主生産物は米であったが、川がないから全部が天水田であった。もともと隆起サンゴ礁の島であるが、特に環礁がよく発達していた。島が隆起すると環礁ももち上り、また海側に環礁ができる。さらに隆起、環礁の生成と繰りかえされ、陸になった環礁が島をほぼ同心円状にとりまいている。この陸になった環礁がはっきりわかるのは三本。空の上から眺めた与論島で、最も特長のある緑の線であった。

この緑の線の間は凹地になっている。風化した土砂、木の葉等が落ち、雨が溜って湿地をつくる。この自然のプールが田として利用されたのである。稲作以前は、そこにタイモを植えていたらしい。今では趣味で作る人がいる程度だが、イモの根をとったあと、茎をまた田にさしておくと、新しい根が出て三年でイモになるという。タイモから稲作への展開がいつ頃だったのかはわからないが、稲田にするには、凹地を利用するとはいえ大変な労力が要った。水が漏らないように、田の底を練りかためねばならなかったからだ。

「石ビキといって、牛に重い石をつけてひきまわすんだ。底土を練りかためるのよ。一人じゃとても大変なんで、たいていはユイマール（労力交換、本土の結《ゆい》と同じ）でやったものさ。昔の米はウンニマイといって、トゲが長く白い米で、粘りけがなかった。薩摩への貢租はこれでやった。九月に苗代をつくってモミをおろすと、そのまま三ヵ月は苗代においといたものだ。苗が一尺位になると田植えをした。一、二月の頃だな。刈り取りは六月だったな。六月十五日に新米を神様に供えて新穀祭をしたが、ミーラウィミ（見良折目）といったな。他にジコーマイというのが、明治三十九年（一九〇六）頃にはいってきた。ジコーマイの改良種でムリタカジコーというのがあったが、ムリタカというのはたぶん改良した人の名前だな。トゲが長くて赤い米だった。これはウンニマイのあとで作ったな。播種は一月、田植えは三月。プシャアガティ（節があった）といって、一段目の節ができるまで苗代においといたものでも植えたものだ。肥料はソテツの葉だった。細かく切って田に入れる。一反に百五十束位入れたもんだ（一束＝三十キロ）。ソテツ葉には針があって、持つとチクチク痛むので、沢山は持てなかったよ。余計入れれば入れるほどいいんだが、踏みこんで入れるから足が痛むなあ。ギシキ（カヤの一種）も入れるといいが、屋根を葺く材料で、田に入れるほど沢山なかった。

稲を刈りとったあとでも、水はそのままにして遊ばせておくんだ。そんな田をピチャミンタといっているが、そこに夏植えのキビを植えるところもあったな。翌年に

道端に稲を広げ干す。

田植えをしないときはそうしたもんだ。そのときは、一度牛につけた犂《すき》で田を起こす。犂の刃は掌二つ分位のものだが、土を返すようになってなく、ただ掘りおこすだけだった。牛も大変だが、人間も骨が折れた。その後、昭和七年（一九三二）頃にガンコウという犂が入ってきた。これは土を返すことができる犂だった」

名あがりんしょうれ　同じ年の六月に与論を訪れたとき、今でも米つくりが盛んな古里地区へ行ってみた。そこは環礁で囲まれた内海だったのが実によくわかる場所だった。バスはその環礁の上をたどって走る。高い所を走るから両側の凹地がよく見える。稲はさして重くない穂を風になびかせており、稲刈りは始まったばかりである。稲束を干すには稲木がなく、ハサもつくらない。稲束を扇のようにひろげて畦やバス道に干すのである。ハサを立てると田に穴があき、水漏れの原因になるからだ。ハサを立てないのはなにも与論だけではなく、私の見た北限では青森だった。これは稲束をよせかけて小さな家のようにし、風を通すために一方の口をあけておくというものだった。与論ではピチャミンタで水が溜っているからそれもできない。道路の黄色い扇の群が、まわりの緑に映えて美しい風景をつくり出しているのに驚くと同時に、私はそこに人の苦労と知恵を思わずにはいられなかった。

十五夜踊りの終った四月のある日、主取いの嶺山さんがキビを植えるというので一緒に出かけた。その畑は城《ぐすく》のような高地に古くからあるものではなく、浜に寄ったところで、原といわれる原野を新しく開拓したところで

あった。粘土層の所どころにサンゴ石灰岩が顔を出している。前夜の雨で粘土がぬかるみ、靴の底にからみついて高下駄のようになる。そんな場所はお天気になるとこちこちにかたまって、畑を打つどころではなくなる。そこで雨あがりをねらって出かけるのである。

植えるキビは、刈りとりのときに穂先の幹を二十センチ位に切ったものをとっておき、それを土の中にさしこんでゆく。穂先は成長が早く、早く穂が出て、七日もすれば若い葉が出てくる。嶺山さんはねばっこい土を、柄も折れんばかりに鍬をふるってほぐしていく。その後を奥さんがつづき、キビをさしこんでは手でまわりの土をよせる。二人の顔はほんとうに明るい。十五夜踊りの主取いの大役を果し、「アーミタボーリ」の祈願どおりに雨も降って、神さまは私たちの願いをきき入れて下さったのだ、と嶺山さんは誇らしげに言う。奄美大島できいた祝詞の中に「名あがりんしょうれ」（私の願いをききいれ給え）というのがあるが、嶺山さんの誇らしい顔は、この「名あがった」という表現にぴったりだった。

あちこちに人が出て雨あがりの大地に取り組んでいる。島の作物はキビや米だけでなく、今ではカボチャが盛んになりつつある。カボチャは九月に植え、十二月から一月が最盛期。値がよくなるのは三、四月頃だから、露地栽培でなるべく遅出しにして、市場の鹿児島へ送る。このカボチャは、昭和二十六年（一九五一）に小笠原の小岩井章一という人の指導で始まったという。小笠原は冬期の野菜を作って東京に送り出していたので、与論にとっては先進地であった。現金収入をめざす作物として、最初はナスとカボチャで始めたのが、ナスは失敗してしまったが、カボチャは何とか成功し、カボチャの組合を作って頑張っている。カボチャの肥料は堆肥が一番良い。町で肉牛の生産を奨励しているが、一つにはこの堆肥が有効だからである。これは別に目新しいことでなく、かつてはごく当り前であった。農薬や金肥の発達によって堆肥がおしのけられていたが、再び堆肥が見なおされてきているのである。

干瀬《ひし》を利用した漁——

タコつきに出てから　昼近くなると、近所で原野の開拓のためにブルドーザーを動かしていた嶺山さんの息子がやってきて、浜へタコつきに行こうという。旧暦の月半ばで、潮がよくひいている時間だ。浜に出てみると海はずっと後退し、遠くの環礁で波頭をたてている。もうすでに十五人程の人たちが、干瀬の中をあちこち歩きまわっている。息子さんはタコつきの名人で、若い枝サンゴを踏み折りながら、棒でテーブルサンゴの下をさぐっている。満潮時に環礁を乗りこえて干瀬に入り、干潮時に環礁の外に出おくれたタコをつかまえるのだ。見つけさえすれば、たいてい逃がすことなくつかまえてしまう。タコは必死に枝サンゴにからみついたり、墨を吹き出して威嚇したりするが、ついには力尽きてつかまる。嶺山さんは浜にあがって流木に火をつけ、その上にタコを放りなげる。タコは焼いて喰うのが一番うまいという。なるほどいい塩加減で、足の一本も喰うと腹が一杯になってしまう。ただ喰うだけでなく、干瀬を歩きまわって獲るという狩猟本能を満足させてくれるのだから、実に気持が良い。

腹がくちくなれば昼寝がしたくなる。モクマオウの林に入って身体を投げだす。木陰を縫ってくる風が涼しい。干瀬に入ってきた潮がキラキラと光り、海の輝きが増してきたようだ。まぶたに海のきらめきを感じながら、どうも今までは陸の祭りや農業のことばかりに目を奪われて、海のことを忘れていたのではないかと気がついた。嶺山さんがキビ植えの合間に浜へ出てタコをとるというように、現実の島の生活には陸と海の両面があるのだ。目を海側にも向けなければならない。

潮の引いた珊瑚礁で蛸を獲る。

トウマチャン　六月の与論は潮風の心地よい季節だ。このときにはもっぱら海を見て歩いたのだが、そこで面白い話をきいた。「トウマチャン」というものである。「トウマ・マチャン」のことで、当間《とうま》家の待ち網という意味である。待ち網という名がつけられているが、実際には網を使わない。立長《りっちょう》の岬の先の干瀬に、鶏のとさかに似た岩が突立っているが、そこがトウマチャンである。この岩のえぐれた根方に、深い縦穴が開いている。満潮時、干瀬の中に魚の群れが入ると、干潮になりかける頃を見はからって遠巻きに魚群を巻きこみ、棒や縄で魚をおどしつつこの穴に追いこむ。その頃干瀬はすっかり干上って、魚は縦穴から外に逃げ出せなくなってしまう。そこで穴の中の魚を叩いたり突いたりしてとるのである。

この当間マチャンは当間家に魚をとる権利があったので、誰でも勝手にとるというわけにはいかなかった。もっとも権利といっても、当間家がいつも魚をとっているわけではなく、当間家に話を通しておきさえすればとることができた。その場合、とれた魚の一部を干魚にして当間家におさめたという。どのような経過でこの権利が生じたかは不明だが、どうも祭祀と関係がありそうに思える。それは沖縄での例だが、人びとの珍重するエラブウナギの採取権はかつてノロに所属していたからである。当間家もかつては祭祀を司る村の重鎮でなかったろうか。このように特定の場所と権利がついてまわったマチャンは、他に川内マチャン、大熊マチャン、見間《みま》マチャン、ヒヨマチャンなどという名が残っている。天然の地形をうまく利用して、人々は海にも生活の場をつくって

ヤマゴーダ（月桃）の葉でシル（漁具）を作る。

きたのである。

マチャンをする　現在行なわれているマチャンは、それらとは少しおもむきが違う。東区の里直喜美《さとなおきみ》さんの話だと、まず魚を追いこもうと思う場所を選んで石を積む。これは魚の逃げ場、隠れ場所をつくってやるのだという。翌日この石積みを中心にしてU字状に網を張る。今はナイロン網だが、昔はマフー（麻）の十尋《ひろ》の網であった。次にヤマゴーダ（月桃）という草で百メートル位の綱《ちな》をなう。それに水の中でもよくみえるような白い葉、ここではヤマゴーダの葉を縄暖簾《のれん》のようにさげる。これをシルという。この作業は女でも子供でもできて楽しいもんだ、と直喜美さんはいう。さて干潮時を見て五、六人でこのシルを環礁の近くに張り、シルをヒラヒラさせながら魚を追ってゆく。干潮時には魚は沖に向っているから、シルを見ておどろき浜の方へ引き返す。シルが石積みを囲んでいる網に近づくと、網の両端へシルを結び輪をせばめてゆく。ついには網の開いた両端が閉じられる。魚はその頃石積みの中に逃げこんでいるから、網の輪の中に入って石を網の外に投げだす。あとは網の中で逃げ場を失った魚を手づかみにしたり、棒で叩いたりしてつかまえるというものだ。

　この場合、石を積むという行為が権利の主張を明らかにする。仮にマチャンシル（待ち網をする）と思って来てみても、誰かが石を積んであれば別の場所を探さなければならない。しかし魚をとってしまえば、石積みもくずれるわけで、権利も消える。権利の永続性はないが、当間マチャンのように限られた地形に左右されない自由さがある。このマチャンでは網を使うが、当間マチャンでは追い込みにシルを使うだけである。しかし、そのシルを網と考えてマチャン（待ち網）というのであろう。

　シルを使わない例としては、沖永良部島の屋子母《やこも》のものがある。それは百人もの人が手をつなげる程の間隔で立ち泳ぎをしながら、長い棒で穴に逃げこんだ魚を追い出すというもので、これもマチャンと言っている。浜では女子供がこれも棒を持って待ち、寄ってきた魚をたたくという段取りになっている。人間がシルの役目をするわけで、うっかりすると自分が網の破れ目になってしまうこともあるそうだ。とった魚は浜で煮たきして食べてしまう。これは一つの楽しみとして伝わっている漁法で、

珊瑚礁の外で追込漁を終えてもどってきた。

滅多に行なうものではない。

直喜美さんに、この石積みをするマチャンに特別な名前があるかと尋ねると、「名前はないよ。まあしいて言うなら、ナオキミマチャンだな」と笑った。

マチャンをする場所はどこにでもあるというわけではなく、それ相応の地形や干瀬の条件が必要である。マチャンをする浜は、直喜美さんの知っているだけで、赤崎から寺崎にかけて、チューシキマチャン、ヤドゥマチク、ギンユルグチ、ユシ、プカナ、カミークとそれ程多くなく、そのほとんどの名前は地名によっている。また他に、ホージシアンとかアイナーマチャンというのがあるが、前者はホージシという小さな魚をとるのに使う特別の網であり、寺崎にある後者はアイナーというトゲのある魚の名前によるもので、その魚の漁期は三月五日の大潮どきに定められているという。

マチャン・スキ・カクイ　そして環礁の外へ　私がこのマチャンに興味をもったのは、同じような漁法を九州の有明海沿岸で見たことがあるからだ。有明海沿岸のものはマチャンといわず、スキという。これは浜から海へ向って馬蹄形に石垣を築き、開口部には竹などで柵をしておく。石垣は満潮時に海面下一メートル位になるように築く。満潮に乗ってこのスキの中に入った魚が干潮時に外へ出ようとするのを、出口の柵の中で網ですくい上げるというものである。与論では石垣をつくる必要はない。環礁がその役割りを果しているからだ。柵に相当するものはシルである。

石垣を築くから、スキには所有権が生れる。スキを売買した例も見られるが、概して、スキを持っていれば沢山の魚がとれて、それで生活が成り立つということはない。もっとも、一度だけ大量のボラがとれ、大八車三台に満載して市場に運び、思わぬ大儲けしたことがあったそうだ。これとてたった一度だけのことで、とても安定した生活の資とはなり得なかった。従って、スキは漁法ではあっても漁業ではない。この点はマチャンも同じである。

スキは魚をすくいあげることからついた名だといわれる。また、鹿児島県出水郡に大漉《おおすくい》、小漉《こすくい》、という小字《あざ》があり、そこでもスキがあるところから、紙を漉くように魚をとるという意味で、漉くの転訛したものともいわれる。また、韓国に長らく暮していた友人の向後氏に、朝鮮語でスキという音を調べて頂いたところ、スキは水気、水記、手旗の意で、どうも有明海のスキとは関係なさそうだ。しかし、それに似た音でスクならば、水口＝水の取入れ口という意味があるという。まんざら関係なくもなさそうに思える。もし有明海のスキが朝鮮語のスクからきているとすれば、当然朝鮮半島にも同じような漁法

岩についたアオサを採る。酢物にして食べる。

魚がたくさん釣れたときは、隣近所にも分けてやる。

があっていいはずで、それをスクと呼んでいればまさにドンピシャリなのだが、残念ながら私の調査はそこまで及んでいない。

　このスキと全く同じものが、奄美大島に沢山あることが小野重朗先生の調査で明らかになった。小野先生の報告書によれば、それはカクイとかカキといわれ、囲うからきていると説明されている。その分布は奄美大島の笠《かさ》利《り》町、竜郷《たつごう》村など北部に比較的多く、南部の瀬戸内町にもあって南限は徳之島。それより南には、このような人工の石垣は見当らないという。

　スキ・カキのような漁法を一般に石干見《いしひみ》というが、これは水産庁で作った言葉で学術用語としても使われている。潮の干く時に行なう漁法とすれば、マチャンも石干見の中に入れられるし、潮干刈りや有明海のムツゴロウを釣ることも入ってよい。しかし、その個々を眺めてみると、それぞれ個性が強く、一つの言葉でひっくくるわけにはいかないのではなかろうか。それは自然の条件に対応し生きてきた人間の知恵を、一括して表現することができないのと同じであろう。

　マチャンは干瀬の中だけで行なう漁法だから、とれる魚の量もしれたもので、自家消費という程度である。そこには自然にあらがいえなかった人びとの限界がある。人びとが環礁を乗り越えて外に出るためには、別の技術が必要であった。

　その一つに追込漁がある。これは数人で持場をきめて潜水しながら魚群を袋網に追い込むという特別な技能が必要で、マチャンのように簡単にはできない。魚を見な

手前の舟は、米軍のジェット機の燃料タンクを半分に切って造った。

がら追い込むことは同じでも、潜水してのそれは誰でもというわけにはいかない。沖縄本島の糸満の漁師が潜りにかけては抜群の技術をもち、追い込み漁が発達した。この技術は与論にも伝わって、五月から十月にかけて、数船団の追い込み漁が主に奄美大島近辺の島へ出かけて行く。奄美大島南部の与路島に番小屋を建て、そこをベースにして名瀬の市場へ魚を出している。

はるかな〝あまん世〟から、人々はユンヌに住みつき、そこで生きることに生命をかけてきた。ユンヌとそれをとりまく自然は、決して充分な恵みを与えてくれたわけではなく、むしろ厳しすぎる試練すら課してきた。厳しかったのは自然だけではなく、琉球の世も、薩摩の世も、日本《やまと》の世も、外の社会の権力はユンヌの人々に甘い顔をみせなかった。だが人々は、外からの圧力に力で抗うことが決して得策でなく、自然の猛威ですら、耐えていれば去っていくことを知っていた。もちろん、ただ頭をたれて耐えていたわけではない。外から来るあらゆるものの中から、ユンヌで生きていくに糧となる術を吸収しようとしてきた。良きも悪しきもまず受けいれる。その中から必要なものだけを定着させていったのだ。それを受身的、消極的というのはたやすい。しかし、それ以外の方法がユンヌにあったとは思えない。

まず迎えいれようとする。それが私たち旅人には、島の何ともいえない優しさ、暖かさとして映るのではなかろうか。若い旅人がユンヌに集まってくるのは、彼らが強くそれを求めているからなのだろう。

南の上空から与論島全景。昭和56年（1981）7月　撮影・須藤　功

与論島民具館の屋根

与論島民具館の母と娘。昭和51年（1976）4月　撮影・須藤　功

糸満の海

文・写真　森本　孝
絵図　森本真由美

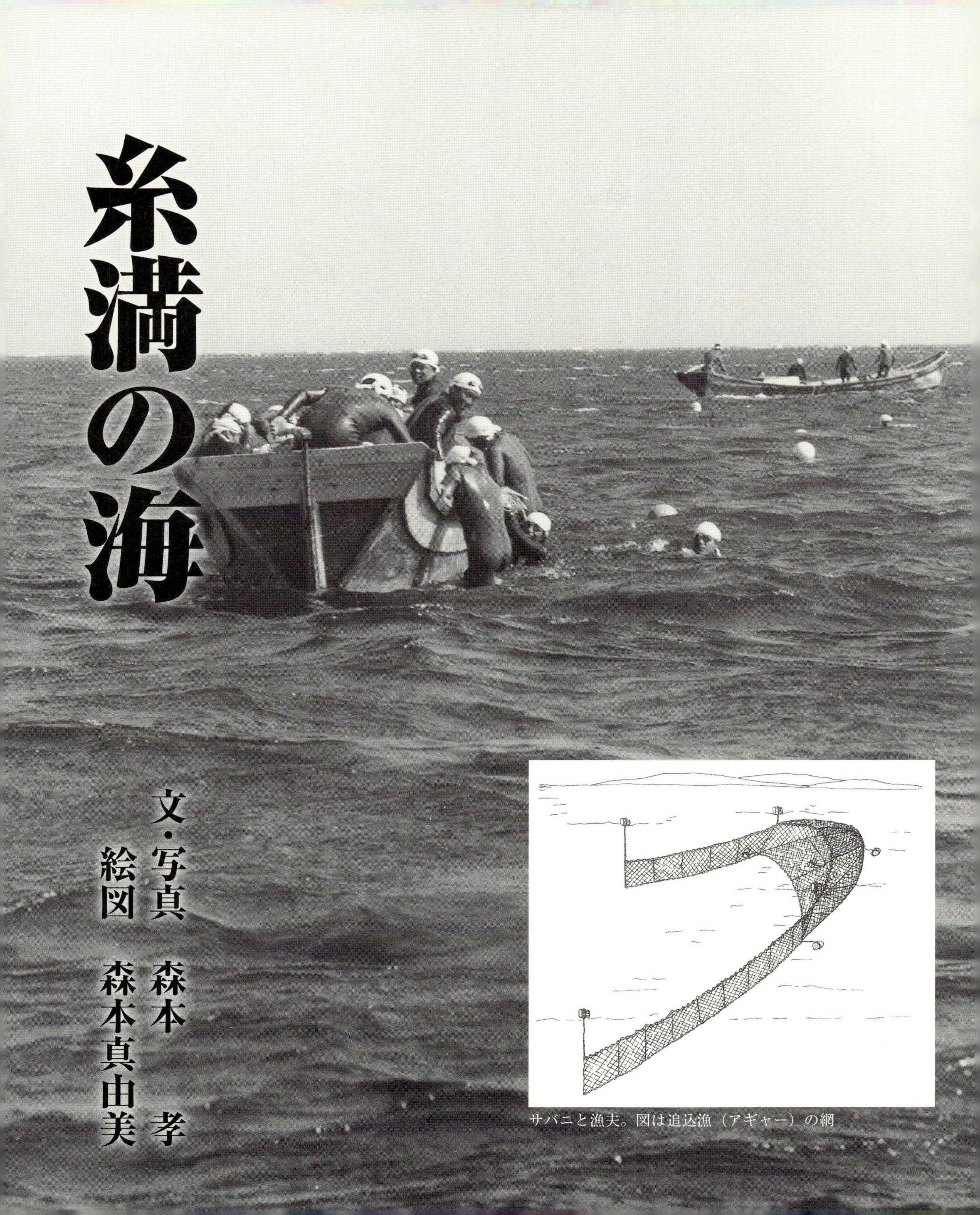

サバニと漁夫。図は追込漁（アギャー）の網

心魅かれた糸満漁師の話

ヒーウツグイ（線香マッチ入れ）

沖縄の海は美しい。海とも空とも区別ができぬほど淡い青い海辺にたたずんでいるだけで心もなごんでくる。潜ってみると、その美しさはまた格別である。原色の枝サンゴやテーブルサンゴの間を、これも原色の大小の魚が泳ぎまわっている。

その海の美しさを最も良く知っているのは、いうまでもなく海を仕事の場にしている漁師たちであろう。沖縄では漁師のことを海人《ウミンチュウ》と呼んでいる。或は糸満《いとまん》と呼ぶ地方もある。例えば八重山地方では海人というより糸満と呼ぶ場合が多い。そうでなくとも、糸満という名は奄美、沖縄の人には海人の代名詞のごとく受けとられている。

糸満というのは沖縄本島南部の海辺にある町の名である。そこは古くから専業漁師の多い町であった。潜りと操船技術の達者な海人で、長三間（約五メートル）、幅三尺余り（約九十センチ）のサバニと呼ぶ刳舟《くりぶね》にのって大海に漕ぎだして漁をしたという。漁の中心は潜っての採貝漁や、大勢の漁師が海に飛び込んで、魚を網に追込んでとるアギャーという追込漁であった。その漁法を持って戦前には国内はもとより遠い海外にまで出掛けて漁をしたという。

私がその糸満の話を耳にしたのは昭和四十四年（一九六九）の頃である。当研究所の事務局長、宮本千晴さんからであった。「糸満漁師はサバニと呼ぶ小船で、風があれば帆をかけて、無ければ漕いで、どこまでも出掛けて漁をしたというよ。嵐に会うと船を沈めて船端にすがって嵐をしのぎ、嵐が去ると船の水をかいだしてまた航海を続けたという……」

『あるくみるきく』に載っているサバニの写真をみながら、宮本さんはこんな話をしてくれた。山国で生まれ育った私には、にわかには信じがたい話であった。しかし、いかにも冒険やロマンに満ちた話にも思われた。

いったい、糸満漁師はどこまで出掛けて漁をしたのだろう。また、どのような人達なのだろう。いつか、その漁や海の話を聞いてみたい。そうも思った。昨年（昭和五十二年）の六月と十一月にはその機会を得て、奄美、沖縄の島々で多くの糸満の漁師に会うことができた。

ハーリー祭の日に

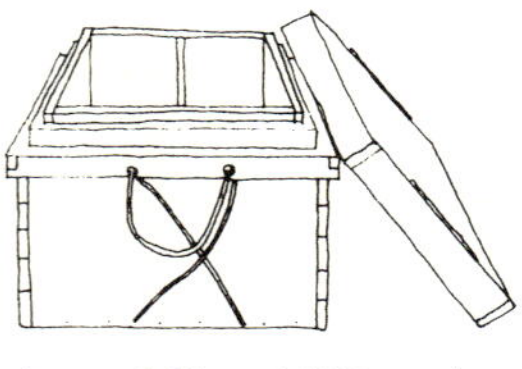
ウミバク（漁の小道具入れ）

その糸満は那覇から南に約十二キロ、東支那海に面した海辺にある。バスでおよそ四十分あれば着く。

私が糸満を訪ねたのが六月の初め、旧暦の五月四日だったのは幸運だった。その日はユッカヌヒーと呼ばれ、

いくつかの対抗があるハーリー船競漕は、応援もまたさまざま。踊って勝ちを祈る。

旧暦5月4日に行なわれる糸満のハーリー船競漕

ハーリー祭の催される日だからである。ハーリー祭ではハーリー船競漕が糸満港で行なわれる。約二十名の若者が乗り組んだサバニ三隻による船漕ぎ競争である。ハーリー祭は沖縄の各地で催されるが、糸満ハーリーは日頃海に親しんでいる海人がその腕を競いあうので人気があるという。

　糸満のハーリーは西村、中村、南村の三村対抗の形で行なわれる。現在は南区、前端区、新川区、新島区、新屋敷区、上之平区、西区、町端区の八区にわかれているが、ずっと以前、まだ糸満が兼城村《かねぐすくそん》の一村落にすぎなかった頃はその三村にわかれていたという。競技は朝九時頃から夕方まで続けられた。現在ではその三村対抗の他に、職域対抗や各高校対抗、あるいはヨット競争なども盛りこまれ多彩に行なわれている。ブラスバンドの応援が鳴りひびき、なかなかに賑やかな一日だが、この日は元来は糸満の豊漁と航海の安全を願う日であり、また、生活の節目でもあったという。どこに漁にでかけていても、この日のために糸満に帰ってきて、行事に参加したという。

　ハーリーの終った翌日、糸満の町を歩いてみた。ハーリーの鐘が鳴ると沖縄の梅雨は明けるといわれているが、その日からは前日の小雨まじりの天気が沖縄特有の強い日射になった。

　糸満ではまず白銀堂《はくぎんどう》と幸地原《こうちばら》門中墓に行ってみた。白銀堂は糸満の最も重要な御願所《うがんしょ》である。御願所は神社や寺だと思えばいい。糸満の豊漁と海での安全を守る氏神様のようなものだ。何日も不漁が続いたり、沖にでて船を返すことがあると、白銀堂でお祈りをしたという。また、ずっと以前この白銀堂の付近まで海で、良くダツという魚が群れ集まったという。

　幸地原門中墓は糸満の町の中心から約五分ばかりにある。公園のように広大で緑の多い墓である。約四千坪もの敷地がある。門中とは生まれた腹を同じくした一族のことであるという。沖縄ではこの門中制度が発達していて、中でも糸満はその門中意識が強く、幸地原は約三千もの一族をかかえる最大の門中である。墓は正面に一基、前面左右に各一基、右隅に細長い墓が二基ある。正面の墓には生前に功あった人を納め、普通の人は左右の墓に納められる。また右隅のものは幼児の為のものだという。

　糸満の町中を歩くと小さな商店が目につく。表通りはたいてい商店である。バーや喫茶店も多い。その表通りをはずれると普通の民家がある。細い路地のところどころにサバニが引きあげられている。そのサバニが無ければ首里や那覇の町とそう変ってみえない。つまり漁師町らしくない。そう思わせるのは海が埋め立てられ、商工業用団地ができているためであろう。漁港はその埋立によって囲まれている。そこで港に立っても外海はのぞめず、潮の香も伝わってこない。

　車の騒音の伝わってくる港には五～二十トンクラスの漁船が係留されている。宮崎や鹿児島の漁船も多い。マグロなどの曳き網船である。その港で幾人かの漁師と立話をした。約二千人もいた戦前の糸満とは異って、今は専業漁師が約二六〇余名、兼業を合せて七～八百人にも満たないのではないかという。戦後は陸の仕事につく者

●南の海の島々●

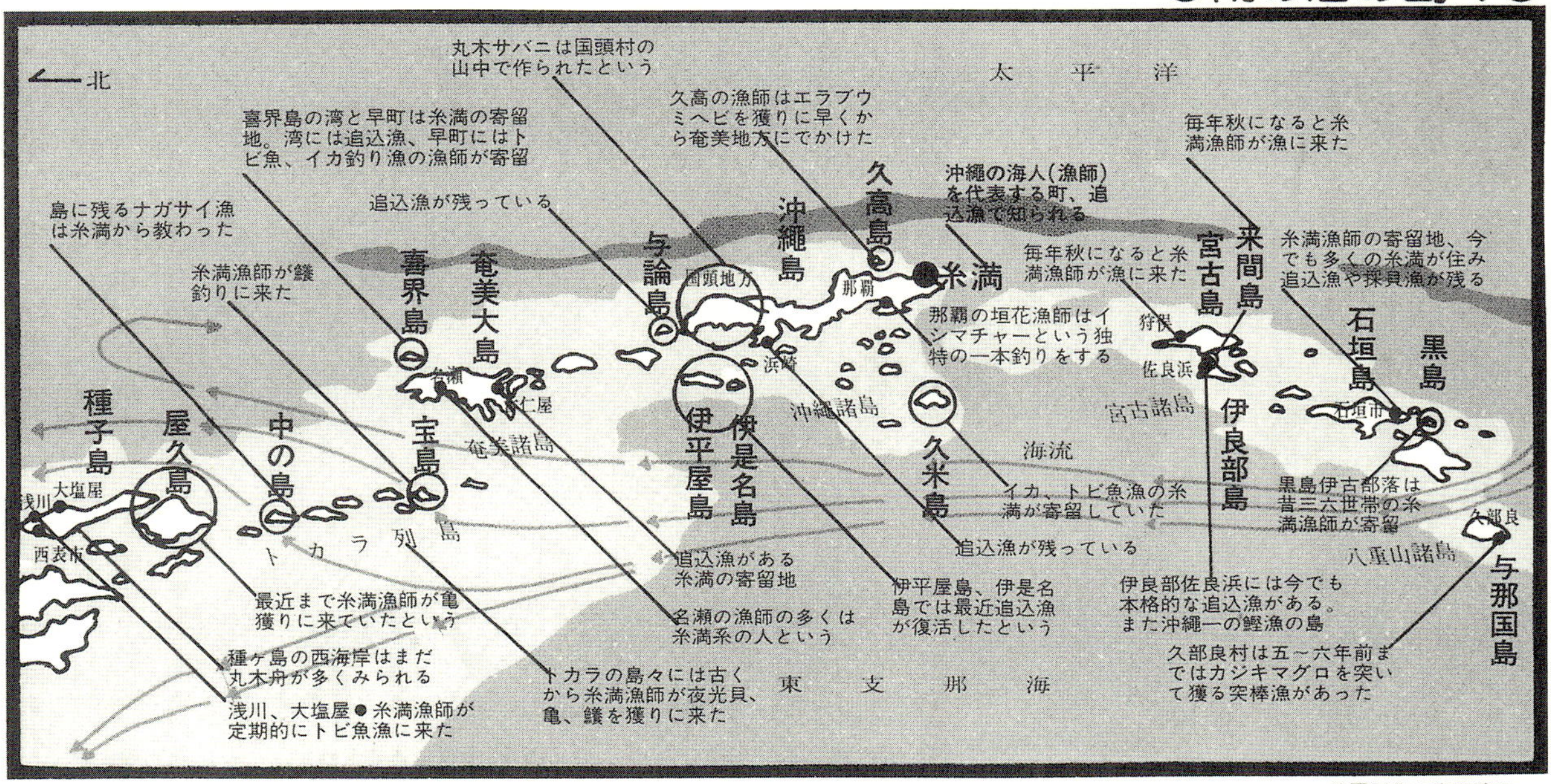

地図製作●富田清子

が多く、若者で漁をする者は少ないという。このぶんだと糸満漁師の活躍も遠い昔の語り草になっているのではないかと思った。

追込漁は「海の狩り」

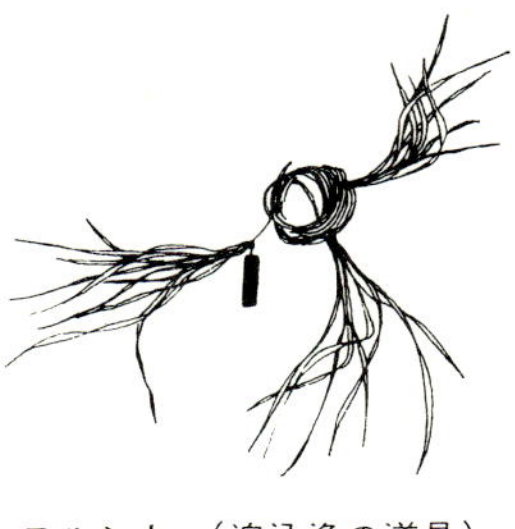

スルシカー（追込漁の道具）

さて、糸満では金城亀一さんという明治三十三年（一九〇〇）生まれの老人に会って話を聞いた。家を訪ねてゆくと、昼寝中であったのか、目をしばたたかせていられた。しかし、小柄で柔和な顔立ちで親しみのもてる方であった。

金城さんは、

「私の家には漁の話を聞かせてくれといって今までに何十名も来ています」

と言って奥の方から名刺の束をとりだして見せてくれた。その中には私も名前を聞き知っている著名な人の名刺も幾枚かあった。

「エエ、昔は盛んに追込漁を行なったものです。アギャーと糸満では言っていますが。でも、今の糸満には追込漁はありませんよ。戦後七〜八年で絶えてしまいました。戦後は長崎県の五島列島の小値賀《おじか》島の笛吹という村に、毎年二〜三〇〇名の漁師が出掛けていたのですが。イサギという魚を取りに行っていたんです。それが漁業権の

石垣島沖でのチナカケー漁（追込漁の一種）

息を止めて海中で網を張る糸満漁夫。奄美大島・古仁屋。昭和33年（1958）撮影・中村由信

問題や、為替管理上の問題で沖縄と内地間の送金が自由にならず、行けなくなりました」

「追込漁がなくなったのは時勢でしょうね。戦後は民主主義の世の中でしょう。若者も年長者の話を聞かなくなった。陸での楽な仕事は多いし……。漁のように汚れる仕事は嫌われますしね」

追込漁には何十名もの漁師が必要であった。そしてその主力は体力に恵まれた若者達である。しかし、戦後は沖縄の復興期で、米軍を中心にした陸の仕事が多くあり、若者たちは漁よりも陸の仕事を選んだ。その方が楽でもあり、安全でもあった。追込漁が無くなった原因のひとつはそれであろう。また、戦後は地先漁業権も厳しくなった。糸満の活躍できる海がせばめられたのも追込漁の衰退と無縁でなかろう。

市役所で見た水産統計表によると、漁業種別では延縄《はえなわ》漁、曳き縄漁、一本釣漁、その他の網漁となっている。また、それらの漁法で主にマグロ類、タイ類、イカなどをとっているようである。追込漁はやはり昔の語り草になっているようだった。金城さんも、

「漁師も少なくなっていますよ。それにみんな個人個人で漁をしています。会社組織の漁は大型船でのマグロ漁やカツオ漁です。個人では延縄、曳き縄漁、一本釣りで、カツオ、マチ類（タイ類）、イカなどを釣っています」

と言う。それでも戦後間もなくまでは追込漁があったのはわかった。

「追込漁の説明ですか。一口には説明でき

たくさんの魚が網にはいったところで網袋の口を閉め、引きあげる。昭和33年（1958）撮影・中村由信

ませんね。追込漁といっても何種類もありますし……」

網の構造にたいした差はないが、狙った魚や海底の条件で、追込みの方法や、網に入れる場所に差があるらしい。そしてその漁法の名前が、それぞれの漁の方法を端的に表わしているのだと教えてくれた。

つまり、アギャーというのは魚を深い海から浅い海に追上げるの意であるという。アギャー漁の最初の頃は一度魚を浅い海に追ってから網をいれたとのことだった。そしてその魚を追うにはスルシカーという道具を用いた。一貫目（三・七五キログラム）ばかりの石の重りを約三十尋（一尋は約一・五メートル）ばかりの縄につけ、途中、三ヶ所にアダン葉をつけた道具である。立泳ぎしながら石で海底の岩をたたき、その音で魚を追う。

パンタタカーはパンパンと人の手足や短い棒で水面をたたいて魚を追う。また、チナカケーとは縄掛けの意味で、アダンの葉をつけた約二〜三百尋もの縄をまわして魚を追込む。

またアギャーは環礁の外にでて二〜三十尋の深い海で行なったが、その他の追込漁は比較的浅い環礁の内での二〜三尋の海での漁であったという。

こんな話を聞いていて、これは「海の狩り」だと思った。網自体は魚の道を切るソデ網（垣網）と魚を集める袋網からできている。仕掛けの差はあるが日本ならどこにでもある定置網の種類の網とそう違わない。しかし、勝手に魚の入るのを待つ、いわばワナのような定置網と異なって、追込漁では文字通り人間が海に飛びこんで魚を網に追込むのである。また、一回毎に漁場を変えると

ひとつをすませ、次の漁場へ向かう若い漁夫たち。安堵と緊張と期待の交差するひととき

同じように安堵と緊張と期待を乗せた数隻のサバニが次の漁場へ向かう。

南西諸島で活躍してきたサバニと呼ぶ漁船

いう。その人の輪の中に入った魚群を根こそぎとってしまうからである。要するに猪狩りを想定すればいい。猪狩りでは多数の勢子や犬で猪を銃の射手の前に追い出しとる。銃が網に変るだけだ。つまり追込漁は狩りの要素の濃い漁法だということができる。

「アギャーはなかなか熟練のいる漁でしたよ。苦労のいる仕事でしたな。まず潜りや泳ぎが達者でないとできません。二十〜三十尋もの海底に潜って網を張らねばなりませんから」

と金城さんは語る。一口に三十尋というが、たいへんな深さである。三十尋というと八階建てのビル以上の深さになる。潜るだけで重労働なのに、その深さで網と網をワラ縄で結び、海底に固定する作業もしなければならない。酸素ボンベも無い時代である。そこで網を張るのは潜りの上手なベテランの仕事であったという。逆にいうと、その作業ができなければ一人前の海人ではなかった。

そこで潜りの練習が漁の習いはじめになった。

「私の子供の頃は海人の息子は皆漁をやりました。私も小学校を出る前から漁に行っています。私のおじいさんに〝早く漁に来なさい〟と連れてゆかれたものです。私は学校は三番と下らぬぐらいの成績でしたが、漁の方が面白く、漁は直ぐに覚えました」

金城さんは、そのおじいさんから、サガァーン漁につれていってもらっていたという。浅い湾内で行なう追込漁で、船の上から棹で魚を網に追込む漁だったという。二十隻あまりの舟による漁で、一隻には三人が乗組んだ。二人が船を漕ぎ、一人が棹で魚を網に追込むのである。そしてこの漁は老人と子供の漁であったという。

「パンタタカーもやりましたよ。これは私の子供の頃に始められた漁法です。だから大正の初期ではないですか。船の上から魚を追うより泳いで追う方が効果的に追えますから、多分、サガァーンから編みだされたのだと思います。これも主に老人と子供の漁でした」

金城さんはまた貝採りも行なったという。十四歳で小学校をでて、直ぐ漁師になった金城さんの最初の漁は、貝採りであったという。そしてその時には既に一人前の配当がもらえたらしい。

「貝採りは十七歳までです。その後はアギャーの組に入って旅にでました。アギャーの組に入るのはたいていその頃です。貝採りやパンタタカーなどで潜りの練習を充分してから参加するわけです」

「エエ、貝採りでも旅に出ましたよ。主に知念村や勝連村方面にでかけました。夜は浜にサバニの帆を張って寝

舟と舟の間で、舟大工がサバニの修理をする。

ました。一隻のサバニに五～六名乗って出掛けましたかね。二ヶ月間も漁をすると相当貝もたまります。そうなると船頭が山原船《やんばるせん》で那覇まで売りに行くんです」

貝は高瀬貝や夜光貝を採った。他に海人草を採っている連中もいたという。高瀬貝や夜光貝は中身を抜いて殻を売った。殻は厚みもあって美しく、ボタンの材料になった。明治の初期頃から欧米を中心にその貝の需要が起ってくる。そこでこれらの貝は盛んに欧米に輸出されたという。海人草は乾燥して胃腸の薬の材料になった。

金城さんの話を聞いて、昔の糸満の漁のシステムが見えたような気がした。本格的な追込漁であるアギャーは深い海での漁である。達者な潜りと体力が要求される。そこで子供の頃は、貝を採ったり、パンタタカーやサガァーンなどの浅い海での漁で漁や潜りに慣れる。そして十分に潜る力がついた時にアギャーに参加する。

一方、年をとった人は深い海には潜れない。三十尋も潜ることのできるのは二十代か三十代で、四十になるとしんどい労働だという。そこでアギャーの団体を引退し、子供を集めて貝採りや浅い海での追込漁を行なう。それが一人前の海人を育てる指導にもなり、また、自分も収入の道を確保できる。当り前といえば当り前のシステムなのだが、私の嬉しい発見のひとつとなった。

船子と船頭

アギャー漁は普通七～八隻の船が参加して行なわれた。一隻の船には四～五名の漁師が乗り組んだ。そこで、三～四十名で漁が行なわれたことになる。船の持主は船頭で、乗組員は船の中に乗るので中乗りとか船子と呼んだ。船子は若い連中で、それぞれの船頭が自分で集めてくる。

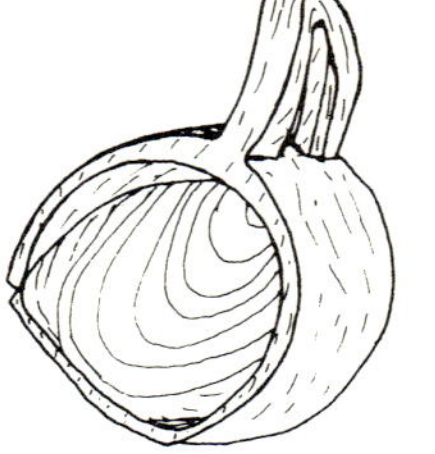

ユートイ（船のアカくみ道具）

組合は自然発生的なものらしい。漁の経験が豊富で船を持っている人々が、相談して寄り集まってできる。その船頭達がいわばその組合の幹部となった。船を持っている者しか幹部になれなかったのだが、それだけでなく漁も上手でなければ船頭としての参加は許されなかった。その中で最も漁が上手で、かつ経済力のある人がその組合の責任者になった。責任者は漁場の選定をしたり現場に出ては漁の指揮もした。漁は魚の習性や海底の様子を熟知せねばできない。そこで責任者の腕ひとつで、漁にも大きな差があった。

漁には網が欠かせない。その網は責任者と船頭が分担して出した。袋網は責任者が、垣網は船頭が出した。そしてその道具で利益の配分が決っていた。

袋網は四人前の配当があった。垣網の場合は、二枚の網（一枚の網の大きさは幅七尋、深さ六～七尋、漁場ではこれを幾枚もワラ縄で結んで使用する）で半人前の配当があった。船頭は垣網を都合二～四枚持った。船には一人前の配当がついた。そして自身の体の配当は一人前であった。

各自の配当をみてみると、責任者は袋網、船、体で都合六人前の配当を得た。船頭は垣網、船、体でおよそ三人前の配当があった。更に船子は体ひとつでの参加だから一人前の配当となった。また責任者や船頭の船子の中に、農村から契約で売られてきたヤトイグワーがいれば、彼等の配当は責任者や船頭のものとなったから、船頭達の収入はもっと大きくなった。

体ひとつで参加する若者も、最初から一人前の配当を受けとったわけではない。最初の年は五分、六分と漁の腕で配当が決った。そして慣れるに従って配当も七分、八分と徐々に上がり、およそ四～五年で一人前の配当を得ることができた。組合に参加した最初の一年の修業はつらいものだったらしい。漁にもでれば陸に帰っては休む間もなく飯炊きや洗濯もした。少しヘマをすれば先輩にひどい仕うちを受けたという。頬を張られるのは軽い方で、櫂でなぐられ、時には塩水を被った体をトゲの鋭いアダン林に放り込み、また塩水に放り込まれたりもしたという。

しかし、いつまでも船子に甘んじていなければならなかった訳ではない。経験を積んで漁の腕が上がると、船頭衆が相談して、網を持たせることもあった。更に経験を積むと船を持って参加することも許された。漁の上手な者が増えてくると、単に船子をさせておくのはもったいない、若い者に船を持たせようと、船頭衆が相談して決めた。そして年とった者がやめてゆく場合もあった。

スルシカーを持って舟から海に飛びこむ漁夫

また、契約で雇われた者でない限り、船をもつ経済力もあり、漁の腕もたしかであれば、他の組合に船頭として参加もできた。組合は八～九月に結成され、旧の五月四日のハーリー祭の前に解散したからである。

要するに糸満のアギャー漁では船を勝手に持つことは許されなかった。たとえ船を持っていても漁の力を認められなければ船頭になれなかった。アギャー漁で船を持てるのは、ひとつの出世だったわけである。

鱶《ふか》漁の頃

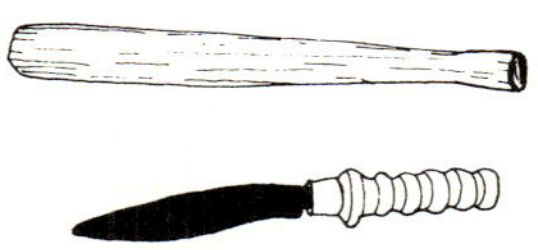
テーブイとサバガタナ

糸満の漁法は本部《もとぶ》半島にある海洋博物館を訪ねると良く理解できる。聞くだけでは理解しにくい追込網の型も博物館には模型で具体的に示されている。また漁に用いた各種の道具も展示されていて、それから漁法を辿ることもできる。

海洋博物館では人形を用いて鱶釣りの模様が展示されていた。また、イカ漁に用いたランプや、トビウオ漁の網などもあった。これらの漁法はアギャー全盛の時代も、また今日でも続けられている漁法である。

鱶のことを沖縄ではサバという。そこで鱶漁のことをサバッキと言う。その鱶漁の詳しい経験談は聞くことができなかった。簡単な話なら金城さんに聞いた。金城さんの話では、糸満からは鱶釣りには慶良間《けらま》列島の沖まで行ったという。漁には三人で出かけた。水と芋を積んで出掛け、二日も三日も沖どまりで漁をした。食糧は芋である。そして芋の皮は漁から帰ってくるまで捨てなかったという。

鱶を釣るには太い釣針に豚の切身をつけ、それを夜間に延えて釣った。鱶が掛かると一人が縄を引いて鱶を船端に寄せ、他の者がブイと呼ぶ堅い木の幹で頭をなぐって殺した。それでも死なぬ場合はウミボウチョウで突いて殺した。

二日も三日も沖にいると、潮の早い時には相当遠くまで流されたという。奄美方面に流される例は多く、時には中国大陸に流された人もいるらしい。

鱶漁のことは明治二十七年頃にトカラ列島を歩いた笹森儀助の記録にも見えている。記録にはトカラ列島の宝島で、糸満人が夜に網をかけて一晩に十四～三十匹の鱶をとったとある。また、鱶のヒレは乾燥し那覇に持って行き、その肉も食用に供されたとも記されている。

鱶はどのようにして料理して食べられたのだろう。『糸満の民俗』（上江洲均著）という報告書には次のように記されている。

〈鱶肉は干して必要な時に油でいためて食べる。これをサバソーギリと言う。内臓は水たきし、水気をぬいて刻んで味噌であえる。鮮度の良い鱶肉は水洗いをしてからしぼり、酢や味噌であえて食べる。これはサバマシと言う……〉

また、鱶のヒレは糸満は食べず、仲買いに売ったという。鱶ヒレは中国料理では高級料理に用いられる。そこで沖縄から中国へ輸出された。またサバニに塗る油もその鱶からとった。鱶漁は糸満の古い主要な漁のひとつだったと思われる。

イカとトビウオ

クシキ（網を蒸すコシキ）

糸満を訪ねる前に奄美大島や喜界島を歩いた。喜界島の早町に住む糸満漁師の上原文助さんからはイカとトビウオ漁の話を聞いた。かつて、喜界島では湾と早町に糸満漁師が寄留していた。湾には追込漁、早町にはイカやトビウオ漁の漁師が寄留していた。それぞれの漁場に近い村に住み分けていたのである。

「ホラ、これがイカを引っかけるイカカキヤーです」と、上原さんは釣針のついた一メートルほどの棒を見せてくれた。

イカ釣りには二人で行ったという。陽の落ちる頃出漁した。西陽に帆を染めて出てゆく光景は絵のように美しかったという。

早町でのイカ釣りは六月〜九月にかけて行なった。イカを釣るには木綿の縄の先に一尋半の針金をつけた道具に、餌をつけて、それを二十〜三十尋の深さにいれてイカを誘いだして釣った。一旦イカが浮きはじめると、次々に浮いてくる。それをイカカキヤーやフカクビラーで釣ったという。フカクビラーとは一メートルの棒の先に同じ長さの糸をつけ、釣針をつけた道具である。そういう道具に何匹もイカをつかせて釣るのは下手な者だと上原さんは言う。イカがついたのに気がつかない証拠だからである。

トビウオ漁は十月から翌年の六月まであった。季節によって大中小のトビウオがとれたという。トビウオは長さ約二百尋ほどの浮刺網でとった。その網を見せていただいた。網につける浮きは台型の木で、沈子は宝貝が用いられていた。

網は豚の血で染めて用いた。網を血にひたし、その後

「ほれ、これがイカカキヤーだよ」

こしきで二〜三時間蒸し、天日で乾燥した。追込漁の網も同じように染めた。網はよく鱶に破られた。時化の時でもその網の修理で休む暇もなかったという。

イカ漁もトビウオ漁も何マイルも沖に出ての漁である。風があれば帆で、無ければ何時間も漕いで行った。漕ぐのは膝を立てて足の甲で踏んばって漕いだ。帆で走る時は漕ぐよりは楽であったが、それでもティーナ（帆の手縄）を握る手が痛くなったという。上原さん達の手足には大きなタコができていたという。

「二十日間も漁が続くと僕らの手足は血豆で真黒になりました。そうなると天気が良くても漁を休みました。でも僕らの父の時代はそれでも漁にでたといいます」

と上原さんは語ってくれた。

また親子兄弟は同じ船には乗らなかったとも教えてくれた。遭難をした時のことを考えてである。上原さんのおじいさんもトビウオ漁で亡くなっている。危険な仕事に従事している者ならではの発想である。

サバニはたびたび転覆したものらしい。しかし海が時化ていなければ楽に復元できた。ローリングし易い船だけに起こすのも簡単だった。

「何といっても船を起こすのが一番の訓練でした。船を起こすには帆柱を抜いて、船の下に潜り、二人でウシカキ（貫抜き）に手をかけて持ち上げて起こします。糸満の立泳ぎの力は強いですよ。立泳ぎで腰から上がでるくらいですから……」

魚を逃がすのは止むを得なかった。が、櫂や帆柱、あるいはユートイ（アカトリ。一五八頁図）を失くすと致命的になる。そこで航海に重要な道具は全て、縄で船にくくってあったという。

糸満漁師の話を聞いていると、その労働の危険さ厳しさに驚いてしまう。糸満で話を聞いた金城さんや、シンガポールの漁の話を聞いた上原万助さんは、いずれも手足に深い傷があった。鱶に喰いちぎられたのである。そうなっても漁を続けてきた。しかし、会った漁師は誰れもが物静かで柔和な顔だちをしていた。とても荒々しい漁に従事した人々とは思えない。その細い体で、よくもがむしゃらに働いてきたものだと思った。

ミーカガン（水中眼鏡）の発明

ミーカガン

糸満の重要な漁の道具にミーカガンがある。木を刳り抜いてガラスをはめた糸満独特の水中眼鏡である。ミーカガンについて金城さんから聞いた話は思わず吹きだしたほど面白かった。

ミーカガンを発明したのは玉城保太郎というおじいさんだったという。ところが、そのおじいさんはミーカガンで目玉を吸い出されたというのである。ミーカガンは最初芋を刳り抜いて作った。ところが目にぴったりと張りつけねば水が入って具合が悪い。そこで芋を煮た後に残る黒いタール状のもので目に張りつけた。しかし、そ

朝早い浜で、スルシカー（追込道具。151頁図）に使うアダンの葉を刈った。宮古・池間島の東海岸

れでは一度はずすと再びタールで張らねばならない。そこで、おじいさんは食事の時も寝る時もミーカガンをつけたままにしていた。また、人に見られると真似をされる。そこで、漁にも人のいない朝早く出て、夜は遅く帰ってきた。あまり長い間ミーカガンを付けたままにしていたので、遂には片目を悪くしたという話だった。

ところで金城さんはその玉城のおじいさんを覚えているという。金城さんが十四〜五歳の頃（大正二〜三年）にその人は七〜八十歳だったという。もし、その人が四十歳前後でミーカガンを考案したとすると、それは明治七〜八年（一八七四〜一八七五）のことになる。

それでは以前はどのようにして潜って貝などを採ったのだろう。鱶の油をまいて、貝の場所の見当をつけて潜った。金城さんの子供時代、ミーカガンをはめると漁がしにくいと、まだ素潜りで潜っていた年寄りが幾人かいたらしい。

ミーカガンの考案は糸満の漁を発展させる大発明だった。海中で長く目を開けていられるから、採貝漁もた易くなった。また漁獲も増加した。そして、私の推定の域を出ないのだが、本格的な追込漁アギャーも多分、このミーカガンによってもたらされたのではないかと思う。確かめた訳ではないが、三十尋もの海底で長時間目を開けたまま作業をするのは不可能に思えるからだ。すると、アギャー漁が始められたのは明治初期、ミーカガンの考案された後のことになる。

もっともサガァーンのように二〜三尋の海での追込漁はずっと古い時代からあったはずだ。浅い海での追込漁は水中眼鏡なしでも充分行なえる。八重山の貝塚から網の重りに用いられたと思われる宝貝の沈子がでている。また、その地方には船を用いず浅瀬を何名かの男が歩いて魚を囲み、網をいれてとる漁も、最近まではあったという。

沖縄の海は一年中暖ったかい。冬でも陽が照れば海に入ることができる。また透明度も高い海で魚群も楽に捜すことができる。沖縄の海の特性が追込漁を生み出したといえる。

そのようなミーカガンであったから、最初は高価なものだったようだ。明治二十年（一八八七）頃の池間島（宮古群島）では、糸満からもたらされたミーカガンは牛一頭と交換されたという。

ディーゼルがうなりをあげ、出てきた島はたちまち遠ざかる。漁夫は黙々とアダンの葉をさく。

専業化への道

さて、糸満という専業漁師の村はいつの頃始まったのだろうか。ある本には、糸満の村建立ては約七百年前とある。現在の白銀堂の上の台地、現在の上平区に人が移り来て住んだのが最初らしい。それは糸満の代表的な七つの門中の総家がその地区にあることから想定されている。また、その門中の出身地もわかっているらしい。勢理門中は旧兼城村《かねぐすくそん》阿波根《あはごん》、根人門中は玉城《たまぐすく》村百名、幸地門中は西原村幸地、茂太門中、西平門中、与那之下門中は旧高嶺村大里が出身地とされている。

これは私には興味深い。その門中の出身地はいずれも農村だからである。少なくともその頃の糸満は農業で暮らしをたてていたのである。出身地の中には海を控えた地もあるから農を主に漁を従にしていたのであろう。

このことは糸満の古い漁法をみることで確かめられるのではないかと私は思った。そんな時に糸満漁港の近くに住む上原茂一さんという五十歳過ぎの漁師に会って古い話を聞いた。

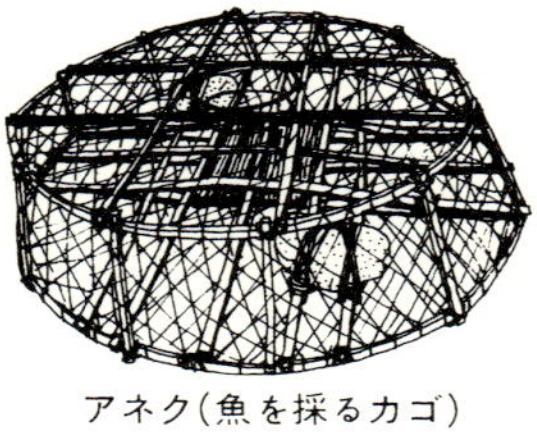

アネク（魚を採るカゴ）

追込漁で網にはいった魚をサバニに移す。宮古・伊良部島

上原茂一さんはアンブシ網という漁を中心に行なっている。簡単な定置網の一種である。網はその端が干潮時に干潟になる場所を選んでいれる。満潮で網に入った魚が干潮で網に残されたところをタモでとる漁である。もっとも、後には工夫されて必ずしも干潟になる場でなくとも網をいれたらしい。網にオトシをつけ逆行を防いだからである。

アンブシ網は戦前には七つほどあったという。だが、今は上原さんの家一軒だけになったらしい。そしてアンブシ漁をやりはじめて上原さんで六代目になると教えてくれた。一世代四〇年と計算してもアンブシ漁をはじめて約二四〇年になる。これはアギャーよりはるかに古い漁である。

また、更に戦前にはヒィタミャーとかヒィタマルサーという漁もあったという。これは岸から海中に目の細い網を垂直に突き出す。そしてその数ヶ所にコブ状の袋をつくる。岸近くを通る魚をそのコブ状にため、夜になって灯をともし船の上からモリで突く。冬期にはコボシメ(甲イカ)が良くとれたらしい。

また最近でも行なわれているが、テルーやアネクと呼ぶカゴを沈めて中に入った魚をとる漁も古いらしい。二〜三十尋の海底に沈めタマンやマチ類の魚をとる。それを専業にする人もいた。そういう人はカゴを沈めている間に潜って貝もとった。

このような古い漁の話を聞いて、私は思い当たるものがあった。奄美や沖縄の半農半漁の村（農が主で漁が従の）の漁法と全く同じなのである。例えば奄美でもアネクというカゴを沈めて魚をとる。また、イザリィ（夜漁）という夜半に干潟を歩いて潮にとり残された魚を突く漁がある。これはヒィタマルサーと似ている。また、石垣を築いてとり残された魚をとる漁法は奄美、沖縄の村で一般的であったが、それはアンブシ網と同じ原理だ。ただ、いずれも糸満の漁法の方が専業的にやった分だけ改良されているにすぎない。

奄美大島と石垣では木毒を流してとる漁法がある。毒はサンショウの木やサデクというサトイモに似た葉をした植物からとった。サンショウの木は川でたたきつぶせば魚が浮いたし、サデクは木灰と混ぜてウスで突いて、潮だまりに流した。この毒流しの漁法は糸満では聞けなかったが、沖縄の古い漁法の中にあるから多分、糸満でも以前は行なっていただろう。

つまり、最初の頃は糸満は奄美沖縄の半農半漁の村の漁を専業的にやっていたのであろう。そして、それは糸満も人口が増え耕地も少なくなり、海岸部に下りて住みはじめた人々によって行なわれたであろう。その人々はやがて船を出し、専業漁師が専業漁師たるゆえんである巧みな操船術を身につけ、鱶やイカ、トビウオなどの沖漁に発展してゆく。

では、奄美沖縄の他の村は何故そうならなかったのか。奄美、沖縄で専業漁師の村は育たなかった。それは、これらの島々が、島津藩の南島政策によって、キビづくりに拘束されていたこともあろうが、魚をとっても人口の少ない島々では消費する社会がなかったことにもあると思う。加えてサンゴ礁の海は魚や貝の宝庫である。小さな村々の食卓は農の合間の干瀬でとる魚で充分満たされるのである。その点、糸満は南島一の都会である首里や那覇を直ぐ近くに控えていた。専業化しても充分生活できたわけだ。

と言っても糸満全てが漁師になったのではない。古い統計資料は手にできなかったが、民俗学者櫻田勝徳氏による昭和十年の糸満漁師の聞き書きによれば、明治半ば頃は約六百戸の戸数があったという。また昭和十年には約三千戸あり、そのうち漁家戸数は約一千戸で、残りは農業及び商工業であったともある。それから推定すると明治半ばの漁家戸数は二～三百といったところであろう。つまりある者は農を、またある者は漁を、といった村だった。

その糸満が沖縄を代表する海人の村になったのは、明治半ば頃、つまりアギャー漁が考案されてからであろう。それまでは鱶やイカ、トビウオ等の沖での釣漁や採貝漁

魚のはいったチナカケー漁（追込漁の一種）の網を引きあげる。

の村であった。しかし、貝の需要が増え、アギャーが多くの人員を要するようになると、農家の者も多く漁に加わってくる。そして糸満は人口も急激に増え漁師町として活気を帯びてくる。つまりアギャー漁が糸満の漁師町としての発展の契機になったのである。

糸満売りの人生

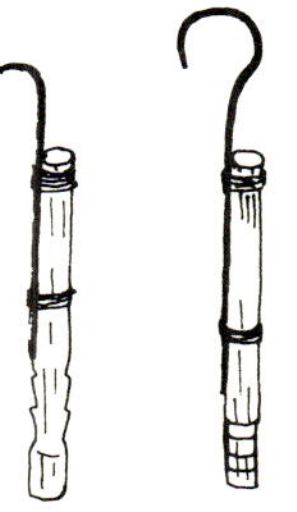

カキヤー（鱶等をかける鉤）

アギャー漁が盛んになると、多くの人手が必要になった。また潜りによる採貝も潜り手が多ければそれだけ収入をあげることができる。そうした漁師の不足を糸満では農村の子供を買うことでおぎなった。それを糸満ではヤトイグヮーと呼び、売る側からは糸満売りといった。売られてくる子供は奄美の各離島や沖縄本島の農村地帯の子供が多かった。それらの地方では我ままな子には〝糸満売りをするぞ〟と言っていさめたという。〝糸満売り〟は泣く子も黙らすほど、恐しいものだったのであろう。

しかし、売るといっても終身ではなかった。たいていは二十歳か二十一歳までの契約で、その期間をすぎれば自由になることができた。この糸満売りは大正頃から急に増えたのだという。信じられないのだが、その頃の南の島の農村では干ばつの度に飢饉がおき、貧しかったのである。

一方、糸満の方では貝類や海人草などは、とってもとっても売れ、また国内外へのアギャーの出漁もあって、人手はひとりでも欲しかった。ヤトイグヮーの働いた配当は雇い主の取り分となったから、ヤトイグヮーを持つことは財産を増やすことでもあったわけだ。

奄美や沖縄の離島を歩いていると、糸満に売られた経験のある人に多く出会う。種子島でも喜界島でも奄美大島でも会うことができた。

「十五歳ぐらいまではつらいとも思わなかったが、それ以上の年になって知能がついてくると、この世のメクラとは俺たちのことだ、と思って夜もねむれないほど悔しく、泣いて暮しましたよ……」

と、種子島の浅川《あさこう》であった山入端嘉明さんは、当時を思い出して語ってくれた。

山入端さんは、喜界島に居た頃に、九歳から二十歳までを百五十円の金で買われたのだという。父も同じ糸満であったが、家が貧しく売られたのだという。

糸満の親方のしつけは厳しかった。特に農村育ちで海に慣れぬ子供には厳しかった。泳ぎの一歩から習わねばならないからである。泳ぎを教えるには腹を縄でくくり、海の中に放りこみもした。潜りを教えるためには、浮きあがってきた頭をおさえつけて強引に教えこんだ。言うことを聞かぬ子供には、飯をぬいたり、塩水をかけてアダンの林の中に放りこんだりもした。この手の話なら糸満売りされた人からなら、いくらでも聞くことはできる。

山入端さんはまた、次のようにも語ってくれた。

「泳ぎのならん者が漁をするのですから相当苦労しましたよ。本当につらいと思って今でも忘れのならんのは、喜界島で貝を採った時のことですね」

「真冬の海でした。寒くてアゴも震えあがっているのに、親方は船には乗せてくれません。岬の方まで行くと波が荒くて、潮で海底の岩にはたたきつけられます。あんまりつらくて岩にしがみついていたら、親方の船がよってきて、櫂でつつき落すのです。親方はおこって、昼飯も夕飯も食わせてもらえませんでした」

「精神的につらかったのは十八歳の時です。サイパンにいっていた私の友人が来て、向うに行くと月六十円くらいもらえるから、三ヶ月も働けば百八十円になる。百五十円で買われたなら僕が二百円貸してやるから、自由にしてもらいなさい、と言ってくれたのです。それで親方に相談したら、親方に頭をたたかれておこられました。私は育ててもらった恩は忘れません、どうか自由にしてくれ、と頼んだのですがだめでした。この時は本当に残念でなりませんでした。自殺したほうが良いとも思いました」

「でも友達というのは良いものですね。いくらおこられても友達が来ると忘れました。同じ親方に私の他に三人買われていましたが、お互いになぐさめあったものです。今、どうしていますかね、会ってみたいものです」

糸満の漁は不安定な刳舟での漁である。そしてその漁にはいきおい達者な泳ぎと潜りが要求される。激しい訓練は海で生き残るためにも必要だったし、その訓練なしには一人前の漁師になって稼ぐこともできなかったのであろう。

しかし、一人前になれば、体ひとつで稼ぎもでき、土地がなくとも生きてゆくこともできた。本人の漁の腕しだいで、アギャーの組織者になることもできた。

喜界島の湾で会った上地寛徳さんは、自分で責任者となってアギャーを行なったひとりだ。

「私は北部の国頭《くにがみ》村の生まれです。山で食うことしかない村です。父が早く死に、兄と母との三人暮しでした。私が十四歳の時に兄が四ヶ年契約の百五十円で糸満に売られ、私は従姉が嫁にいっている本部で牛の草刈りの仕事に行きました……」

しかし糸満に売られた兄は一ヶ年もせぬうちに糸満の親方に連れられて帰ってくる。上地さんはその兄のかわりに親方に連れられていった。他ならぬ兄だからかわりに行ったのだという。が、兄にくらべ年が若いので契約は六ヶ年になった。

上地さんは貝採りやテルーによる漁、アギャー漁を習得する。上地さんは漁の覚えが早かった。そして上手でもあった。人の泳いだあとを泳いでも、人の二倍も三倍も貝を採ることができた。また、アギャーでも魚群を捜すのも、網をいれる場所もすぐに覚えた。

そして親方にはまじめに尽くした。親方もそれによって良い収入を得ることができた。四ヶ年をつとめた時に、親方が、「四ヶ年で暇をあげてもいい。それとも六ヶ年勤めると船と網を作ってあげる。どちらでも好きな方を選びなさい」と言ってくれた。上地さんは自由になるには一年も早い方が良いと、自由になる方を選ぶ。

自由を得た上地さんは伊平屋《いへや》島にあった組合で一人前の漁師として参加する。そこには病気がなおって再び別の糸満で修業をつんだ兄が、すでに契約を終えて働いていたからだ。その兄と協力し四、五年で母のために家を一軒たててあげるくらい稼ぐ。

そして結婚する。それまでは母と兄のために働いたが、これからは自分のために働かねばと思って二十六歳の時に沖永良部島、奄美大島と渡って喜界島の湾のアギャーの組合にはいる。昭和十一（一九三六）年のことだ。

そして翌年には上地さんはこの喜界島で自分のアギャーの組合を組織する。呼んだ兄にお金を持たせて沖縄から人を集めてきてはじめるのである。

一年もすると湾にいたいまひとつの組合から上地さんの組合に若者が抜けてくるようになる。漁の上手な上地さんの指導する組は漁が多い。漁が多いと配当もまた大きいからだ。こうして喜界島で上地さんは確固たる基礎を築きあげる。

その組合を戦争のために一時解散する。が、戦争の終了と共に再び組を作り責任者になる。そして五十歳も半ばすぎるまで、上地さんはアギャーを指導する。喜界島の漁師で上地さんから漁を習った者は多いという。

上地さんは今楽隠居である。奥さんは魚屋をやり、息子たちも漁獲量の一、二を誇る漁師に育っている。それでも、今でも荒木にある小さな追込漁の指導を頼まれ、時々はでかけるという。昨年は三ヶ月でかけ百五十万円の収入があった。

ざっと上地さんの経歴を書いてみた。上地さんは糸満売りされた人の中でも、恵まれた方であったろう。しかし、上地さんほどでなくとも、それぞれ漁によって生活できる力は身につけることができたのである。

与論島、沖之永良部等の奄美諸島、あるいは宮古、石垣、その他の沖縄本島の離島から、糸満に売られた人は多い。その売られた人々が自由になって、各々の出身の島に帰り、新たな漁師として漁業をおこしてゆく。奄美、沖縄の島々での漁はそうして育っていったのである。

糸満売りは必ずしも糸満が金にあかせて買ったのではない。農民の方から進んで売った例も数多い。それは貧困のなせるわざであり、売られた子供は親からも離されつらい思いもした。しかし、子供たちはそれで親をうらみはしなかった。そうした貧しさを良く知っていたからであろう。売られたことを恥じる者は誰もいなかった。

学生時代に沖縄を旅した時には、私は良く糸満に売られた子供たちの悲惨な生活も聞いた。八重山のある宿のおばさんは、漁に用いるダイナマイトで腕を飛ばされ、ひん死の子供も見たが実にかわいそうだったという。また、まだ年もいかぬ子が親から離されて生活し、親方からなぐられたり、半死になるまで海に放り込まれるのは耐えられぬほどかわいそうだったともいう。私もまたその話を聞いて同情に耐え得なかったひとりだ。

しかし、私の会った人は誰も気軽に売られたことを話してくれた。そしてその人たちの心は、まるでその海の色のように明るく、ほがらかであった。それは、沖縄の人に特有の明るさかも知れないが、また、苦労も重ね、つらい思いをしてきた人しか持ち得ない、人に対する優しさと心のひろさもあるのではないかとも思えた。私はそんな人々と知りあえたことで、旅の収穫は充分あったと思った。

カミアチネーの女たち

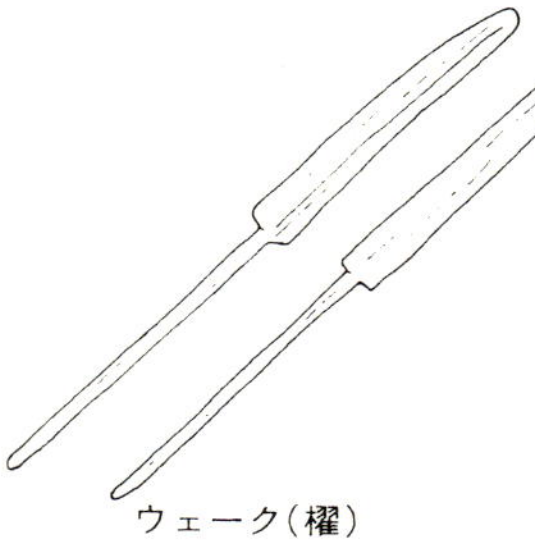
ウェーク（櫂）

糸満の男は海に出て魚をとってくる。その魚の販売は漁師の妻や若い娘達が一手に担っていた。仕入れた魚を入れたバーキ（カゴ）を頭にいただいて、女達は約三里（十二キロメートル）離れた那覇や首里に、あるいは近在の農村に行商にでた。それをカミアチネーといった。糸満の女は子供のころから利にさとかったという。物心がつき金の計算ができるようになると、女達は何をすればモーキル（もうける）ことができるか考えたものだという。そして、十二、三歳になれば、早くも母や姉につれられてカミアチネーにでかけた。

　そのカミアチネーは戦後しばらくは見られたが、最近ではもう見られなくなっている。戦後は漁法も変わったし、魚の流通機構も変わってきたためである。しかし、そうしたカミアチネーを行なっていた女たちはまだいくらでもいて、その話を聞くことができる。

　次のカミアチネーの話は糸満漁港の付近に住む明治四十四年生まれの上原ハツさんに聞いた。

「私は小学校をでると直ぐにカミアチネーにでました。だから十二、三歳でしょう。行商先は糸満からだと主に首里、那覇です」

「エエ、歩いて行くんです。軌道馬車というのが糸満と那覇の間にありましたが、乗ったことはありません。馬車賃がもったいなくて。イユコーンソオレェーニィとかイユコーンソーレェニィヤーとか声をあげて売り歩いたんです。魚を買ってくださいというような意味です。最初は恥かしくてなかなか声がだせませんでしたね」

「那覇港の近くの旭橋の東に市場があって、そこで魚を売る人もいました。それは市場で売る方が楽です。向こうから買いに来てくれますから。私もカミアチネーに慣れてからは、市場でも売りました。誰でもはじめた頃は売れないと恥しいでしょう。それで自分ひとりで町なかで売ったものです」

「でも、売れ残るというのはめったにありません。残りそうだと値を下げて売りましたから。それでも残るとカマボコ屋に売りました。値さえ安ければカマボコ屋はいくらでも買ってくれました。どうしても残った魚は煮て翌日売りました」

「どんな魚を売ったかというと、グルクンやトビウオ、イカなどです。小さな魚は糸満の農村で売り、上等の魚は首里に持ってゆきます。上等な魚というと、タマン、ミバユ、ミバル、大きなトビウオ、グルクン、アカムロです」

「商売というのはむつかしいですね。計って売るのでなく、板の上にグルクンなら、四本、五本、十本と山にして目でみて売るのですから。商いの上手下手で、だいぶもうけに差がでたものです。私は上手だったかというの

石垣島の魚市場で魚を売る女たち。昭和47年（1972）7月　撮影・須藤　功

ですか？　ハハァッ、どっちでしょうねえー」

何をすればもうけることができるか、それればかり考えていた、と話すハツさんだが、その実たいそうはにかみ屋でもあるようだ。ハツさんは続けて語る。

「魚は浜辺で買います。団体漁の組からは、団体の責任者の奥さんから買います。個人漁の人はその奥さんから買います」

「魚を買うのは競争のようでした。アギャーのグルクンをとる船は昼の三時頃にはいってきます。トビウオなら朝も昼もはいってきます。刳舟が浜に寄せてくると飛んで行って買いました。漁の少ない時は、まだ舟が浜に着かぬうちに刳舟めがけて海の中に走りこんで買ったものです。魚がないと商いができませんから、懸命でした」

「魚を買うのは十二斤単位です。各々自分の小さなテルー（カゴ）を持っていって、それで計って買います。十二斤、二十四斤、三十六斤という単位で買います。だいたい三十六斤ぐらい買うのが普通ではなかったでしょうか」

「何十斤もの魚を頭にのせての那覇までの二、三時間は楽ではありませんでした。それでも手をこう、サッサッと振ってタッタッタッターと歩いたものです。重い荷の時は木や壁に寄りかかって休みました。一度下に置くと、もう自分では頭にのせられませんから」

「魚の代金は後払いです。二〜三日後に責任者の奥さんが集めに来ます。魚の値段は魚を買った時には決めません。一緒に買った人たちの魚の売れ具合、責任者の奥さんの売れ具合を話しあって、〝今日の魚はいくらにしよ

市場で魚を売る糸満の女。昭和15年（1940）撮影・坂本万七

うか〟と相談して決めました。だから手間賃の多少はあっても必ずもうけはありました。誰もがもうけのあるように魚の値段を決めてゆくわけです。だから団体の人の利益も私たちの魚の売れ具合で多少は左右されたことになります」

糸満の女は那覇や首里で売っただけではない。寄留した場合はそれらの島でやはりカミアチネーをした。また、アギャーの団体についてでかけてもいる。喜界島の佐手久という所では朝早くから糸満の奥さんが魚を売りに来ていたと聞いた。カミアチネーにはヤトイグヮーの娘もきた。奥さんの場合は芋と交換もしたが、ヤトイグヮーの娘の場合は必ずお金と交換であったという。

アギャーの組についていった女たちは、奄美大島方面だけでなく、時には海外までいっている。マニラなどが有名で、糸満娘が十数人でかけただけで、それまで無秩序だった魚市場が魚の値段も安定したという。

アギャーについて行くのは責任者の奥さんや船頭の奥さんがついていった。そういう人がいない時は希望者がついていった。そこで、八隻の舟のでる団体であれば約八人の女がついていった。

上原ハツさんの場合は二十歳の時にミィトギィングヮー（団体の名）について宮古島に行っている。約六十名の団体で一緒に行った女は約五人であった。その時は二名の女は西里にいて、宮古島の魚の仲買人に魚を売り、三名は、来間島にいて、団体の炊事、洗濯の世話をした。そして二十日間交代で受け持ちを変わっていた。

宮古島の仲買人は全部男だった。三十名くらいはいたという。ハツさん達は給料は団体からはもらわなかった。宮古の仲買人に魚を売らせて、女五人分の手間賃をとった。だからここでは魚を売ることはなかったという。仲買いのいる島ではこのように卸商的な商いをしているのである。しかし、一般にはやはり売り歩くことが多かったようだ。

そのカミアチネーの利益は団体に参加している若い漁師よりは多かった。さて、昔は、そうしてもうけた金は夫には渡さないで自分で持っていた。夫のとってきた魚を売っても手間賃は別にとった。それを女のワタクサーといった。私のものの意味である。

ワタクサーはもう戦前には少なかったという。が、上原ハツさんより年上の人は、夫婦でもそのようにお金を分けて所有していたという。女はそのお金は生活費にはつかわなかった。生活費は一切男がだした。そして子供が嫁に行く場合にはそのワタクサーからだしたという。いつまでも財布が別だったかというと、そういう人もいたが、夫の父母が失くなると財布を一緒にする人も多かったという。どうしてそのような別財産制が生まれたのだろう。夫が荒海で働く危険な漁師であったからと、よくいわれるが、果してそれだけなのだろうか？

国内の出稼ぎ漁

ウキ（網の浮子）

数年前、島根県美保関神社に詣でた時、その境内に数隻の地元の船にまじって一隻の丸木サバニが保管されているのを見たことがあった。島根に出稼ぎ漁に来た糸満漁師の残していった舟だった。

また、最近まで十島《としま》村の平島に住んでいた稲垣尚友氏からは、島にはイチョマンメガネなる水中眼鏡が伝わっていることを話してくれた。イチョマンとは糸満のことで、イチョマンメガネとはミーカガンのことだった。また島にはナガサイ漁という漁法もあるが、それも糸満のもたらした漁法であるという。奄美、沖縄の島々を歩いてみると、現在、漁の盛んな町は全て糸満漁師が寄留していた所だったことがわかる。奄美の名瀬や瀬戸内町、あるいは石垣などはその端的な例である。そして、そういう村や町で、糸満の漁法はその土地の人に受けつがれていった。奄美、沖縄で今も追込漁の残る島は全て糸満の伝えたものであった。

いったい糸満漁師はどこまで出掛けているのだろう。また、いったいそこでどのような生活をしたのだろう。私が糸満に興味を持ったのは、その出稼ぎ漁の話からだった。また、糸満が良く知られるようになったのも、この出稼ぎ漁の結果である。柳田國男著の『海南小記』には、糸満が、九州の五島列島や天草で漁をはじめると、それまで見たこともない魚が市場にでて、魚学者を驚かせた、とある。

イカ釣りの話を聞いた喜界島の上原文助さんからは、早町の塩道という部落には十数年前は沖縄町とよばれる一画があったことも聞いた。そしてその上原さんは喜界島の生まれだった。父親が大正二、三年に喜界島早町に寄留した時に生まれたのである。

喜界島の塩道には沖縄青年団というのもあった。青年団のできるだけ、多数の人がいたわけだ。サバニが四十隻以上はいたというから、四十家族以上の糸満人がいた。一軒に七〜八人として約三百人ぐらいはいたのであろう。家は自分で建てている人もいたし、また借りて住んでいる者もいた。上原さんのようにそこに長くなる者は畑も借りて芋やソラ豆を作っていた。

しかし、それほど多くいた糸満漁師も、今は早町には上原さんひとりしかいない。奄美の日本復帰の時に、ほぼ全員、糸満に帰ったからだ。上原さんに何故一緒に帰らなかったかと聞くと、上原さんは、帰るお金がなかったからですよ、と笑って言った。

糸満はどうして出稼ぎ漁を行なったのだろう。それはやはり魚の多い場所を求めてである。アギャーのように魚を根こそぎとってしまう漁では場所を変える必要があったし、また、トビウオのように廻遊性の魚を追って漁もした。そして漁の多い場所に当るとそこに寄留し、そこからまた旅にでた。喜界島の場合はトビウオやイカの釣れる期間がながく寄留する人も多かったのである。

トビウオを追った糸満漁師は奄美諸島の東海岸沿いに北上し、種子島まで漁に行っている。

喜界島の上原さんは言う。

「トビウオ漁に種子島まで行く者もありましたよ。旧正月すぎに出て行って二月末には喜界島に帰って来ていました。二月頃になると八丈島の方でトビウオがとれはじめ、値も安くなるから帰ってくるんです」

喜界島から種子島へはサバニを汽船に積んでいった。中にはリーシン（連船）といって、昼間は別々に走り、夜には互いの船を帆柱でつなぎあわせて行く舟もあった。しかし、これは、ごくまれであった。種子島と喜界島の間は距離も遠く、島もなく、かつ波の荒い十島灘が控えた難所だったからだ。

汽船で種子島の東海岸の熊野まで行き、そこからはサバニでトビウオをとりつつ北上した。熊野の北にある大塩屋という村は、元は家もない塩浜であったところに、このような糸満が仮屋をたてて漁をし、できた村だ。今、大塩屋には十軒の家があるが、糸満の人や、糸満の漁についてきた、奄美の人が住んでいる。更にその北の浅川も糸満がやって来た村である。

旅にでた場合は、海岸に帆かけて眠ることもあったが、毎年訪れる場所では、民家を借りて泊った。宮古の狩俣では毎年秋から春にかけ訪れる糸満漁師のために、村で仮小屋を建てて貸していたという。

種子島の浅川では、前に書いた山入端さんは民家の物置を借りて泊っている。行くと喜んで貸してくれたという。毎日のように魚をあげるし、村で婚礼のある時は、とった魚を全部あげることもあった。そこで今年はいつ頃来ますか、早く来て下さい、と手紙が来たものらしい。

少し年のいった糸満漁師なら、誰からでもそのような豊かな旅での漁の話が聞ける。金城さんも、十七歳で奄美に漁にでて、そのまま壱岐・対馬、五島で漁をし、また、大正十二年には八重山の黒島の伊古部落に寄留している。当時、三十六世帯の糸満人が寄留し、漁を行なっていたという。伊古部落もまた糸満の寄留民によってひらかれた村なのである。

寄留する時は那覇の桟橋でたいへんな見送りを受けるのが常だったらしい。親類が集って、鐘や太鼓を鳴らして歌い、踊り見送った。まるで永遠の別れのような騒ぎであったという。

さて、そのように旅漁にでたり、寄留して漁を行なった村は数えきれない。奄美ではほぼ全島に寄留している。沖縄本島でも本部《もとぶ》の浜崎等寄留地は多い。本島の離島でも、私の知っているだけで久米島、伊平屋島、伊是名《いぜな》島、津堅《つけん》島、慶良間列島がある。まだ他にも多いはずだ。宮古では、猪俣や池間島、平良、八重山では石垣の四箇（今の石垣市）、黒島、西表島、小浜島、与那国島等がある。

その寄留地から旅に出て漁をする。単に漁に歩いたところとなると、これはもう絶望的に数えきれない。奄美、沖縄に関する限り、海のあるところ糸満は漁を行なったといった方がいい。内地での漁は圧倒的に壱岐対馬、五島が多かった。そこはイサギの好漁場であった。地元の漁民から漁場を借り、五島では地元に二分、団体に八分だったという。また、高知では地元四分、団体六分だった。他にも熊本の天草、福岡、山口、島根、千葉、三宅島、伊豆大島、八丈島、等に出漁している。

必ずしも追込漁だけで行ったのではなく、八丈島や三宅島にはテングサなどもとりに行ったという。

でも、いつ頃からこのような出稼漁がはじまったのだろう。沖縄本島や各離島の漁は別にすると、八重山へは明治十五年に、二人の糸満漁師が石垣に来て、漁を行なったのが最初だという。奄美諸島の場合は、石垣島より、島伝いに楽にゆけるから、きっとそれ以前、おそらく江戸時代には行なっていたものであろう。

本土での漁は明治末であるという。明治三十七年に追込漁が天草に出掛けた記録があるらしい。私が直接聞いたもっとも古い話は、喜界島で会った上原芳男さんという人の父（明治二十二年生）が、物心ついた時には内地に出稼ぎがあったという。また、その人の追込漁を始めた最初の年で、長崎、島根、山口を廻って漁をしたというから、仮に十五～十七歳で漁をはじめたとしても、明治三十七～九年頃のことになる。

海外の出稼ぎ漁

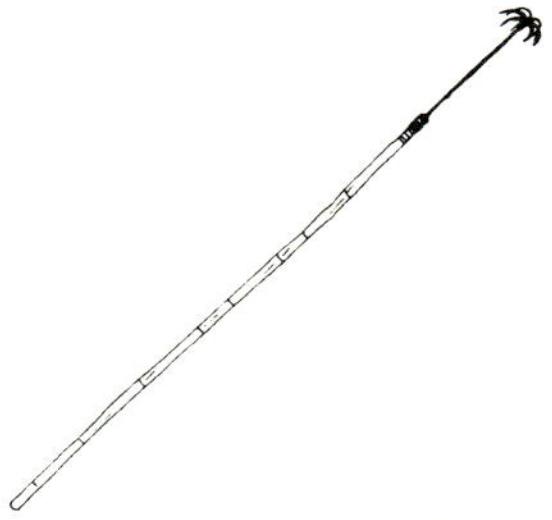
イカカキヤー

海外で漁に従事した者も多い。糸満で最初に会って話上原万助さんも金城亀一さんも二人とも行っている。

上原万助さんは大正時代末から終戦までの二十年間をシンガポールやジャワ島で、追込漁をしている。万助さんのおじさんがシンガポールに行っていて誘われて行ったのだという。

シンガポールでは約七十名の団体がいて、支那人の家を借りて住んでいた。

「漁には、着いて五日目に出ました。漁場はシンガポールから二晩くらい機械船で走った海域でした。ビリトン、アナンバスといった島の周囲です。スマトラ、バタビヤ、セレベス方面にも行きました」

「漁は多かったですよ。一回網を入れると何千ギンという魚がとれました。魚が多かったのです。漁は魚を捜すことから始まるのですが、水がにごっていると魚が見えません。それでも私も慣れて来て、潜って耳をたてて魚の泳ぐ音を聞いただけで、だいたい何千ギンの魚がいるかわかったものです」

「でも、つらい労働だったですよ。一回海にでると十一ヶ月間は海の上ですから。休みは年に一ヶ月です。その時はじめてシンガポールで休養できるだけです」

上原さんは一六三センチの私よりぐんと小柄な人だ。その人のどこに、年に十一ヶ月間も海で寝とまりするエネルギーがあるのだろう。

「シンガポールに行ったのは沖縄で漁をするより、もうかったからです。沖縄では芋を食っていたのにシンガポールでは白米が食えました。配当も一ヶ年で五百円から七百円はありました。三百円あれば沖縄では瓦葺きの立派な家が建った時代のことです」

上原さんは二十七歳の時に一時沖縄に帰り結婚する。しかし子供ができると再びシンガポールに出掛ける。そして帰国するまでの間、奥さんは魚売りをしながら子供を育てる。家族に会いたくなかったかと聞くと
「十九歳で行ったといっても、まだ子供でしたから、父や母のことがしのばれることもありました」

と、言って上原さんは笑った。いかにも人間味のある言葉であった。

金城亀一さんは大正十三年（一九二四）に、インドネシアのセレベス島にでかけている。高瀬貝をとるつもりで六名で行ったが、セレベスはニューギニア方面の貝の集荷地で、まるで貝はいなかった。そこでエビをとっているうちにアカムロの群を見つけた。これは追込漁をやった方がいいと、早速、沖縄から仲間を呼び、終戦までセレベス島ですごす。トワン金城（金城だんな）といえば、セレベスでは知らぬ者も少なかったという。

「セレベスの土人はいい人たちだったですねえ。戦争がなければ妻も子も呼んで永住しようかと思っていました」

と、金城さんは言う。

喜界島で会った名瀬の糸満漁師、上原茂男さんは昭和十一年（一九三六）にマニラに行った。マニラには追込漁の組合が二十数組いたという。また、フィリピンの新南群島では、二十数名が手をつなげばまわせるような小さな島に四組合の追込漁の団体がいるのも見ている。彼

らは木も草もないその島の真中を掘って、塩まじりの水を飲んで暮していたという。

海外への出漁は明治四十年（一九〇七）頃には既に行なわれている。沖縄県史移民編によれば、明治四十一年に、金城某が追込漁で渡行したとある。

また、上原万助さんが大正時代末にシンガポールへ行った時、既に二十年ぐらい前から来ている人がいた、というから、シンガポールでも明治末から大正初期にかけてであろう。県史には、大正元年（一九一二）に二十五名の沖縄漁師が進出したとあるから、上原さんの会った人は、その最初の人かも知れない。

内南洋と呼ばれたミクロネシア（グアム、サイパン、ヤップ等）には大正四年に玉城松栄一行十七名が、サイパンで初めて追込漁を行なっている（県史）。

いったいどれほどの人が、どの国で漁を行なっていたのだろう。多年、かつ多岐にわたっているため、その人数はつかみにくい。そこで県史により、昭和十年の糸満への送金者数を見てみる。

ハワイ＝一三二名、ブラジル＝一〇九名、アルゼンチン＝四名、メキシコ＝二一名、フィリピン＝四一四名、シンガポール＝五七一名、ボルネオ＝五五名、セレベス＝六九名、バタビア＝十六名、スマトラ＝二六名、キューバ＝二五名、フランス四名。

計一四四五名。ハワイ、ブラジル、アルゼンチン、フランス、キューバ等は農業移民であったと思えるから、それを省くと約一二〇〇名になる。この統計には内南洋は含まれず、かつ、統計が送金者数で、当然送金をしていなかった者もあるだろうから、実際は二千名内外の糸満漁師が海外にいたのではないだろうか。

この他に、金城さんからは地中海に魚をとりに行ったグループもあったことや、書物では、アフリカのザンジバルにサバニがあった、という記録も見た。しかし、これはあくまでもたまたま少人数で出掛けたのであり、海外漁の主たる動きではない。統計でみるかぎり、やはり東南アジアまでが糸満の活動範囲であっただろう。

それにしても、糸満をかように海外に向かわせたものは何であろう。アギャーの発展と、貝の需要に応じて、奄美、沖縄の海では手ぜまになり、より魚のとれる、金になる海を求めてであったのだろう。

しかし金城さんや上原万助さんのように二十年も家族と離れて暮すのは並ではない。また、上原さんのように海上で十一ヶ月を暮す生活や、小さな島に寄居し、塩水を飲んで暮すのは、私には考えられぬことだ。例え、それが金になってもである。

上原さんも金城さんも、海外にいる間は妻が魚を売り、トウフを売って子供を育てたという。糸満の女は経済力もあったし、身持も固かった。男もまたそれで安心して漁に専念できた。厳しい漁が育くんだ意志の強さもあろうが、その半分は妻たちが支えていたのであろう。

金城さんも上原さんも小柄で優しい顔をしていた。その小柄な体内には、私のはかり知れぬエネルギーがひそんでいるような気がした。

追込漁の残る島

追込漁を初めて見たのは宮古島平良《ひらら》の沖合にある伊良部島の佐良浜に立寄った昨年（昭和五十二年）の十二月末だ。そろそろ沖縄の旅も終りに近づいた頃だった。沖縄随一の鰹漁の島と聞いて訪れ、偶然にも佐良浜に未だ本格的な追込漁があるのを知った。

奄美、沖縄の旅の中で、追込漁の残る島はある程度知ることはできた。北からゆくと喜界島荒木、奄美大島瀬戸内町、与論島、沖縄では伊是名島、伊平屋島、本部半島の浜崎、津堅島、石垣島、更にこの佐良浜である。いずれも私の日程の都合で訪れることが不可能であったり、また訪れても時化が続いて短い滞在の間には見ることができなかった。しかも話で聞く限り、今残っている島のアギャー漁は昔に比べると小規模になっているという。それが佐良浜では参加する船十一隻、人員約八十名という昔の規模のアギャーが残っているのである。最後の、しかし最高のチャンスが訪れたのである。

早朝五時半のまだ暗い浜でアギャーの漁師を待った。やがて集って来た漁師のひとりに声をかけると、意外にもあっさりと参加を許してくれた。

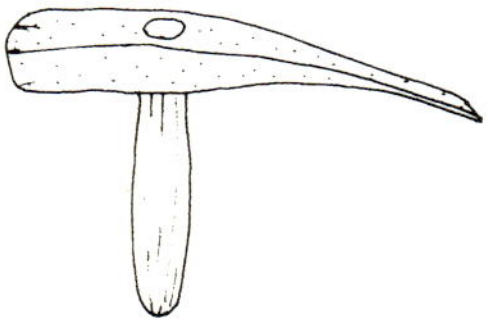

ハンマー（シャコ貝採取用）

サバニは岩壁に干してあった網をとり入れ次々に海にでてゆく。一隻一隻の出る時間の間隔はかなり離れている。今日の漁場は既に打ち合わせ済みなのだろう。私の乗った七人乗組のサバニが港をでたのは、およそ七時ぐらいであった。時化模様で波が高く、乗組員に借りたカッパはたちまちびしょぬれになった。

サバニはまず池間島に寄った。二人の漁師が海岸におり、アダン葉を切って持ってくる。追込み用のスルシカー（一五一頁図）に用いるのであろう。

最初の漁場は池間島の北側の八重干瀬《やえびし》リーフだった。八重干瀬は宮古島がすっぽり入る巨大なリーフだという。漁場に着くとサバニは次々に錨を入れ、作業が始まる。フクロ網を入れる船、垣網を入れる船、海に飛びこんだ者を集めてまわる船、見ていても実に手際良く行なわれている。互いの仕事の分担が決っていて、また、どの位置に網を入れ、どの方向から追込むか熟知しているのである。

網は約三十分で張り終った。昔はもっと時間がかかったが今は船上のポンプから送られる空気を吸っての作業だから手早い。しかし潜水病の危険は増えたらしい。サバニを袋網の後方につなぐと、全員が二隻の船にわかれて乗った。そして各々の垣網の端から走りだし二十メートル間隔で人を海におろしていく。できた人の輪は長径六〜七百メートル、短径二〜三百メートルの巨大な長円型だった。その輪を徐々にせばめることで、魚を袋網まで追ってくるのである。

網までは三十分ばかりで帰ってきた。二隻のサバニで袋網があげられる。体長十センチほどのグルクンがとれ

追込漁から帰る。宮古・伊良部島

ている。しかし一隻のサバニの胴の半分満たしたほどの不漁であった。追込みは潮の流れに沿って行なう。しかし、この時は追込んでいる間に潮の流れが変わり、泳ぐのも難しく、追込みに失敗したという。

グルクンの最も良い漁期は旧二月～四月らしい。グルクンが卵を持ち脂も乗って肥えているからだ。一回の網で二～三千斤が楽にとれるという。

この日は漁場を移して三回網を入れた。時間を経るにつれ波は益々高くなり、三回目の網をあげた頃は隣りの船に移るのも困難になった。それでも三度目の網ではようやく千斤（六百キロ）のグルクンやアカムロがとれた。波が高くいつもの漁場に行けなかったのが不漁の原因だという。

大半の魚は今は宮古から那覇の市場に空輸される。残りは佐良浜で、島に二十人ばかりいる仲買いのおばさん達によってさばかれるという。

佐良浜のアギャー漁は約六十年前、大正末頃に、漢那計徳さん（明治三十三年生）が始めたという。漢那計徳さんは若い頃、糸満のマンクーという人について漁を覚えた。マンクーという人は五～六十名の部下を連れて毎年秋から春にかけて宮古島に漁に来ていたという。

この話を糸満に帰って、カミアチネーの話を聞いた上原ハツさんに話すと、ハツさんは、

「私はそのマンクーさんを知っているよ。玉城のおじいさんさ。今生きておれば九十歳ぐらいになるね」

と、さも楽しげな声をあげた。ハツさんの夫の兄さんだったのである。

ところで、糸満ですたれた本格的な追込漁がなぜ佐良浜では生き続けているのだろう。それは鰹漁と無縁でなさそうだ。佐良浜の鰹漁は南方漁といって約二十五隻の鰹船がソロモン諸島やニューギニアにでている。それとは別に与那国近海でソーダガツオをとる鰹船も七～八隻

いる。ソーダガツオの時期は夏で、餌にはグルクンの稚魚が良い。鰹漁の時期には今アギャーに参加している船の何隻かが鰹船に専属となって漁をするという。

また、好漁場を控えていたのも見逃がせない。上原ハツさんは次のような歌を教えてくれた。

「八重干瀬《エービシ》ニ出《イジ》チェー魚《イユ》トラネバムリミー遊郭《ズリュウバ》が夫《サトメー》、夜《ユ》バネームリミー」

八重干瀬リーフに漁に出た夫は魚をとらないでは帰って来ない、遊郭に遊びに行った夫は、夜が明けないと帰ってこない。つまり八重干瀬では必ず漁があるということだ。

アギャー漁といい、サバニの帰ってくるのを日がな浜で待ちうける仲買いのおばさん達といい、佐良浜には、本場の糸満で見られなくなった風景が残っている。一瞬何十年かの昔を眼のあたりにしたようで、佐良浜での一日は楽しかった。

八重山の漁師と共に

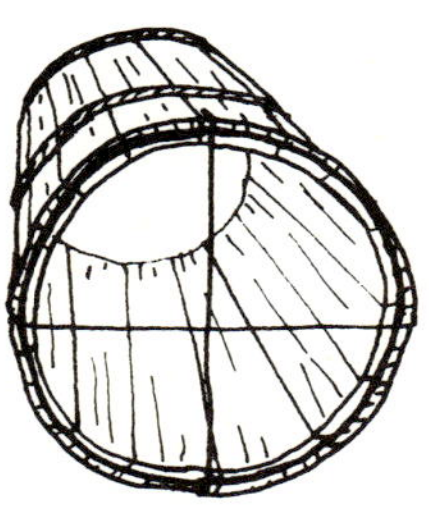

タマウーキ（海底を見る道具）

石垣島を訪ねたのも十二月である。石垣では登野城《とのしろ》と新栄町に漁師が多い。新栄町は海を埋め立てて約十年前に生まれた町である。漁港も作り、新川、石垣地区に住んでいた漁師が移り住んでいる。

石垣島では新栄町に住むマチデェグヮーの金城正松さんに追込漁の一種チナカケー漁に連れていっていただいた。

マチデェグヮーとは金城さんの屋号である。糸満では金城、玉城、上原、大城等の同じ名前が多い。名前を言ってもわからないが屋号やあだ名をいえば直ぐわかる。あだ名がそのまま屋号になった人もいるという。

あだ名はなかなか面白い。個々人の特徴を良く映してつけられている。目の小さい人にはミィグヮーという名がついた。ミィは目でグヮーは小さいの意味である。そのようにして、頭にハゲのある人はカンパチャー、出目の人はミィンタマアー、デコの出た人はガッパヤーというあだ名をもらう。付けられた当人はありがたい名前ではなかろうが、それで済んでしまうのは、南の人の心がおおらかなのだろう。ちなみに金城正松さんはマチデェグヮーのナガーという。背が高いからである。

漁には朝の八時に出た。漁場は小浜島と石垣の中間の浅いリーフの上であった。漁場ではまず泳いで魚群を捜す。その後に網を入れる。網を張ると垣網の端と結んだ数百尋の長さの縄を二隻のサバニで遠巻きにまわし、徐々にしぼってくる。魚はその縄に追われて袋網の前に集ってくる。最後に全員（といっても総勢五人だった）が海に飛びこみ、魚を袋網に追い込んで網をあげる。網を張ってからおよそ二時間の漁であった。タマンやクチナギという高級魚がとれていた。

漁のあとは正松さんの叔父さんにあたる正三郎さん（大正元年生）に昔の漁の話を聞いた。正三郎さんは生れて間もない頃、父に連れられて石垣島に来たという。アギャー漁をするつもりで来たが、八重山の海はリーフが多くて浅くチナカケー漁に適していた。そこでチナカケー漁を始め今日にいたっているらしい。正三郎さんも高等小学校を出ると直ぐ漁に出た。その頃の石垣にはチナカケーの組合が二〜三組、アギャーの網も二〜三組あったという。

今の漁は昔にくらべるとずっと楽だという。昔の縄はアダン葉を編んだ縄で重たかった。それをエンジンの無い船で曳っぱりまわさねばならなかった。また今日のように漁港がないため、何百メートルも先に船を付け、重い縄を家に運ばねばならなかった。一日海に入って漁をした身にはぐんとこたえたという。

石垣島では採貝漁もまだ見ることができる。石垣島の採貝漁は戦後六〜七年までは盛んだった。その頃、糸満と石垣の漁師約六〇名が団体を組んでビルマに高瀬貝を採りに行った。しかしビルマの高瀬貝は採り尽くされていた。そこでアンダマン諸島まで足をのばした。が、そこも採り尽くされていた。アンダマンの人は糸満のミーカガンと、まるで同じ水中眼鏡を用いていたという。結局、大損をして一年ほどで引き揚げてきた。その後、一本釣漁に転向する漁師が増えたという。現在は採貝漁中心の漁師はおよそ三十五名いる。

今の採貝漁はギラ（シャコ貝）が中心である。高瀬貝や夜光貝は見つけると採るが、値が安くひきあわないという。ギラには数十種類ある。主に採るのはニィグヮーギラという小さなシャコ貝である。岩の中に入りこんでいるのをハンマーで割って採る。生のまま酢につけて食べてもうまいし、塩辛にしてもうまい。値も高くキロ当り二〜三千円で売れる。潜りには昔ながらの素潜り漁師もいれば、潜水具を用いる者もいる。

その採貝漁の現場を見たかった。素人を海に同行するのを避けているのを知りつつ、登野城に住む大城政一さんを拝みたおした。十一月から二月にかけての八重山の海は荒れる。十日に一度漁に出られれば良いほうだ。十日に一度の漁であれば、一日で十日分の稼ぎをあげねばならぬ。世話のかかる素人を海に連れて行きたくないのも当然である。

大城政一さんは小柄でイガグリ頭の人だ。また目玉もギョロリと大きい。しかしどことなく愛らしい。あだ名を付けるとすればミィンタマーということになろう。約束をとりつけてからは何日間も、早朝の浜で大城さんを待った。五日目にようやく海がないだ時は、さすがに私も嬉しかった。

大城さんは三日間ほど西表島方面の旅に出るという。そこで適当な時に最寄りの島につけてもらう約束で船に乗った。

最初の漁場は西表《いりおもて》島の南風《はえ》見崎沖合だった。漁のいでたちは、ウェットスーツに足ヒレ、手にはハンマー、それにカゴを乗せたタイヤを縄で腰に結わえて、といった具合だった。

三日間の旅ではどんな準備をしているのか。大城さんが潜っている間に船の中を調べてみた。

食料類ではカップヌードル八個、弁当一箱、パン数個、

夕暮れ近い石垣島の登野城港

追込漁でとった魚を夕べの泡盛の肴におろす漁夫

牛乳、玄米乳、焼酒（瑞泉五合ビン）、ネクター各一本、グロモント三本、塩、米、酢、ショウ油少々等。漁具は、ウーギン（モリ）二本、ウェットスーツ二着、スノーケル二本、水中眼鏡二個、ハンマー二本、鉛ベルト二本、バーキ（カゴ）一個、タイヤ一本、曳き縄具一セット等々。その他に着替の衣類、マッチ、ヤカン、栓ぬき、燃料用アルコール、重油などもあった。

食料は戦前はサツマイモをにぎった芋ニギリだったというが、今時そんなものを食べる人はいない。カップヌードルの手軽さが好まれている。飲物が多いのは潮水で喉が乾くためであろう。ウーギンや釣具は採貝の合間に甲イカや魚を見つけるととるためのもの。潜りといってもシャコ貝だけをとっているのではない。

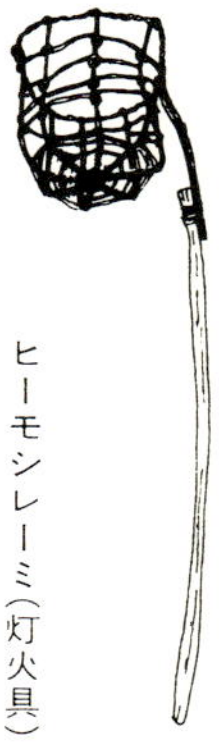

ヒーモシレーミ（灯火具）

一時間も潜ると腰に結えたバーキは満杯になった。カップヌードルの昼食のあと、西表島大原まで送ってくれた。次は新城島付近で潜るという大城さんには逆方向なのだが、私が石垣島に帰るに最も便利な村に船を付けてくれたのである。ミィンタマーさん、ありがとう。

奄美、沖縄の旅は楽しかった。海も空も出合った人の心も明るくなごやかであった。特に八重山の登野城での浜の夕暮は忘れられない。落陽に燃える紅の空が、徐々にダークブルーの空へと沈んでゆく頃、浜は夫の帰りを待つ漁師の妻でいっぱいになった。ただじっと海の彼方を見つめるその婦人たちは、私には愛しい人を待つ若い恋人のように感じられた。やがて低いジーゼルの音が浜に伝わってくると、浜は急に活気に満ちた。潮焼けの赤い髪を乱した漁師が次々に獲物をその妻に渡してゆく。その姿はたくましく、むつまじく、また、それ故にこそ美しくもあった。互いが助けあうことで成りたつ夫婦の姿と、本当の漁師らしい漁師の姿を、そこに見た気がした。

久米島の仲里村真謝。木立ちの深い集落で、家はほとんどが瓦葺きだが、村の入口あたりに茅葺きの家が残っていた。宮本は、福木の屋敷林（219頁）が伐られるという噂を聞いたと記し、〈私はそれを身をきられるようにつらく思う〉と書いている。

宮本常一が撮った

写真は語る

沖縄県・本島と周辺の島

六二歳の宮本常一は、沖縄離島振興協議会から講演を頼まれ、昭和四四年（一九六九）九月二七日に初めて沖縄を訪れた。足かけ六日の滞在だったが、その間に本島内はもとより、久米《くめ》島、津堅《つけん》島、浜比嘉《はまひが》島、伊江《いえ》島をまわった。祖国復帰（といっていた）前の沖縄の交通の便を考えると、これはすさまじい旅だといってもよい。

このときの沖縄の旅をまとめた『私の日本地図』の初めに、〈わずか六日間の体験で、いったい沖縄について何を語ることができるかということになる。にもかかわらず、私は何かを語らなければならないことを感ずる〉と記している。

『私の日本地図』沖縄の刊行は翌昭和四五年である。須藤がこの本のことを、たまたま出会った当時の沖縄県教育庁文化課専門員の人に話すと、「たった六日間で沖縄の何がわかるか」といった。須藤は悲しい気持ちで口をつぐむしかなかった。

宮本常一が訪れたとき沖縄は米国が統治し、沖縄に渡るにはパスポートが必要だった。沖縄の人々の生活にもその米国の影響があった。宮本常一はその姿を含めて、沖縄の人々の日々の生活を写真に納めている。

日本人の生活史を研究するたいていの人が、沖縄に強い関心を持っている。宮本常一も柳田國男の書誌や師の澁澤敬三の話を通じて、若いときから沖縄を学んでいた。宮本常一が沖縄に行くのは一回だけだが、もし復帰後も行っていたら、新たな発見があったことだろう。

この一巻に掲載した「沖縄」、「八重山」の執筆者の植松明石は、パスポートを必要としたときから幾度も沖縄に足を運んでいる。沖縄の祖国復帰は、宮本常一が訪れた三年後の昭和四七年（一九七二）五月で、簡単に渡れるようになった沖縄には、観文研の者もよく行った。

須藤は復帰二ヶ月後に沖縄に渡った。その印象は、幼い日に過ごした故郷（秋田県）にもどったような感じだった。また沖縄の郵便局で百円を出すと、釣銭がいくらか教えてくれといった。復帰前の通貨は米ドルだったが、復帰して変わった日本円にはまだなれていなかった。

津堅島の民家。赤瓦葺屋根にシーサー（魔除け唐獅子）をおいている。宮本の関心はヒンプンと呼ぶ、手前の目隠しの塀にあったようだ。石垣造りもあって、ヒンプンそのものは珍しいものではないが、この板片を編んだヒンプンは他ではあまり見ない。

浜比嘉島の「上之川」と呼ぶ湧水。比嘉集落の山下にあって、比嘉集落はこの湧水を中心に発達したらしい。またここは女たちの楽しい場所でもある、と宮本は記している。

このサバニは津堅島で撮ったが、浜比嘉島で撮った写真に宮本は、〈快適快走〉と写真説明をつけている。漁船のサバニは耐浪性があり、エンジンをつけるとかなりの速度で走る。

浜比嘉島の兼久集落の浜に船を着けて上陸すると、4～5人ぐらいずつ群れて作業をしている。近寄ってみると、ウニを割って実を取っている。このあたりのウニは大きい。宮本はもらって食べたが、〈実にうまい〉と記している。

宮本常一は『私の日本地図』沖縄の最後に、「沖縄雑感」としてつぎのように書いている。

〈私の旅は民俗をしらべるためのものではなかった。それには時間が短すぎた。短いから何も見えなかったというのであればそれは言いのがれにしかならない。私は私なりに見たのである。そして私の見たものをここに書いた。そして沖縄人の本土復帰の悲願に本土人がどのようにこたえるかについて考えたのである。それが如何にむずかしいものであるかを痛感する〉

（中略）

〈沖縄には古い日本の姿がある。すでに本土でうしなわれた過去がここには生きている。それはその通りであろうが、過去そのままではなかった。その古い部分はこれからの島々に生きてゆく手段として方法として必要であったのである。古き中にのみいたのではなかった。新しいものを次々に取入れている〉

（写真説明は『私の日本地図』沖縄を参照して記した）

伊江島の待合室に頭上運搬でくる女の人。頭上運搬は全国に見られたが、沖縄では近年までつづいた。

米国との沖縄返還交渉は、国民の声を無視したものであるとして、交渉にあたる佐藤首相の訪米を阻止しようという運動が全国で起きた。沖縄では特にはげしかった。

久米島の大原開墾地に行くと、開墾85周年の祝賀会が開かれていた。宮本は茣座《ござ》の端を開けてもらって座り、舞台の踊りを見た。大勢の見物客は最後のエイサーを待っていた。そのエイサーが始まると、この日の喜びを重ねるかのように会場はわき立った。

久米島―ふるさと再見

文・写真　上江洲均
写真　工藤員功

集落の人々が木の下に集う稲大祭の日。仲里村儀間
昭和48年（1973）8月　撮影・須藤　功

旧正月十六日の墓参

半年ぶりの帰省　半年ぶりの帰省である。二月中旬、その日は旧暦一月十五日に当っており、昔風にいえば〝小正月〟の日である。久米島では、〝十日五日《トカイツカ》〟といい、現在では、ご飯や料理をのせたお膳を一対霊前にお供えするほかは、行事らしい行事もない。私が帰省したのはそのことではなく、翌日の〝十六日《ジュールクニチ》〟のための墓掃除が目的であった。

久米島空港から商店がある仲泊《なかどまり》へ向かい、ソバで腹ごしらえすることにした。最近は殊更に〝沖縄ソバ〟というが、それは〝日本ソバ〟との材料のちがいを示すためであろう。沖縄ソバは、中華麺の系統をひくもので、どちらかというと平たい感じである。とくに久米島のソバは手打ちで、評判がいい。豚骨でだしをとり、上部にのせる豚肉などの材料により、ソバ、野菜ソバ、ソーキソバなどに分けられる。久米島の野菜ソバは、野菜いためを上にのせたもので、ふつうチャンプルーという。〝長崎チャンポン〟のチャンポンと語源がどうも一つらしい。

満腹したところで、村はずれにある墓地に向かった。沿道に植えこんだハイビスカスの花を数本とって、墓前に飾ることにした。ハイビスカスといえば、きこえはよ

美しい海と空の間に浮かぶ久米島

いが、この仲間の在来種は〝仏桑華《ぶっそうげ》〟であり、沖縄では「後生花《ごしょうばな》」というから、墓前には相応しい花といえる。その日は、珍しく初夏を思わせる好天であった。

久米島の墓　わが家の墓は、藪の中に一三〇坪ばかりの敷地をとって、丘を背に造られている。切石積みで、形式は破風墓《ハーフーバカ》と呼ばれるものである。明治二十年代の建造というから、もう九十年余になる。四年前兄の骨を那覇から移したとき、墓室に入って見たら、屋根の石組みは立派なアーチでできていた。亀甲墓《かめこうばか》も内部はこれと全く同じである。

筆者の家の破風墓

　アーチのことを沖縄では〝マチ〟という。城郭のアーチ門や石橋を造った石工の技術は、墓造りにも応用され、とくに明治以後は、それが庶民レベルまで普及するのである。

　墓造りの石工は、十八世紀ごろは那覇から招いていたが、のちには島の石工もその技術を学びとっており、わが家の墓も島大工の造ったものであった。粗割りした石を村中の人で引き寄せ、それから細工して積み上げるのである。

　分家すると、まず家を造りそれから墓を造るのが久米島で一般に考えられた順序である。その際、住居は粗末でも造らなければ暮らせないから、とりあえずは掘立小屋でも立てればよいが、墓はそうはいかない。家のように造りなおすということは簡単にできるものではなく、最初からある程度の大きさで造っておかなければならない。そのため親から子へ、子から孫へと遺言され、何代かのちにやっと一家の墓ができ上がったという例もある。その間の墓は、〝仮墓〟となるわけだ。

　しかし、久米島でもすべてがそのように〝家〟を中心にした墓だったわけではない。大きな洞穴の入口などを利用した共同墓は、古い村単位の墓、すなわち〝村墓《むらばか》〟の名残りである。具志川《ぐしかわ》村の久間地《くまじ》の西方にあるヤッチ洞穴の墓などは、その代表的なもので、明治以後も利用された。そこは、怖い話がたくさんのこっている所で、家単位の墓から見れば、まさに〝死者の街〟の観を呈している。

十六日の行事　半年前の帰省も墓掃除が目的であった。旧暦七月七日の七夕の墓掃除である。七夕には、墓掃除をし「ご先祖様どうぞ十三日の盆行事には家へお戻りください」と案内をかける日である。奄美諸島では、十三日に墓掃除をして先祖の霊を迎え、十五日には墓までお送りをするが、沖縄にはそのような風習はほとんどない。盆行事中の墓参はむしろ忌まれている。

旧正月十六日は、一般に前日に墓掃除をしておいて、この日は料理をもって家族全員でお参りする慣わしである。この行事は沖縄各地はもちろんのこと、隣県の奄美諸島でも盛んである。奄美では〝浜正月〟の呼び名があるが、沖縄では〝後生《ごしょう》の正月〟ともいう。宮古や八重山はとくにこの行事を大事にしている。首里や那覇では十八世紀中期に中国から〝清明祭《せいめいさい》〟が入るにおよんで、正月十六日の行事は逆に廃れていった。清明祭は、中国で春の清明節に墓参し、先祖の霊をなぐさめる行事にならったもので、気候もよく、遊山気分にひたることができる行事である。だが、本来十六日祭は、かなりの広がりをもった行事であった。

女たちは、前日深夜まで起きて料理づくりにはげむ。那覇からは、日帰りで墓参に出かける者も少なくない。だから飛行機の予約はすぐに満席になってしまう。帰省客は、正月元旦よりも多く、旧盆に匹敵するという。

さて、墓地に着いてみると、半年で草はのび放題である。沖縄の冬は、草が枯れることもない。ススキやチガ

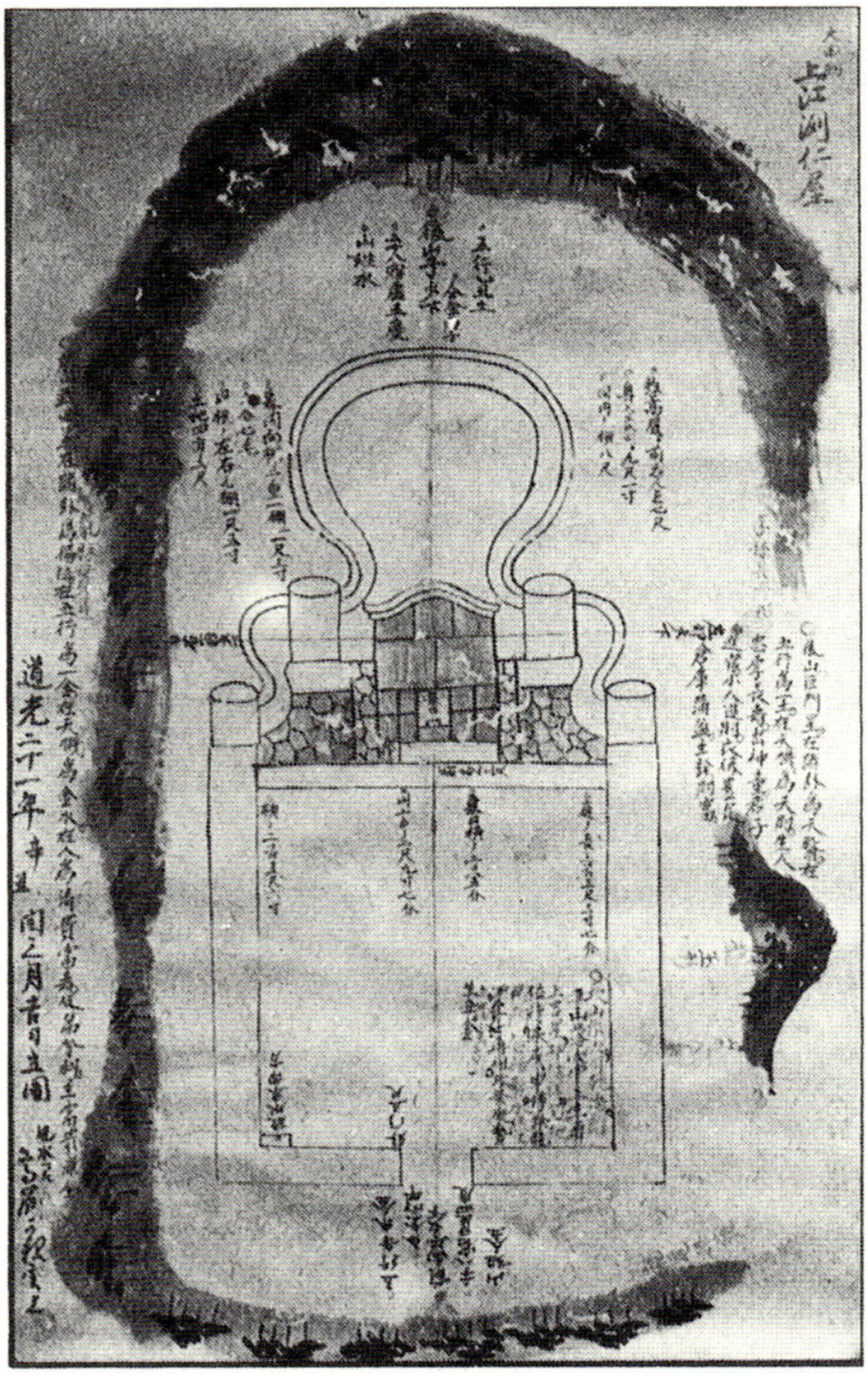

墓所の善悪を見る風水師の書いた亀甲墓の絵図。天保2年(1831)西銘上江洲家蔵

筆者の親戚の十六日祭

ヤが腰の高さまで伸びている。それらの草を墓の屋根や墓前（庭という）でくまなく刈り終えると、あとは那覇から携帯した果物や菓子や酒（泡盛）を供え、線香をともして責任を果たした。

わが家の移転　私の家は、具志川村西銘《にしめ》の上江洲《うえず》家の分家の一つであるが、二十年前、屋敷も田畑も墓もそのままにして那覇へ移った。今で思えば過疎化のはじまりであった。それは、私たち兄弟四人とも沖縄本島へ出ているし、しかも両親が年老いていて、これ以上農業をつづけることができなかったからである。

その年は、夏に長い干ばつがつづき、稲作ができなくなったうえ、飲料水の確保にさえ困難した年であった。この大干ばつで農業への自信を失なう者も少なくなかった。しかも、夏休みの子どもたちを大勢乗せた久米島航路のみどり丸が、那覇港外で三角波を受けて沈没した。この事故で、百名余の死者・行方不明者を出した。

当時私は那覇からバスで四、五十分行った中部の中学教師をしていたが、このみどり丸沈没事故のあと帰省し、先祖の三十三年忌の法要などをすませたうえで、家をたたんだのであった。

いつしか〝現世の正月〟に　その夜、つまり〝十日五日〟の夜は従兄を訪ね、足手引《アシテビチ》料理に舌鼓を打った。足手引は、豚足をぶつ切りにし、大根や昆布といっしょに煮こんだ料理である。那覇から帰って来たこの家の若い長男夫婦も加わり、酒（泡盛）を汲みかわし、民宿へ引きあげたのは十二時もまわってからであった。

翌十六日の朝は、昨夜の酒が効いて、すっかり朝寝坊をしてしまった。風の音に驚いて戸外を見ると、昨日とはうって変わって大変な悪天候である。強い西風が吹き、南北に走る空港の滑走路では、飛行機の発着が不可能になる。朝の便は、久米島の上空まで来て、そのまま那覇へ引き返してしまった。結局、この日は六便全便欠航であった。

ところが、おもしろいことに、久米島フェリーは、風雨の中を四時間以上もかけて入港した。終戦後は、米軍払下げの上陸用舟艇で往復したことからの出発であったが、一千トンクラスのカーフェリーとなった現在では、時として飛行機より便利なこともある。

この日は学校も振り替え休日である。村役場も職員のほとんどが年休行使で、実質的に休業である。商店街もまた同様であった。

あとでわかったことであるが、この日那覇から帰れなかった離島の人たちが、那覇港はずれの三重城《みえぐしく》で、先祖まつりを行なう姿がいつもの年より多く見られた、と新聞は報じていた。

現在はそれほどではないが、野性の花や山桜や庭の紫蘭の花などを墓前に供えている。子どものころ、前の日山から白いサクラツツジの花をとって来たり、青竹をとって来ることを楽しみにしていたものだった。一対の花を近所の墓前や親戚の墓に供えあうのもむかしからの慣わしである。

ふつう自家の墓前には、二対の重箱を準備する。七寸か八寸の重箱に赤飯と料理である。料理は、肉・かまぼこ・紅卵・魚てんぷら・昆布・花いかなどを七品または九品を詰める。墓前に莫蓙《ござ》を敷きつめ、三味線を弾いたり、カセットテープでめでたい音曲を流したりする。親戚が集ってごちそうを食べ、酒を飲み、それこそ〝後生の正月〟変じて〝現世の正月〟になってしまう。

　久米島の十六日祭は、こうして雨の中で、むかし通りに行なわれたのであった。

子どものころの思い出

那覇は〝赤〟かった　私の子どものころの記憶はほとんどが戦後である。しかし、ただ一度だけ那覇へ行ったときの記憶は、まだ五、六歳であったにもかかわらず、鮮明にのこっている。それは昭和十七年（一九四二）であったが、たまたま母が那覇の婦人科病院に入院したときのことである。末子の私は毎晩母恋しさに泣き、見かねた父が叔母に頼んで、病院の母のもとへ送ったのである。母は当時としては大手術であったが、三週間後には無事退院できた。病院の窓から見る那覇の街は、赤瓦の色が美しかった。戦時色が濃いころで、街には日の丸の小旗がはためいていたり、衣料や食糧品の切符をもった人の列ができていたりした。久米島から出たばかりのいなか育ちの子どもには、那覇の印象は〝赤〟であり、お祭りのような光景に思えた。

　那覇で汽車（軽便鉄道）に乗ったこと、病院の廊下で小便をもらしたこと、夜道で迷子になり、交番にあずけられたこと、それに那覇の久茂地《くもじ》の干潟やその近くにあったアイスキャンデー屋のことなどが、つい昨日のように思い出される。

　退院した母といっしょに帰った私は、那覇の街で買ってもらった新品の洋服を着て、しばらくは自慢していたが、まもなくいつもの着物姿にもどったようで、幼稚園の運動会にさえ着物姿だった記憶がある。久米島の小学校の卒業式の写真を見ると、かつての着物姿が減少し、洋服姿が多くなるのは昭和十二、三年である。私などその古さを温存した一人であったらしい。


背と腹の文化の共有　話はさかのぼるが、久米島に学校ができ、一般教育が実施されたのが明治十五年（一八八二）であった。最初のころは男子ばかりで、女子が教育を受けるようになったのはずっと後のことである。それでも、明治三十年代には、女子も就学率が高まった。

　学校ができると同時に日本教育を授けるためやって来たのが他県出身の教員であり、これまた治安を維持するための警官である。

　しかし、その努力の積み重ねで、学校ではいわゆる〝標準語〟が話せるようになる。ところが、家へ帰ればいぜん方言であるから、言語の二重生活がはじまる。それは、学童たちの服装でも同様のことがいえる。日本式の帯のしめ方と琉球式の帯のしめ方は違う。日本のは帯の結び目を背の方にするのだが、琉球のは結び目を腹の方にするのである。そうした習慣の違いも学校では日本式にきびしくしつけていた。そのため、絣模様や縞模様の自家製の着物を着て帯を前結びにして登校する学童たちは、校門の前に来るとくるりと結び目を後にまわし、下校すればまた前にもどすのである。

この腹と背の琉球と日本の習慣の違いを、つねづねおもしろいと思っている。かつて沖縄の一般的な子守りのしかたが〝フチュクル・ウファア〟と呼んで、懐に抱く方法が多かったのに対し、帯で背負う方法が入ると、それを〝ヤマト・ウファア〟と呼んで区別したのにも似ている。

背中と腹の文化のちがいは、時には誤解を生んだり、無理が生じたりもする。〝方言札〟を生徒の首にぶら下げ、大見栄を切って〝方言撲滅運動〟を唱えたのもまさにそれである。新正月を学校や公務員の正月と思いこんだのもすでに過去のことになりつつある。今では正月だけは新暦でというのは、久米島の両村でもやっとふつうになった。これは本土復帰後の沖縄一般の傾向であるが、〝時〟が解決する一例でもある。

戦火の中で　明治以来順調に発展してきた学校の校舎も、昭和二十年の空襲でことごとく破壊された。私が一年生になった昭和十九年（一九四四）の十月は、沖縄中の港が最初の大空襲に見舞われた（十・十空襲）。朝の授業中の教室からわれ先に山をめがけて逃げこんだことを思いだす。教室がなくなって、しばらく各字《あざ》の会場（集会所）で授業がつづけられ、ようやく元の学校の敷地にテント小屋の教室が建ったのは、三年生の時であった。さらに翌年は掘立てのかやぶき教室ができた。これを戦後の教育史では、〝馬小屋教室〟と呼んでいる。土間は、雨の日は浸水し、一面泥んこになるから、ノートでも落とそうものならおしまいである。このような馬小屋教室は中学二年までつづいた。台風で壁がはがされた修理は、小学生でも自分たちでやったものである。

敗戦の痛手も子どもたちには、そう深刻なものではなく、戦後外地からの引揚げ者がふえ、新しい友だちがふえることがうれしくてたまらなかった。そのころ、兵隊に行った息子を捜すため父親たちは沖縄本島へ出かけた。久米島ではあまり情報が入らないので息子たちの生死のようすをたずねて出かけたが、むなしく帰って来る親が多かった。そして終戦後二年にしてはじめて、慰霊祭が営まれた。

見事な五枝の松。昭和56年（1981）7月　撮影・須藤　功

戦時中、戦死兵の遺骨をむかえて、久米島では、英霊をまつるために先祖の墓とは別に日本式の墓をその庭に建てた。それを〝兵隊墓〟といった。

ある葬式の思い出　私の次兄も沖縄戦で戦死した一人であったが、葬式は遺骨もないまま略式で行なわれた。そのころ近所のばあさんが死んだ。字では締太鼓をたたいてその葬式の時刻を知らせる。親戚の女たちは門口まで来ると、もうたまらないとばかり号泣する。隣り組の女たちが飯炊きのために忙しく立ち働き、男たちは紙で葬式の花をつくる。朱塗りの龕《がん》という葬具に棺をのせ、若者四人で野辺の送りをする。その後から手拭いをかぶった女たちが泣いて続いた。

琉球諸島には葬式ののち数年後に〝洗骨〟をする習俗があった。洗骨というのは、棺の中で白骨化したその骨を水で洗ってきれいにし、そのすべての骨を甕に納めて墓室の奥へ安置することである。久米島の洗骨は、今から数年前火葬場ができるまで続けられた。

古い記録を見ると、葬式のとき牛や豚をつぶした例もあったようだから、相当な物入りであった。七七忌のことをナンカというが、そのような日は、親戚もそうでない人たちもかつては料理や餅などを持ち寄ったのであったが、大正中期ごろから金銭を包むようになった。

初めての写真　戦後は、古い生活をもう一度再現していたように思う。話は前後するが、私の家は、近くに日本軍の監視塔などの施設があったため、その周辺の民家とともに空襲で全焼した。戦後、椎の木を父や兄が山から伐り出し、掘立て小屋を建てた。種々の生活道具はもとより位牌も仏壇道具もみな焼いた。そのため水甕や味噌壺を買い求め、衣服はメリケン粉袋や米軍の払い下げの軍服を求め、それを改造し、伝統工芸である久米島紬の技術を生かし、泥染めして着た。

それはしかし、もう少し後のことで、四年生の時友人たちと記念写真を撮ってもらうために四キロ離れた儀間《ぎま》まで行ったが、そのとき私が着ていた洋服は従兄に貸してもらったものであった。靴はなく、全員素足で立っている写真が、私の一番最初の写真である。着のみ着のままで焼け出された私の家では、とくに衣類に窮乏した。

新しい文化と自給生活　まもなく久米島でも米軍物資の恩恵に浴するようになるが、それが何といっても衣服類が多かったように思う。しかし、飛行機のジュラルミンを鋳溶かした種々の用具は、子どもの目にもまさに新しい文化の波の到来を感じさせた。鍋ややかん、おわんや

昭和22年（1947）に撮った、筆者（左から二人目）の初めての写真

灰皿やかんざし、はては下駄のたぐいである。コーラびんを切ってコップをつくったり、空缶でランプや弁当箱をつくるなど、いろいろな製品が入って来た。

一方、古い民具を思い出したように作ることも多かった。正月には父が山から木を伐り出して来て、それで家族の下駄をつくった。自家の田に植えた藺草《いぐさ》で筵《むしろ》もつくる。シュロの皮やクバ（ビロウ樹）の葉でみのもつくる。縄をなってモッコをつくり、ホウライチクの皮でイモ洗い用のザルもつくる。すべて純自給自足かそれに近いくらしであった。

久米島は戦時中も、食糧品はわりあいに不自由なく、戦後は沖縄本島から求めに来たほどである。サツマイモや稲やその他の農作物の種子を求めて帰るのが多かったようである。また牛馬や豚、にわとり、山羊のような家畜類を買いに来たのもいた。そのころ久米島では各家庭ごとに養豚をしていて、正月には豚をつぶしていた。

豚とソテツ飯とイモ酒と　旧暦十二月二十七、八日は、子どもたちにとっても待ちどおしい行事日であった。肉がたくさん食べられるということもあるが、もうひとつには、豚の膀胱をもらい、それに空気を詰めてバレーボールあそびができるからである。大きいのは大豚のものであるから、子どもどうし無言のうちにも誇示しあったものである。残った肉や骨はただちに塩をすりこんで、壺に詰めて保存食にまわした。それが〝塩豚〟である。そして大晦日には前庭に真白い砂が撒かれ、晴れがましい気分になるのである。

食糧の不足からではなかったが、私の家では、たまに母がソテツ飯をつくることがあった。むかしはソテツ山をもっていて、その実や幹を救荒食にしたことはどの地方でも聞くことである。農家ではソテツ山をもっていて、その葉は水田の肥料にするし、実は二つに割って乾燥して保存していた。有毒なので、そのアク抜きのため長時間水に浸して発酵させる。その臭いはいかにも古びて子どもの私には苦手な飯だった。しかし年寄りたちは、その味をなつかしむようすでさえあったのである。

それでも煙草や酒、お茶には不自由したようである。とくに酒不足には困ったらしく、手づくりの道具をつかって、人々はイモ酒をつくった。そのころ工業用のアルコールで失明した者もいた。そこへいくとイモ酒の蒸溜酒などは、高級といわねばならない。結婚式や家づくりの前にはどこの家でも酒づくりからはじめたものである。モロミを入れた鍋を下から熱すると、アルコール分が蒸発する。それを鍋ふたから銅管で導き、水の入ったドラム缶を通せば、蒸気が冷却されて液化し、酒（泡盛）となって出るわけである。最初に出るのが〝ハナ酒〟であるし、最後の水にちかいのが〝マーサー〟である。

ある結婚式でのこと　近所でこのイモ酒をつくる家があり、しばらくして結婚式をあげた。花婿が花嫁の家へまず行って来たのち、夕方花婿の家から仲人らが行って花嫁を迎えるのである。タイマツ持ちを先頭に花嫁、嫁入り道具持ちらが続く。そして花婿の家に到着すると、〝裏座〟で二人して足付きの高お膳にのせたごはんと料理を食べあう儀式がある。二人は胸がいっぱいで、食べる真似をするだけである。ところが、それを入口に立って今か今かと待ちわびる子どもや若者の集団がいる。儀式がすむやいなや、なだれこんで、料理と大きな強飯《こわめし》を盗んで逃げるのである。強飯を小脇にかかえて追いつ追われつするさまは、ラグビーの試合のようである。

子どもの私は、うかつにもこの婚家でねむってしまった。強飯を追っかけているうちに逃げられ、再びこの家へもどって来たところで疲れがでてねむったものらしい。翌朝起きて見ると、新婚の部屋の隣室に寝かされていた。恥ずかしさのあまり一目散に逃げ帰ったことを記憶している。

遠のく〝古い久米島〟　そのころの親たちは、放任だったのか、寛容だったのか、それとも共同体の中で子どもを教育するという、妙な認識があったのだろうか。小学生までは少し早いとしても、中学生からは、仲間どうしで寝泊りすることが多く、若者たちは、夜は自宅にいないことが多かった。一種の若者組である。

話はちがうが、そのころの六十代以上の老婆たちの手の甲には、確実に入墨があった。それをハジチというのは〝針突〟の意である。墨で指先にいたるまで模様を描き、針で突くのである。それが、成女儀礼であり、また結婚後の女性の一生のシンボルでもあったことを思うと、あのやさしかった婆さんたちが、なつかしく思い出されてならない。ハジチをするのは死後の世界で難渋しないためともいわれた。

いまこうして過ぎし日を思いおこしてみると、少年の日を遠くへ送ったように、婆さんたちのハジチとともに〝古い久米島〟をずっと歳月のはてに押しやったような、そんななつかしみやうしろめたさを感じる。

古代の久米島

〝古代〟とは　久米島で高校まで卒業した私は、その後久米島での生活はない。それ以来、沖縄本島から一〇〇キロ西に浮かぶ島のようすを手紙や電話やたまに出かけて得る情報で知るだけである。少年の日、港を出

草屋根の開け放たれた家

小さな流れで洗濯をする。

る船を見るたびにふと取り残されるのではないかという不安におののいたものである。だから当然のように那覇へ出、そこに住むようになったが、またいつの日か当然のように島にもどるのかもしれない。

話を一転して、久米島の歴史の歩みを少しながめてみようと思う。ただ〝古代〟というばあい、日本史の古代を指すのではない。それは〝古琉球〟の意であり、日本史の中世に相当する時期である。

化石人骨とサワヘビ　昨年の正月、職場の自然史担当の学芸員らが、久米島の石灰岩洞穴から見つけた化石人骨が話題になった。それは幼児骨の一部で、凡そ一万五〇〇〇年前、旧石器時代人のものであることがわかった。

今年の二月、今度はもう一人の自然史担当の学芸員が久米島で生態観察した、サワヘビのことがマスコミで報じられた。過去において、島出身の老研究家が二度にわたって捕獲したのにちなんで〝キクザトアオヘビ〟と命名されたが、三度目の捕獲でその生態観察を通じてアオヘビではなく〝サワヘビ〟であることが確認され、学会発表となったのである。

この二つのことは、久米島に関心を寄せる者に少なからず衝撃を与えた。それは、久米島の〝古さ〟をわずかではあるが浮き彫りにする資料である可能性が高いからである。とくにこのサワヘビのごときは、日本列島はおろか琉球諸島の他の島にもいず、中国南部や東南アジアに生息するのだという。つまり、はるかな太古、琉球の島々が中国大陸と陸橋でつながっていたころ、渡って来たものだというのである。ヘビ類はもちろんのこと、近年では、イリオモテヤマネコやテナガコガネなどでもそのつながりは知られているが、すでに死滅した鹿とともにそれらの同期生だったわけだ。

久米島の地理　琉球列島が大陸と最後に陸橋でつながったのは、今から一五〇万年も前だったといわれている。その後地核変動によって、残った島と沈んだ島があった。ハブの生息する島は、以前からあった島だといわれるから、久米島はすでに一五〇万年以前にでき上がっていたわけである。

久米島は周囲四八キロの島で、その中央部には三〇〇メートル級の連山がある。その最高峰の宇江《うえ》城《ぐしく》岳は、標高三一〇メートル。そこから大岳などが連なるが、現在は米軍レーダー基地の跡をうけて、復帰時から自衛隊が駐屯している。この基地を〝ハブヒル〟と名付けたのも米兵であった。

この中央部の山々を西岳ということもあり、これに対し東岳がある。阿良《あーら》岳のことで、島の東南に屹立する二八七メートルの山である。島の東には奥《おう》武島とオーハ島がつづく。明治以後糸満《いとまん》や渡名喜《となき》島の漁民が住みつき、有人島になった。その島の東へむけて長いリーフが帯状にのびる。長さ十二キロにもおよぶという。その先端をウガンザチ（拝み崎）というのは、古代久米島人の信仰に根ざした呼び名である。海上はるかな楽土、そこは神が去来する場所であるが、時として悪い虫を送って来る所でもある。そこを〝ニライカナイ〟という。リーフはいたる所で島を包みこみ、所によって美しいイノー（内海）をつくっている。末端は西北部の石灰岩地帯へとつ

久米島

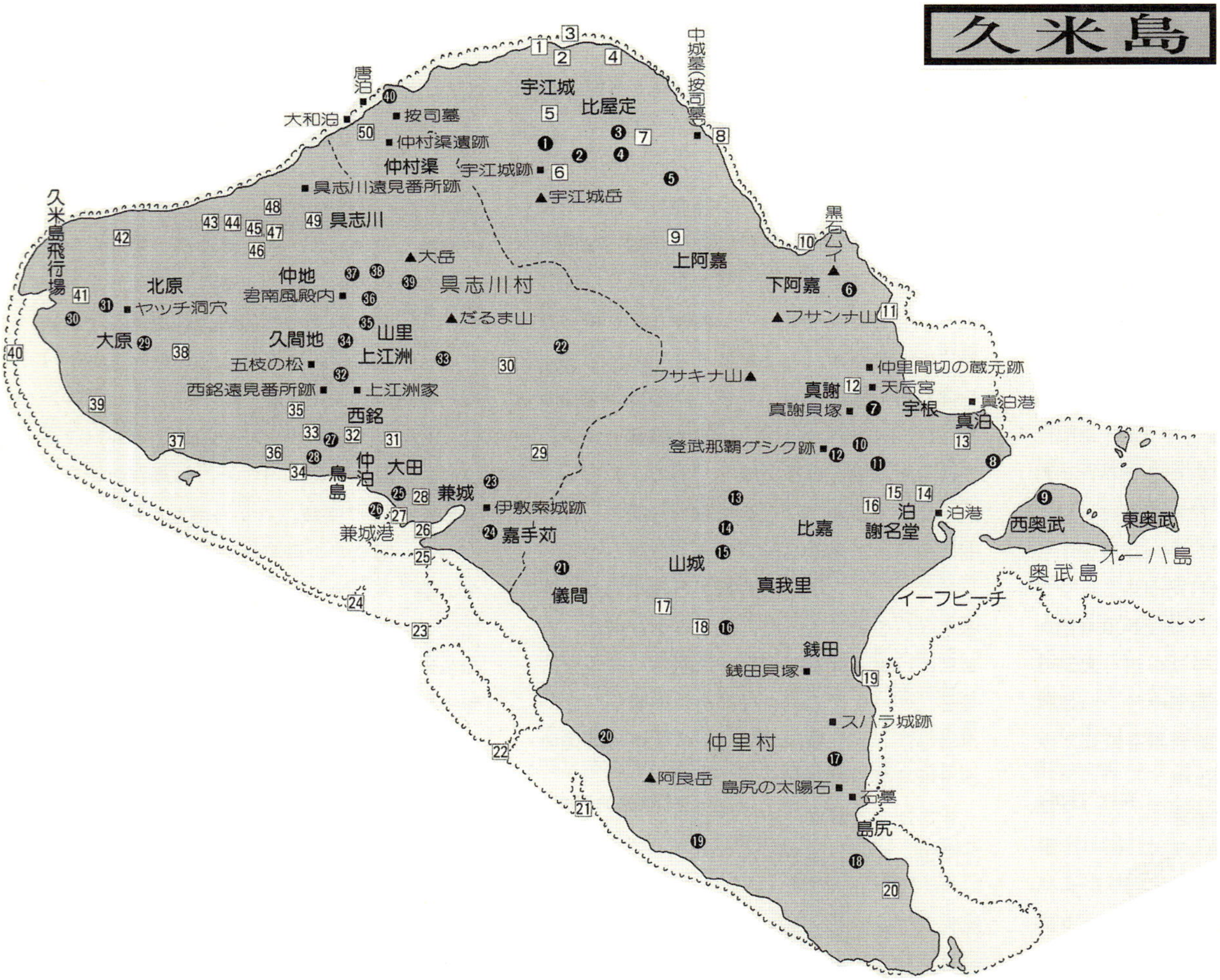

御嶽・拝所

❶ケツマ御嶽　❷屋慶名御嶽　❸下アンブシ御嶽　❹上アンブシ御嶽　❺ヲベイ御嶽（遥拝所）　❻黒石御嶽　❼米原御嶽　❽泊原御嶽　❾奥武御嶽　❿世野久世御嶽　⓫ウーリ御嶽　⓬登武那覇御嶽　⓭名幸御嶽　⓮比嘉御嶽　⓯並里御嶽　⓰クニグシク拝所　⓱クサトゥ（拝所）御嶽　⓲黒洲御嶽　⓳ヒーザ御嶽　⓴アーラの御嶽　㉑平松御嶽　㉒白瀬御嶽　㉓伊敷索城内御嶽　㉔ソージ御嶽（遥拝所）　㉕兼城御嶽　㉖チーミ御嶽　㉗ウルル御嶽　㉘七嶽御嶽　㉙報徳御嶽　㉚シライミ御嶽　㉛シュケツ御嶽　㉜上江洲御嶽　㉝富祖古御嶽（遥拝所）　㉞玉那覇御嶽（遥拝所）　㉟玉那覇御嶽　㊱小嶽（遥拝所）　㊲武富御嶽　㊳小嶽　㊴大嶽　㊵具志川城内御嶽

旧跡

1 天宮城　2 堂崎遠見番所跡　3 堂泊　4 堂の比屋の墓　5 城村移転碑　6 観音堂　7 比屋定の太陽石　8 比屋定泊　9 宇座地の碑　10 阿嘉泊　11 真謝泊　12 仲里間切在番仮屋跡　13 スナミの遠見番所跡　14 泊貝塚　15 謝名堂第二貝塚　16 謝名堂貝塚　17 ウニシグシク　18 クニグシク　19 銭田の港跡　20 ユナニグシク　21 アーラロ　22 アメーヌロ　23 大口　24 ナカルメーロ　25 唐船泊　26 兼城泊　27 具志川間切蔵元跡　28 具志川間切番所跡　29 石トーニ　30 タカムタシ池の碑　31 小港松原の碑　32 具志川間切蔵元移転の碑　33 ウルル貝塚　34 鳥島移転記念碑　35 大田辻遺跡　36 清水貝塚　37 大原貝塚　38 大原開墾記念碑　39 大原第三貝塚　40 ハンニーロ　41 北原貝塚　42 北原第二貝塚　43 下地原第三遺跡　44 ハンタ原遺跡　45 バケーマシ遺跡　46 ヤジヤーガマ遺跡　47 下地原遺跡　48 下地原第三遺跡　49 具志川村移転記念碑　50 具志川城

島の中央に連なる大岳と宇江城岳

ながる。

貝塚・遺跡群　その西部一帯が、久米島の人類の歴史と深くかかわっている。石灰岩礁の内側には長い砂丘が広がる。旧石器人骨が出土した下地原《しもじばる》洞穴をはじめとして、北原貝塚、大原貝塚、清水貝塚、大田辻《おおたつじ》遺跡なども西部にある。貝塚で最も古い大原貝塚は、沖縄貝塚時代の前期で今から凡そ三五〇〇年ほど前のものといわれ、縄文時代に位置する。

島の西端、現在の空港付近が北原貝塚である。時期的には五、六世紀から十世紀ごろの貝塚である。出土品の中には、土器や石皿、磨石《すりいし》、敲石《たたき》があり、貝製品では貝符《かいふ》（護符またはアクセサリー）をはじめ貝匙《かいさじ》、網の錘《おもり》、ホラ貝の湯わかしがある。これらの出土品に混じって、中国唐代の貨幣、「開元通宝」が十二個、「五銖銭」一個、さらに青銅器片が出土したことが注目される。

久米島の十世紀以前は、まだ原始の時代であった。北原貝塚はそのことを物語る。採集生活が主体で、農業もまだ幼稚であったことだろう。ところが、その原始の時代の珍しい記録がある。それは『続日本紀』で、元明天皇の和銅七年（七一四）のことである。「元明天皇和銅七年十二月甲寅朔戊午少初以下太朝臣遠建治《おおのあそんおけじ》等率南島奄美信覚球美《あまみしがきくみ》等島人五十二人至自南島」とあることで、太朝臣遠建治らが、奄美・石垣・久米島などの南島人五十二人を引きつれて帰朝した、というのである。「球美」が久米島であるというのが、現在通説になっている。

大和朝廷は、中国への船を出すのに三つのルートを考えたといわれる。その最も南よりのものが南島ルートであった。推古天皇のころからの南島綏撫《すいぶ》は、そのあらわれであったようだ。それに応じてはるばる奈良の都を訪れたのが南島人たちであったが、彼らが島から持ち上った貢物は何であったか。島へ持ち帰ったものは何であったか。今となっては知る由もない。彼らが文字を知っておればあるいは記録をのこしたかもしれないが、残念ながら彼らはまだ石器時代の人であった。

南島人が大和朝廷に上った時から数十年後、遣唐使を乗せた船が沖縄本島に漂着した。それが唐僧鑑真《がんじん》らを乗せた船だったのである。そこは「阿児奈波《あこなは》」であると記録している（七七九年の『唐大和上東征傳《とうだいわじょうとうせいでん》』）。これが文献に出る〝おきなわ〟の初見であるが、〝沖縄島〟を指したことは言うまでもない。

『続日本紀』の記録から数百年間久米島の歴史はようとして詳らかでない。それまで砂丘にあった集落が山へ移るのもこの時期であろう。それは稲作とも関係が深いが、そのころの洞穴遺跡からは炭化米が出土している。

〝マキョ（部落）〟時代　集落が山へ移ったころから、血縁集団であるマキョが発生し、小集落があちこちにできた。この時代を沖縄の歴史では〝マキョ時代〟または〝部落時代〟といっている。久米島のマキョものちには政策的に統廃合されて、今日の部落になったと考えられる。

マキョの草分けの主人が根人《ニーチュ》であり、その姉妹が一族の祖神をまつる根神《ニーガミ》である。その根人などが力をたくわえてより強大になるが、それらがのちにアジ（按司）という支配者になる。アジは、アルジ（主）の転訛、または父の意であるとする意見もある。いずれにせよ領民からは主人であり、また父と仰がれる権力者なのである。

一七一三年に王府で編集した『琉球国由来記』には、各地の拝所が記録されている。御嶽《ウタキ》信仰がいつごろはじまったか詳らかでないが、おそらくマキョを形成し、稲作が盛んになって、あちこちに〝御嶽〟と称する拝所をつくったのではないかと考える。

御嶽の所在地　久米島の当時の御嶽が、現在に至るまで信仰されているという例は少ない。しかしこれまでの調査で、それらの御嶽の位置は大方確認されており、それを拾い出してみると、かつての村落の位置を推測することができる。

その位置は一九八頁の地図に示しているが、それを見ると、大田部落の前の浜にあるチーミ御嶽や兼城《かねぐしく》御嶽、東海岸の奥《おう》武島の奥武御嶽、泊原御嶽など、海岸や浜辺にも見られるが、一般には高い所に多く見られる。ということは、古くはそうしたところに集落があったのである。

仲里村では、登武那覇《とんなは》城跡の周辺に古い村がいくつもあった。それが、ようやく十七世紀ごろから平野部へ下るようになる。宇根《うね》や真謝《まじゃ》、泊《とまり》や謝名堂《じゃなどう》や比嘉《ひが》などの集落がそうである。十七、八世紀には、政策的に稲の増収計画が立てられたのである。ここはかつて干潟であったが、干拓により開発されたのである。そしてのち、島一番の水田地帯となる。

明治期には、沖縄本島からの移住者が加わり、この平野部の中に銭田《ぜんだ》、真我里《まがり》などの新しい集落もできるのであるが、登武那覇周辺の古い集落からの移動が、完全に終了したのは、昭和に入ってからであった。その意味では、久米島の古琉球時代はつい近年まで息づいていたことになる。

按司「笠末《がさし》若茶良《わかちゃら》」　久米島は長い間平和な〝部落時代〟が続くのであるが、十五世紀の初めごろ沖縄本島の南山系といわれるマダフツという按司がやってきて具志川城を築き、この地域を支配するようになる。同時代にやって来たのが伊敷索《いしきなわ》一族である。父は伊敷索城を支配し、長男は中城《なかぐしく》（後の宇江城《うえぐしく》）城を築き、次男は具志川城の二代目の按司を追い出して代って支配し、腹ちがいの弟笠末若茶良は仲里の登武那覇に城を築いた。

このころの築城や、按司たちの興亡についての話は多いが、とりわけ笠末若茶良は悲劇の主人公であった。この笠末若茶良には、どこかしら日本武尊《やまとたけるのみこと》に見られるような悲劇の英雄としての一面が見え、久米島の按司伝説の中では、もっとも人間味がある。

若茶良の悲劇　〝若ちゃら〟とは〝若按司《あじ》〟のことである。彼は二人の兄とは異なり、妾腹の子であった。母は粟国《あぐに》島の人であった。生来聡明で、容貌も美しく、島の人々の信望をあつめていた。しかし、正妻の悋気《りんき》がひどく、常日ごろ父按司にざん言していた。若茶良の人気が父按司をしのぐ勢いなので、父もそれをねたみ、彼を征伐しようと考えた。若茶良の母は、按司をいさめたが聞き入れず、逆に粟国島へ帰されてしまった。

「父按司は、ついに部下を引きつれて、登武那覇城へ攻めて来た。若茶良は武勇にすぐれ、攻めてくる伊敷索軍を撃退していった。父按司は一人だけになり、平良原《てーばる》という所まで逃れ、深田に入って身をかくした。若茶良はその父を見つけ、父按司を田から引き出し、父に対する悪意が少しもないことを述べ、泥を洗い、伊敷索城まで送った。若茶良は、父按司の心をおもい、また継母の心もやすまるにちがいないと考え、順風を待たず粟国島へ向けて舟を出した。ところが風波が強く、おがみ崎という所で破船し、陸地に戻った。それを気の毒に思った宮平《みれー》部落の人が粥をあげた。ところが、辺土《へど》部落の人は、悪心をおこして伊敷索城に駆けつけ、討手を派遣するようすすめた。いよいよ父按司の軍勢が押しよせて来た。若茶良は多勢に無勢で、奮戦したものの自らも傷ついたので、もはやこれまでと自らの命を絶った。死ぬとき、宮平人は永く子孫繁栄するように、辺土一族は疫病にかかったら必ず死ぬだろう。また毒蛇に咬まれたら必ず片輪になるだろうと恨みをのべた。のち、かの一族はその通りになった」と史書は語る。

悲劇の主人公若茶良は、島の人々の心にながく生きつづけた。具志川村山里には彼が生まれた屋敷や臍の緒を埋めたという場所があり、仲里のスナミという所には、彼の涙が溜った〝ナミダ石〟というのがある。粟国島へ追い戻されたあとの母を恋い慕う若茶良は、スナミの森の岩の上で粟国島を眺めては泣いた。その涙がたまって、石のくぼみに溜り、水になったというのである。丘のふもとには、若茶良の濡れた髪のしずくが溜ったという石もあったそうである。

若茶良と「おもろ」　『おもろさうし』にも、彼をうたった歌が八首ある。「おもろ」とは古琉球や奄美地方でうたわれた古謡である。

一　かさすちゃら（笠末茶良）は　だりじよ鳴響《とよ》め
　　見れば　水　廻て
又　真物《まもの》ちゃらは　だりじよ鳴響め
又　名護《なご》の浜に　だりじよ鳴響め
又　名護のひちゃに　だりじよ鳴響め
又　大和ぎゃめ　だりじよ鳴響め
（巻二十一―三十三）

若茶良の名は、どこまでも鳴りひびけ、見れば見るほどみずみずしい顔で、ナゴの浜（久米島）まで、日本まで鳴りひびけ、という意味である。彼は「かさす若てだ、真物若てだ」ともうたわれている。「てだ」は太陽である。と同時に支配者である按司や王に対して呼ぶことばでもある。

『おもろさうし』巻十一には、粟国島の母がうたったと思われる一首がある。

一　いやや　鳴響《とよ》た主《しゅ》よ
愛《まぐ》し　鳴響た主《しゅ》よ
心切《うらき》らしや　見欲《みほ》しや
又　離《はな》れ　居《お》る　吾《あん》は
遠方《とわけ》　居る　吾は
心切らしや　見欲しや（以下省略）

「ああ勝れたわが子よ、遠く離れている私は、あなたが見たいばかりに、島の端に下って遠く久米島の島影を見れば、笠末若てだが、真物若てだが見えるようだ。その歩む姿や振舞いが美しいことよ。前に寄って来なさい。側に寄って来なさい」の意で、わが子の幻に呼びかける母の姿がしのばれる。

海の玄関口として

一夜で南蛮往復した女　久米島は、沖縄本島の周辺では一番大きい島である。だから独立も成り立つわけで、おそらく古い時代は独自の貿易船を持ち、日本本土はもちろん、中国や東南アジアまで行ったにちがいない。日本行きの話は、『おもろさうし』にうかがえる。中国や東南アジアとのつながりは、城跡からの出土品などによって証明される。

　中国へ留学した中城《なかぐしく》按司の長男や堂《どう》の比屋《ひや》や照真《てるま》の話もある。しかしそれとは別に久米島には、南蛮へ行った女の話が二つもある。民話と言ってしまえばそれまでのことだが、その根拠がなければ、民話も生まれないだろうから、注目にあたいすると思う。

「西銘《にしめ》部落に美しいノロ（女神職）がいた。夜になると小舟を出してどこかへ行き、翌朝になると帰って来る。そうするうち彼女の評判は島中に広がってしまった。父は怒り、ある日彼女の帰りを待って問いつめたところ、娘は南蛮へ行ったという返事である。父は娘が色事におぼれていると疑い、娘の答えたことに納得できない。そこで娘は、舟にのせて持って帰った南蛮甕や南蛮胡椒《こしょう》を証拠品として見せた。

　父はそれを見て娘の純潔を知り、誤解をといたが、娘がそれでは承知できない。仮りにも神につかえる身である。神職にある者であらぬ疑いをかけられたことがくやしくて、父に殺してくれるように迫った。父は断ったけれど、娘の決心は固く、父はやむなく娘に熱湯をかけた。すると湯気の中から一羽の白鳥が飛び出した。白鳥は、フク岳という所にとまった。そこがのちに御嶽となり、神である彼女をまつるようになった。」

　もう一つ似た話が、仲里村の島尻部落にもある。島尻の海岸には、大岩の上に石を積み上げた墓があって、〝石墓〟と呼ばれているが、一名〝南蛮墓〟の名がある。その女を葬ったからだといわれている。これらの話は証拠品として南蛮甕や胡椒をあげたところがおもしろい。

　ノロというのは、〝祝女〟などの文字をあてることがあるが、宣《の》る女、すなわち神と人間の中間にあって、仲介をする女性のことである。

　本来根神《ニーガミ》のようなものとも似ており、クディ（託女）などとも形は似ているが、後世ノロは王府の支配体制の中に組みこまれるので、いささかちがう感じになる。琉球の島々では、そのような女神職が近年までおり、日本神道が男性神職になる以前の古風な形態をのこしているといわれている。

女性と海外貿易　さて、『おもろさうし』の中（巻十三—一五四）に、そのノロの一人せの君が南方へ船出した情景をうたったと思われるものがある。

一　これる　これ　はつにしや　うらこしちへ
　　せのきみ　つかい
又　これる　これ　おきとば
又　はつにしやす　まちよたれ
又　おきとばす　まちよたれ

〝はつにしや〟すなわち、初北風が来たので、せの君の船がこれから出港しようという歌である。北風を待って、おそらく東南アジア方面へ行こうというのであろう。

ここで、なぜ先の西銘ノロ、島尻の女、せの君など女性が島の外へ志向したのかという疑問が生じる。

それは、古琉球では、女性はまさに太陽であったからである。そして神につかえるだけでなく、交易にも関係していたのである。古琉球の時代、久米島にはこのように活躍した女性が何名かいた。「おもろ」にこいしのという神女が登場する（巻十三—三十八）。

一　久米の　こいしのが、
　　百浦《ももうら》　こいしのが
　　これど　だにの　京《きや》の　真鉄《まがね》
又　具志川《ぐしかわ》の　泊《とまり》　果報《かほう》よる
又　大和《やまと》　真五郎船頭《まごらせど》
　　しられては　はりやたな

「久米島のこいしの、百浦をめぐり航海するこいしのが手に入れた鉄、これこそ本物の鉄だ。具志川の泊は、幸運の寄る泊である。日本からやって来てそこに逗留している真五郎船頭にたのみ、船を出そうではないか」という意である。こいしのは、航海に関わりの深い神女であり、彼女の船出の情景をうたったとおもわれる「おもろ」は他にもいくつか見られる。

また西銘の神女しのくりやをうたった「おもろ」がある。しのくりやは、聖なる、美しい踊りのできる人、の意である（巻二十一—一〇四）。

一　しのくりやは　世馴《よな》れ神やれば　やれこのゑ
又　しのくりやが　大和旅《やまとたび》　上《のぼ》て
又　神にしやが　山城旅《やしろたび》　上て
又　大和旅　何《なお》　買いぎや　上てが
又　山城旅　何　買いぎや　上てが
又　青《あお》しや　京玉《てうだま》　買いが　上て
又　ふくしや　京《てう》つしや　買いぎや　上て

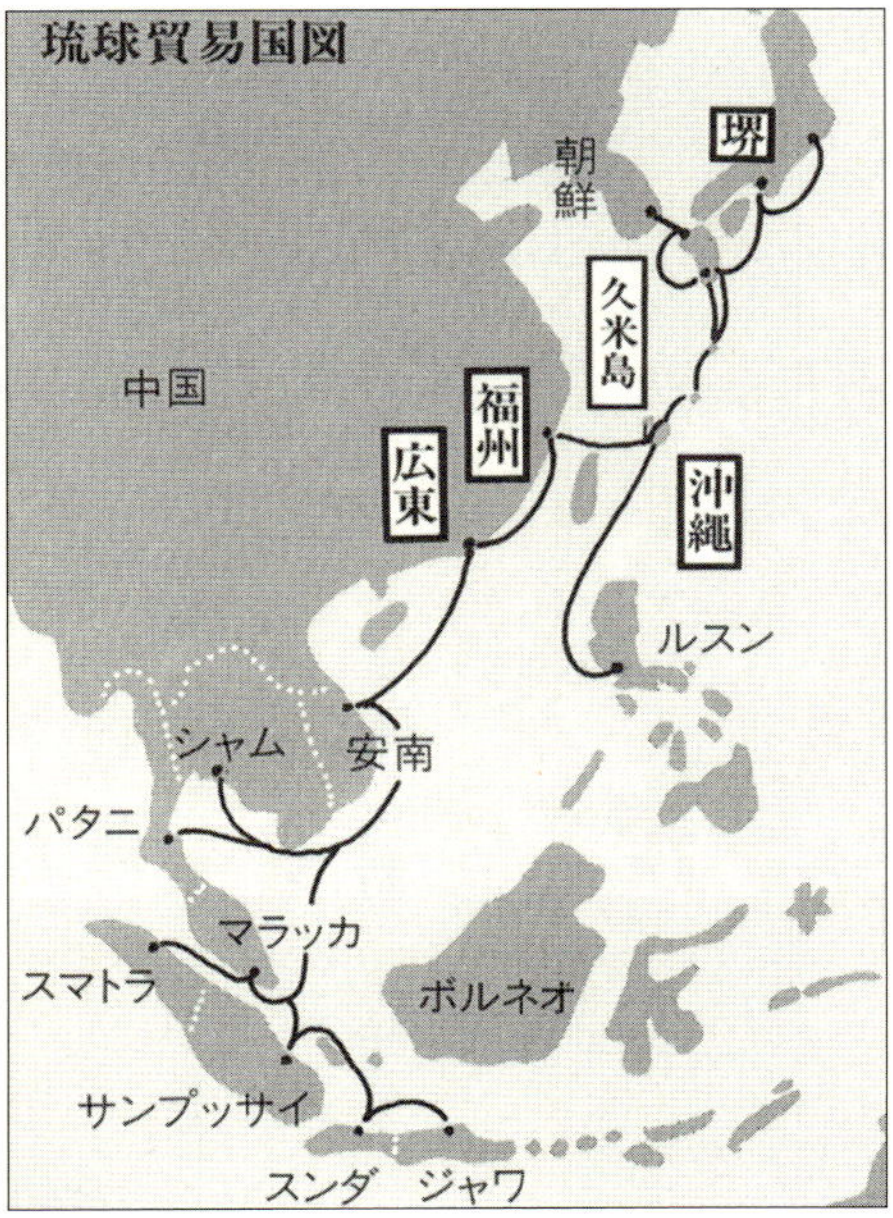

琉球貿易国図

日本へ旅したしのくりやが求めて帰ってものは、玉類だったのである。鉄にしろ、玉にしろ沖縄ではそれこそ珍しい高価な品物だったわけだ。

貿易で求めたもの　『球陽』（王府の年代記）の記するところによると、一三七六年、琉球にやって来た明《みん》の使節李浩《りこう》は、次のように述べている。

「国俗、市易は紈綺《がんき》を貴ばず、惟磁器、鉄釜のみ是れ尚ぶ。李浩帰りて之れを言ふ。以後市易は多く是の物を用ふ」

つまり、琉球人は持参した絹を喜ばず、むしろ磁器や鉄鍋のたぐいを歓迎した。そこで以後は、絹織物ではなく、磁器や鉄鍋を持って来た、というのである。

当時はまだ生活用品尊重の域を出ず、絹織物などはぜいたく品だったのである。

手前の船に「琉球船」、向こうの二隻に「清國船」と記してある。進貢船（琉球船）が中国の冠船（清國船）を案内してきたようだ。沖縄県立図書館蔵

久米島の北岸に位置する具志川城跡をうたった「おもろ」もある（巻十一—二七）。

一　具志川の　真玉内は
げらへて
良く　げらへて
勝りゆわる精高子《せだかこ》
又　金福《かなふく》の　真玉内は
げらへて
又　唐の船　せに　金《こがね》
持ち寄せるぐすく
良くげらへて
又　大和船　せに　金
持ち寄せるぐすく

つまり、「具志川の勝れた城を造営して、唐（中国）や大和（日本）の船が酒や金を持ち寄せる城の城主は勝れたお方である」、というのである。〝せに〟は、〝銭〟ではなく、当時貴重品であり、富の象徴でもある〝酒〟との見方である。具志川城跡の北海岸には、大和泊、唐泊、と称する場所がある。ここは地船の帰港地でもあったが、はるかな昔、日本船や唐船が寄港していたのである。

中国への玄関口　「おもろ」の中に貿易に関するものが多く見られるのは、久米島の地理的な位置と深く関わっている。久米島は、むかし那覇を出た船が、最後に天候をうかがい、中国へ向けて出発する島であった。久米島から尖閣諸島の側をへて福州へ向うのである。具志川の兼城港は最も良港で、古謡に「兼城泊《かなぐしくどまり》、久米の親泊《おやどまり》」とうたわれた港であった。そこには〝唐船小堀《とーしんぐむい》〟という

地名さえのこっている。

久米島を遠くから見ると、二つの島に見える。西の宇江城岳・大岳と東の阿良《あーら》岳があり、その間は平地である。海上はるかに見ると、それが亀の形にも見えるという。ある中国の学者は、久米は「亀鼊《くへき》」の意ではないかと言う。その当否は別として、その形に見立てたのはおもしろい。八世紀の『続日本紀』に球美《くみ》とあるように、すでに早い時期から「クミ（米）」と呼ばれていたわけである。中国人はまた「姑米」と記録した。

中国へ向けた最後の島ということは、中国から帰国するさいは逆に一番目の島ということになる。

王府では一六四四年遠見番を置いた。具志川村と西銘村、堂崎とスナミ丘の遠見番所には昼夜常駐の見張人が置かれた。航行する船の情報は仲里の狼煙《のろし》台から渡名《とな》喜《き》、慶良間《けらま》をへて首里へ報告された。

尚穆《しょうぼく》王と天后宮　一七五六年尚穆王（一七五一～一七九三）の冊封使《さっぽうし》一行を乗せた二隻の冠船が、久米島で台風のため遭難した。王府は面子にかけても使節一行の人命や勅書をはじめ種々の賞物を無事に保護しなければならない。船は修理をすませたのち、久米島を出港し、冊封の儀式を無事すませたのである。その後、尚穆王は仲里間切真謝《まじゃ》村に航海安全の神様媽祖《まそ》（天后）を勧請し、天后宮《てんこうぐう》を建てた。赤瓦の建物は、二百年の風雨にたえて現存しており、県指定の文化財になっている。

こうした海難事故は多かったらしく、中国船の遭難記録や、久米島船の漂流記録がのこっている。ときには中国や台湾へ漂着することもあった。しかし、その恐ろしい海は広い世界へとつながっている。

最高神女・君南風《きみはえ》

“鬼の君南風”　久米島には、いろいろな名の神女がいたことが『おもろさうし』で知ることができる。集落には「マキョの根の大コロ」といわれる権力者がおり、その対をなす形で姉妹の神女がいた。例えば先の伊敷索《いしきなわ》按司の長男に中城《なかぐしく》城を築城するよう誘ったと伝えられる堂の比屋には、オトチコバラという姉妹ノロがいて、按司誘引に暗躍したと伝えられる。彼女らの占いは原始古代にあっては、絶対的であったわけである。

日本《やまと》旅をしたこいしのや、しのくりやなどがいるし、さすかさや、よよせ君などの名も見える。それらに伍して、きみはゑの名も見える。

仲里村真謝にある天后宮

『おもろさうし』に見えるきみはゑは、きみはい、きみはへとも書き、現在一般に聞く発音は〝チンベー〟である。久米島出身の学者仲原善忠によると、きみはゑは〝君様〟の意であるという。一般の尊称は〝君南風《チンベー》のトートー〟という。トートーは〝尊し〟または〝尊いお方〟に通ずる。『おもろさうし』には、彼女をうたった歌がいくつかある（巻二十一―八十）。

一　鬼の君南風《きみはえ》や　百浦《ももうら》の鳴響《とよ》み
又　襲《おそ》い君南風や
又　具志川におわる
又　金福《かなふく》におわる
（以下略）

「鬼のきみはゑ」は、超人的な霊力をもつ神女に対する尊称で、沖縄本島にも広く名が知れわたった君の意である。

島の祭りをつかさどる君南風。撮影・須藤　功

君南風は、琉球王府の宗教の支配体制の中にくみこまれて、勇名をはせた神職であった。彼女は、代々久米島の君々を統轄するようになるが、それは、王府の八重山討伐とも無縁ではなかった。

八重山討伐と君南風　久米島の君々のなかで、君南風の力が決定的となったのは、一五〇〇年王府の八重山討伐への従軍であった。八重山のオヤケアカハチは、波照間《はてるま》出身の勇者であるが、のち石垣島へ渡って勢力を拡げた。おそらくそのころの石垣は何かの事情で開発がおくれ、青雲の志を抱いた若者たちが、島々から寄り集ったのであろう。オヤケアカハチもその一人で、のち王府への朝貢を断ち、そのため受けた討伐であったといわれている。

そのオヤケアカハチ討伐に王府軍の先導をつとめたのが君南風であった。首里では神託があって、「八重山おもと岳の神は、久米島の西嶽の神すなわち君南風と姉妹関係にある。君南風をつれて行けば、八重山の神もなびく。神がなびけば人間もなびき降参する」というのである。君南風は、久米島から山竹のたいまつを積みこんで一路八重山へ向かったのである。

八重山に着くと、まず神女たちの呪詛合戦が始まる。そこで力を発揮したのが君南風で呪詛合戦に勝って、八重山の神女をおさえたという。しかも戦略的にも勝っていた。久米島から持って行ったたいまつを筏に立て、夜の海へ流した。八重山軍がその方向へ集ったところを背後から攻めるいわゆる陽動作戦により、平定することができたのである。

呪詛合戦や戦略にたけた君南風のもたらした勝利であ

り、以後首里軍は、これまで以上に八重山の支配をきびしくしていくわけである。君南風は、戦勝により土地を拝領し、ちよのまくび玉をもらい、その地位をゆるぎないものにした。

ちよのまくび玉と共に拝領したとされる玉入れの黒《くろ》漆《うるし》沈金丸櫃《ちんきんまるびつ》は、伝承通り十六世紀初期の作品と考えられ、昭和五十三年（一九七八）に県指定文化財になった。

君南風の役割り　その後の君南風は、たいへん力をもったが、とくに十七世紀に改正されるまで、五月、六月の稲の祭りには一大行列を展開した。馬上の君南風に随行するものは、おもろ謡いや木槍持ち、弓・刀・六角棒持ち、クバ団扇・鹿の絵団扇持ちなど総勢八十人を数えた。それこそ、当時の久米島にとっては、最大の行列だったわけである。ところで先にもふれたが、古琉球でいう〝鬼〟は、必ずしも我々が現在抱いている鬼の概念ではない。力があり、冒しがたい威厳がある者のことである。十五世紀の第一尚氏のころの武将大城賢雄のことを〝鬼大城《おにおおぐしく》〟というのも同義である。

その君南風の居をなす所が、君南風殿内《チンベードンチ》である。現在では、日本の神社形式にかたどった神殿が字仲地《なかち》にある。ご神体は三体の火の神（一組で石三個）である。またここには首里の弁ヶ岳に向けて遥拝するための香炉も置いてある。

一　なかち（仲地）綾庭《あやみや》に　綾金《あやぎゃね》（美しい鉄）
　押し合い　しゆわれ
又　中ち　寄《く》せ庭《みや》に
　（巻十一―八）

というのもここをうたったのである。

君南風は、島の十名のノロの上に立って、諸行事を執り行ない、稲作の豊穣や島の人々の繁盛や無病息災をひたすら祈願して来たのである。君南風は八重山討伐以来有名になるが、その後代々栄光の座にあった。それは王家との密接なつながりに支えられていたからであり、君南風の神職名は、今もなお継承されている。

旧暦6月「稲大祭」の君南風

ある一族

上江洲《うえず》一族の先祖　ここに一例をあげる上江洲一族は必ずしも久米島の代表ではないが、勢力が最も大きく、また伝承や記録をよく残している一族である。

　私の友人の一人におもしろい解釈をする者がいて、人類発生以来すべての人間が等しく代を重ねているはずで、記録があるというだけで、たかだか二十代ていどのことで誇りにするのは愚かしいことだというのである。〝家〟を意識しないこの庶民感覚に私も賛成である。ただここでは、島に生まれた〝家〟の一例を紹介するだけのことである。

　上江洲一族の遠い先祖は、伊敷索《いしきなわ》一族の一人、具志川按司である真仁古樽《まにこだる》という人であったと伝えられている。前述のようにこの按司は、十五世紀半ばごろ沖縄本島からやって来た父按司の次男であったが、兄の中城按司が堂の比屋という地元の有力者の後援をうけたのに対し、真仁古樽按司は世直しの比屋という有力者と手を結んで勢力をのばした。その第一歩は、具志川城を築いたマダフツ按司の二代目真金声《まかねごえ》按司を追い払い、城を奪い取ることからはじまった。

　具志川城は、三方断崖で海に面し、南面（城門）は急傾斜をなし、小さいながら険阻な海城である。城は、主として石灰岩によって築かれている。昭和三十六年の県指定をへて、昭和五十年十二月に国の史跡指定を受けている。この城の築城や落城をめぐる話は、一七〇三年に具志川間切《まぎり》（現在の村《そん》）から報告され、それが『琉球国由来記』等の古記録にのこっている。さらに四十年後の一七四三年に具志川間切でつくられた記録『具志川間切旧記』にもこれらの話はでている。

　しかし、城は乗っ取ったものの長くは続かず、間もなく尚真王の首里軍に攻められ、滅んでしまう。

首里王府との戦い　それが首里王府が八重山討伐をした後のことで、一五〇六年とも一五一〇年ともいわれるが、中央の正式の記録には出ていないので詳らかでない。ただし、『具志川間切旧記』はその落城のもようを次のように伝えている。

「父の伊敷索按司から早馬の使いが来て、中城城が合戦に入ったと伝えた。そこで中城へ馳せ向かったところ、中城の家来が一人来て、中城は火を放たれたことを告げた。中城が落城して三日後に首里軍が具志川城を囲んだ。ところが城が堅固で戦いをすすめることができない。そこへ具志川按司の養父世直しの比屋が心変りして、首里軍への加担を申し出た。そしていうには、「この城を落とすには城内へ通してある埋水路を断って水攻めするとよいでしょう。そして様子を見に出て来た按司に私が石垣の上から石を投げて殺しましょう」と約束する。

　水口をふさいだところ、案の定按司が出て来た。そこへ世直し比屋が石を投げると、冑に当った。按司は世直し比屋の謀叛をはじめて知り、「養父ゆえ許すが、子孫の繁栄はないであろう。もし後にこの城に入るときは、短衣にせよ」と言いすてて城内へ入った。そして、按司は、城下の村の様子を見た。すると城下の二つの村ともやはり謀叛の形勢なので、妻を呼びよせ、長男は自ら共に冥土に連れていくが、次男は乳母と共に逃げるように言い、布をつないで崖下におろした。しかし、二人はそれ以上逃げることができず、そこで自刃した。ところが首里軍が城内へ入ったときには按司も行方不明であった」と『旧記』は述べている。

この話とは別に、乳母と次男は難を逃れ、兼城に身をひそめた。その次男が豊武宇地原《とよむうちばる》であり、以後、智真《ちしん》・智昭《ちしょう》・智隆《ちりゅう》と続く伝承がある。上江洲家ではこの智真を初代としている。右の『旧記』の記事は、上江洲七代の智英が地頭代のころまとめられ、報告されるが、一方同人は家譜の中で、真仁古樽按司の子孫説を主張している。報告書の内容と矛盾するが、首里に対する気遣いのようにも受け取れる。具志川城下には、按司一族の墓があるが、そこを上江洲一族は毎年旧暦三月の清明祭に詣でることを慣わしとしている。

討伐を受けた理由として、『球陽』では次のように述べている。「或は謀叛の心をいだくことありて、以て朝貢を絶ち、正徳年間、中山使を遣はしてその罪を征伐するものならんか」と。朝貢を怠ったものか、もしくは、尚真王がすすめていた中央集権に応じなかったのであろう。

一族の確立　さて、一、二代については伝承も記録も乏しいが、三代智隆以降は記録も抱負にのこる。彼は、父を幼くして失い、兼城村に育ったのであるが、のち妻方の援助をたのみ、西銘村へ移った。そして一族の基礎を築いた。十七世紀の初めである。

三代智隆・四代智囿《ちゆう》は、それぞれ久米島紬との関係も深い。智隆のころの一六一九年、越前の人、盛氏宗味《もりうじそうみ》入道が久米島へ渡り、養蚕のしかたや桑の栽培法、真綿《まわた》の製法などを教えた。それを伝受して、島中へ広めた。また智囿の代の一六三二年以後たびたび薩摩の人、平氏友《へいうじとも》寄景友《よせけいゆう》が渡島し、紬《つむぎ》の織り方や染色法を伝えた。それを伝受し、島中に教え、御用布としての地位を確立していった。

智囿の妻は君南風職であったが、首里へ上った折、数ヶ

宝暦3年（1753）建造。国指定重要文化財の具志川村西銘の上江洲家

月滞在し、麻氏儀間真常《まうじぎましんじょう》について、木綿の栽培法から木綿布の織り方の伝授を受け、久米島中に広めたといわれている。

余談ながら、先の仲原善忠は、久米島紬の功労者として、宗味入道、友寄景友さらに上江洲智隆をあげている。智囿の頃まで姓は「西平《にしひら》」であるが、五代智源の代、一六六九年「上江洲《うえず》」姓へ改名を仰せつけられたと家譜に出ている。これは、現在の上江洲部落が西平から上江洲へ変わったことと関係がありそうである。当時の役人の姓は、村名をとるから、仲村渠《なかんだかり》、山里、上江洲、大田、山城《やまぐしく》、浜川などは上位の役人名である。

しかし代数を重ねるにしたがって、上江洲一族の者でも浜川、山里、中村渠などの姓を持つ者もあらわれたが、一族である証拠に、名乗り頭に「智」の一字を入れた。

「地頭代」の生活　かつての琉球の統治形態は、地頭は首里、那覇に住み、離島や地方へは在番官を派遣し、島の役人にまかせていた。その代行をするというので、各間切（現在の村）には地頭代がおかれた。現在で言えば村長であるが、地元民の信望あつい者でなければつとまらず、また推せんもされなかった。彼らは十歳を少し出たころから、首里へ上り、地頭家に奉公に入る。その前に島内の村学校で基礎を学び、さらに首里で学問を学び、諸作法を身につけた。長い者になると十年間も奉公をつとめる者もいた。無給で、食事以外のすべての生活費は自前であるから、よほどの家庭でないと出せない。彼らのことを一般に筆算人《ひっさんにん》または奉公人と呼んだ。彼らは役地をもらうほか、開墾によって私有地をふやしていった。その土地のことを仕明地《しあけじ》といい、売買もできた。

十八世紀の記録によれば、上江洲家は公庫欠乏に度々無償で米を提供し、または貸与している。多い時は一度に百十三石を出したこともある。智英は、それで〝百石上江洲〟の異名をもらったほどであった。そこで歴代の功績により、王府の評定所から智英に対し、「世済其美」の扁額を授与している。それは一七四九年のことで、文意は、「子孫がよく父祖の業を承けついで善業を成すこと」という『春秋左氏伝』のことばである。

その裏書きが評定所からあり、意訳すると次のような内容である。「其の方は、七代にわたり地頭代をつとめ、付近住民とも親しくつき合い、貧窮の者を救済し、凶年には間切中の困窮者を救った。それを住民や間切役人在番、惣地頭からの申し出があり、上様（尚敬王）のお耳に達することとなり、ご喜悦ならせられ、ご褒美として地方役人の最高位である座敷位に任じ、「世済其美」の掛床を賜わるものである。よってつつしんでお受けするように」という内容である。

上江洲家以外の一族　具志川間切には、他にも有力な一族があり、仲里の太史《たいし》氏の分派の一族は、強力である。

寛延2年（1749）に琉球王府から上江洲家におくられた扁額

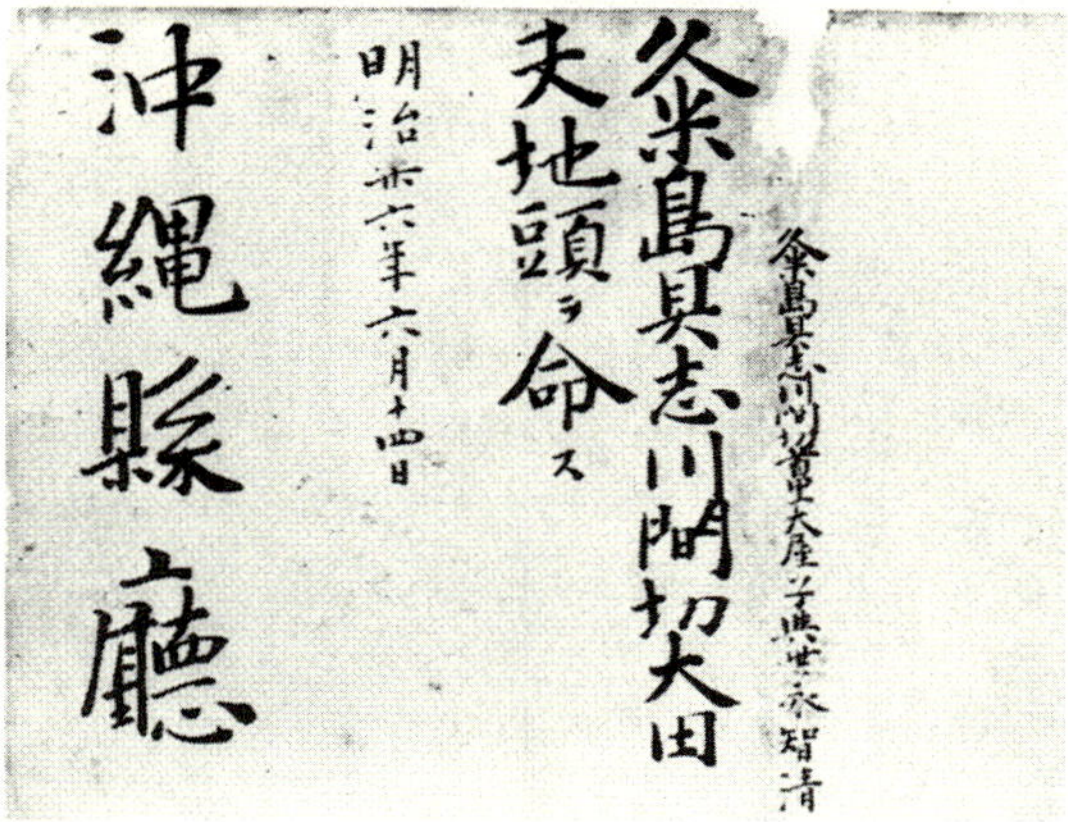
久米島具志川間切首里大屋子與世永智清
久米島具志川間切大田
夫地頭ニ命ス
明治廿六年六月十四日
沖縄縣廳

旧慣によりおくられた夫地頭の辞令書。夫地頭は各間切（村）に6人、その中から1人の地頭代（村長）を決める。

太史氏に浜川昌途という人がおり、上江洲智英より少し前の時代の人で、この人も慈善家としてよく知られている。公共事業や貧民救済などに力を注いだといわれ、その褒美に王府から頂だいしたのが絹物の王子帯《おうじおび》と馬の角であった。

尚敬王も珍しい品を下賜したもので、〝馬の角〟とは実のところ何の角かわからない。現物と伝承の間には大きな誤差がある品である。しかしながら、今では、観光資源の一つになっている。

仲里の喜久村《きくむら》家の庭の〝大蘇鉄《そてつ》〟は天然記念物指定でよく知られているが、この家の先祖にもすぐれた人がいた。一七五六年尚穆王の冊封使が中国からやって来たとき、真謝港外で台風に遭い大きな事故になろうとした。そのとき、地頭代で活躍したのがこの家の先祖であった。特別な働きに対する褒美として、冊封使から「福」の字、さらに福州の有名な画家孫億《そんおく》の絵を頂だいした。それらは現存しており、「花鳥図」は県指定文化財になっている。

戦火をまぬがれた文化財

久米島は、幸いにも第二次大戦の被害が少なかった。そのため、建造物や美術工芸品が多く残った。史跡や天然記念物にも恵まれている。古文書類もよく保存されて来た。十八世紀中期ごろには、仲里の蔵元（役所）や天后宮が建てられ、福木が植栽された。それらが多く現存しており、文化財や天然記念物の指定を受けているのも、琉球の文芸興隆に実をあげ、賢王といわれた尚敬王の治世に無縁ではなさそうである。上江洲の家屋や石垣、福木の植樹もまたこの時代であった。

数年前の調査で、上江洲家から発見された「名寄帳《なよせちょう》」は、学会の注目をあつめた。また数百点の古文書・書画類も福建人や王府末期の高官たちのものも含まれている。上江洲には、幕末のころ智俊《ちしゅん》という人がいて、彼が首里とのつながりをもったようである。蔵書の中には版本も多い。

おもしろいことに江戸の『農業全書』が、このような孤島の読書子に愛読されていた。また黄表紙もあるからおもしろい。彼には遺言書ともいうべき『家記』という記録がある。その中には、「芸能に身をまかせては、勉学を怠るのでつつしむように。若年から勉学に励んで、相応のご奉公をするように」とあり、王国の支配の末端を担っていた者の考え方がわかる。

稲作と儀礼

庭種子　沖縄の稲作は、昭和の初年ごろ蓬莱米が入ることによって二期作となる。しかし、それ以前は冬から夏にかけての一期作だけであった。旧暦九月か十月にやって来る立冬の節に播種をし、冬中苗を田においたのち春に植付け、夏に収穫するのである。儀礼もそれに合わせて行なわれて来た。

まず旧暦九月、立冬以前に〝マーダニ〟の行事があった。マーダニは「庭種子《にわたね》」の意で、苗代に播く前に一度庭の片隅に埋めて発芽の試しをするのであるが、同時に豊穣の予祝でもあった。『琉球国由来記』にも「稲種子三粒、田ニ下シ始メ申也」とあり、古くからの行事であったが、昭和初年に影薄くなり、消えたようである。

マーダニの後、稲種子を播く準備に入る。三、四日種子籾を水に浸すことを〝タナフシ〟と呼んだ。種子はかますに詰めて川水に浸したり、樽に水を入れて浸したのち、一、二夜コモをかけて発芽させる。そのタナフシの晩は、料理を神仏に供えた。

種子取　発芽した種子籾を苗代に播く日が〝タントゥイ〟である。これには「種子取《たねとり》」の字を当てている。立冬の節に入ってから播種をするのであるが、浸水はそれ以前であるから、稲作をうたった古謡「あまおえだ」で「夏水につけて、冬水にさとて」というのは、この立冬前後の稲作の節目を歌ったと思われる。

久米島には、仲里村比屋定《ひやじょう》と同じく島尻に〝太陽石《ティダイシ》〟なる石があり、とくに前者はよく知られている。言い伝えでは、この石は日の出を観測した場所であるという。この二つの石の太陽観測所ということについては、否定説もあって、一概に信じるわけにはいかない。いきなりこの話を出したのは、この〝タントゥイ〟つまり種子籾の播種が、久米島で四通りもあったからである。中城ダントゥイ、島ダントゥイ、阿嘉ダントゥイ、儀間ダントゥイの四つであるが、地形などによる冬の気象の影響を考慮に入れたもので、太陽観測説もあながち否定できないものがある。

種子籾を播いて帰って来ると、家ではモチ米を炊いていて、それを大盛りにして仏壇に供える。これを〝デームイ〟というのは大盛りの意で、大きな一升デームイから子供用の三合デームイまであり、米作農家とはいえ、一年でいちばん米飯がたらふく食べられた日であった。デームイの上に焦げ飯をのせ、稲を積み上げたマジン（稲むら）をかたどり、豊作を祈願する気持ちを表わしたものであった。霊前にはウンサク（神酒）や海の枝サンゴやホンダワラ、ススキの茎などを供えたのも同じ理由である。

仲里村比屋定の太陽石

苗代の水口に火縄をおいて、「苗代マブヤー、ホイ」と苗代の神を呼び、若者たちは田のあちこちに火を持って陣取り、火合戦をした。子供たちは、この季節に吹く北風にのせて凧を高々と揚げた。しかし、これらの行事が、昭和十年代にはすべて消えていった。

タントゥイの後、旧暦十一月にアラゾーリ、同じく十二月に向ゾーリがあった。この二つの行事は消滅して久しく内容はあまり明らかではないが、『由来記』によると稲苗の試植である。これは実際の植付けよりも、予祝行事であったようで、奄美の例で見ると、「苗を三本引いて植えたのち、各戸白砂を盛り、ツワブキの花を飾り、飯をたく」(『笠利町誌』)という内容であった。

田植えと畦払い　田植えは、旧暦正月か二月である。田植えはイーマールー(ゆい)のような労働慣行によってなされ、終了日にはご馳走がふるまわれることはあったが、不思議にも儀礼的なものはのこっていない。田植えがすむと、部落で、あるいは隣組単位でクシユクヰー(腰憩)と呼ばれる慰労会が催される。

田草を取り終え、旧暦四月十日ごろには、村中一せいに田の害虫や雑草をとる畦払いの行事がある。これを〝アブシバレー〟という。その害虫は神女たちが小舟にのせ、海へ流す。人々は浜へ下りて裸馬競馬をし、沖縄角力《すもう》に興じた。古くは旧四月一日から五月末日までは、山の木を伐ることを禁じる「山留《ど》め」や海の魚介類を乱獲することを禁じる「海留め」があった。久米島ではこの期間を別名「ワカクサ」ともいい、物忌み的な要素が濃い。

一九六〇年代のはじめまでは、アブシバレーの行事は実施されており、この日は浜で遊ぶ日とされていた。五月や六月の稲穂祭、稲大祭とアブシバレーの日は、肥料の扱いや縄ない、裁縫は厳しく禁じられ、これを犯せばハブ(毒蛇)が家に入るといわれた。

稲穂祭　旧暦五月十五日は、「稲穂祭」である。この日を久米島では〝シツマ〟という。未熟米の汁を供え、ウンサク(神酒)をつくって拝所に供え、豊作の祈願をする。祭りを司るのは根所《ねどころ》(草分け)の根人《ニーチュ》以外はすべて女性であり、それはノロや一般神女である。君南風やノロは公的な神職であるが、他の神女は根所から出る根神《ニーガミ》をはじめとして、村の旧家から出る。ほとんどが父系の継承ということでは、共通している。

稲大祭　六月二十五日にはウマチー行事がある。〝ウマチー〟とはお祭りの意で、古い記録には「稲大祭」とある。稲の収穫後に行なわれる久米島では最大のまつりでもあった。

あった、と過去形にしたのは、現在では商工祭と農業祭をいっしょにしたような「仲里まつり」や「具志川まつり」が夏にそれぞれ三日ばかりとって大規模に催されるからである。那覇からタレントを呼び、花火を打ち上げ、夜店がでるという、どこでも見られる〝まつり〟である。久米島に砂糖づくりが入ったのは、明治中期であるが、一九六〇年代以降稲作をしのぐようになり、現在では砂糖キビ作が九〇パーセント以上を占めるようになった。したがって、まつりの内容もかなり変わったことを知らなければならない。

さて、六月ウマチーは、それでも細々とではあるが行

なわれている。むかし君南風の長い行列が見られたのもこの日であるが、現在ではノロを中心にほんの一部の神女たちに継承されているにすぎない。部落内の旧家の庭やその近くにある広場（グワッチャといい、古い時代の米倉を意味する）へ神を招き、ウムイ（古い神謡）をうたって神への感謝をのべる。ウムイというのは、「思い」であり、心にある思いを口に出して歌ったものである。神を称える内容である。

稲大祭の神事。仲里村儀間。昭和56年（1981）7月　撮影・須藤　功

『おもろさうし』に記録されたおもろに比較して、行事の中でうたわれるウムイは、古い集落の根所に神が天降りするであろう情景をほうふつさせるものが多い。例えば、意訳してあげてみると、次のようなのがある。

　ウムヤギ（西銘）のマツ（部落）の根
　ウムヤギのクラ（部落）の根
　わが降りるマーチュ（部落）
　誰が降りなさる
　誰が降り直る
　神こそ降り直る　祝女《ノロ》こそ降りなさる（以下略）

一例だが、このようなウムイが謡いつがれて来た。

年浴《としあみ》　六月ウマチー、すなわち「稲大祭」と同じ日の旧六月二十五日には、もともう一つの行事があった。それは「年浴」で、一七三五年にはこの日に王府により固定化している。この日は、来期の稲作にむけての苗代づくりをはじめる日であり、強飯《こわめし》をつくって神仏に供え、人も食べる日である。新米を炊くなどの例から見て一年の稲作のしめくくりであるが、来期にむけての水の祈願や苗代づくり始めからすれば、新しい稲作の最初の行事でもある。

　これらの行事を執行し、深くかかわって来たのがノロを中心とする神女たちだった。とくに五、六月の行事は、変わったとはいえ久米島はよく継承されている方である。それは久米島が稲作の島だったからである。

移住者たち

水田開発と治水　久米島の水田の歴史もさかのぼってみれば、泉田や谷間の迫田《さこた》から出発したとみられる。耕して天に至るとまではいかないが、久米島の水田も高い所では、宇江城岳の山麓の海抜二〇〇メートルばかりの所にもみられる。沖縄一高い所に位置する水田ではなかったかと思う。

　水田開発が盛んに行なわれるようになると、そこへの用水をどう引くかが問題になる。それも江戸時代に入っ

てからのことで、十七世紀初期までは、川水を引く溝づくりがあちこちで行なわれ、十七世紀中期以降は、溜池づくりが盛んになる。久米島に現在も残る二〇にもおよぶ溜池は、それ以後の築造である。

儀間道真《ぎまどうしん》という人が、具志川間切の首長時代の十七世紀初め、山田から繁多原《はんたばる》という所まで長い水道を引いた。そのおかげで繁田原に三十三枚の田を開くことができた。それをうたった民謡が「久米はんた前節」である。「はんた前の下り、溝割《みぞわ》てど（ぞ）よこす／三十枡《ます》三枡、真水こめて／畦越《あぶし》ゆる水や（は）、塗上げれば止まる／我が二十歳《はたち》ごろの止めのなゆみ」

若者のもえたぎる止めようもない情熱を、三十三枚の田へ水を引いた喜びとからませて歌った歌である。

島外人の移住　このような水道づくりや溜池づくりの土木工事、さらに水田開発をやって来たのであるが、明治十二年（一八七九）の廃藩置県以後は、島外からの移住者がふえた。それは廃藩置県で禄を失った首里や那覇の士族が多かった。

那覇からの移住者（開拓者）が多いのは、仲里村の銭《ぜん》田《だ》や真我里《まがり》である。この地域は、古い時代は湿地帯で、地元民もかえりみず、開発がおくれた所である。それに漁業移民では、奥武《おう》島やオーハ島、それに真泊などで、これらの部落がにわかに新設されていった。具志川側でも明治十八年（一八八五）から大原・北原の開墾が始まる。首里や那覇の下級士族の救済のために行なわれたのであったが、初期のころの労役に従事したのは傭人と服役中の囚人たちであった。その指導をしたのは、王府末期の出来事をつづった「東汀《とうてい》随筆」で有名な喜舎場《きしゃば》朝《ちょう》賢《けん》であり、旧大垣藩士の坂井了爾《さかいりょうじ》であった。のち坂井は業半ばにして急死し、喜舎場は首里へ帰って行った。しかし、事業は着実に遂行された。

現在これらの地域は、二つの部落ができているが、かつて久米島に初めて人が住んだ大原貝塚、北原貝塚のある地域である。そこが荒蕪地になり、蘇鉄山になっていた所を開墾したのである。地元の人たちは、以来そこを〝カイクン（開墾）〟と呼んだ。彼らは、その後土地神を祀り、農業に精出した。久米島の砂糖キビ栽培はこのときに始まるといわれている。

その後、明治四十四年（一九一一）には、その勤労精神を島尻郡教育会から表彰され、二宮尊徳の銅像が贈られることになった。それが大正三年（一九一四）に届いたので報徳神社を建て、「土地神」と合祀し、村の守護神とするにいたっている。

硫黄鳥島《いおうとりしま》からの移住　一方、具志川村鳥島の住民は、明治三十六年（一九〇三）と翌年の二回にわたって、硫黄鳥島から移住して来た。硫黄鳥島は、地図で見ると奄美諸島に近く、薩摩の琉球侵攻後当然奄美の島々と同じ扱いを受けてもおかしくない位置にあったが、政治的な配慮でそのままになったといわれている。つまり中国への進貢に必要な硫黄の産地だからである。その島が噴火し、県では移住先を久米島に定め、両年にわたって島民の移住を完了したのであった。

その仕事を直接執行したのが、当時の島尻郡役所で、役所長は佐賀県出身の齊藤用之助であった。沖縄県ができたときの初代県令が鍋島薩主の鍋島直彬であった。彼に随行して来た勝屋弘道は、のち久米島役所長になり、明治十五年の尋常小学校設立に功績をのこした。

さて、この鳥島は方言が通じない所で、久米島の中では特殊な存在である。言語学者は、〝方言の島〟と呼んでいる。彼らは漁業をする者も多く、また戦前は海外へ出稼ぎに行く者も多かった。その仕送りで他部落より早く屋根を瓦ぶきにした。彼らの中には元の硫黄鳥島にもどる者も出たが、昭和三十年代に再び大爆発の恐れがでたので全員那覇市へ引揚げ、以来島は無人島になった。

明治以降は、硫黄の需要もなくなり、彼らは豊富な安山岩を利用して石臼をつくった。その石臼は、沖縄県内ばかりでなく、奄美の島々にも普及した。その意味では、沖縄・奄美の食生活に大改革を与えた、といえるかもしれない。たとえば、従来木臼にたて杵をつかって製粉から始めていた餅づくりが、石臼で水を加えながら挽く水びきに変わった。まさに鳥島石工の功績であった。

貧農の身売り　島の貧農は、従来島内の豪農の家へ身売りする者が多かったが、明治中期ごろから漁民として〝糸満売り〟する者が多くなった。

沖縄本島南部の糸満では、明治に入って軽い杉材の刳《くり》舟《ぶね》をつくり、大きな袋網を用いることによって、大規模な漁業をすることができた。それが〝追込漁法〟と呼ばれるもので、人手不足を補うために農村の青少年を雇い入れたのである。漁村糸満は、それによって繁栄した。糸満で、〝雇い子〟とよんでやわらかい印象を与えているのに対し、農村では〝糸満売り〟とよんで、仕事のつらさ恐しさをありのままに表現している。

それとは逆に、島の豪農の所へやって来る本島人もたまにはいた。

仲里へ身売りされて来た知念《ちねん》という男もその一人で、那覇の隣村の小禄《おろく》からやって来た。彼は働き者で、七度売られて七度とも働いて自らの身請けをしたといわれている。

知念は、日中は主人の家の仕事をし、夜間は自分の仕事をした。月の夜は月の明りで、闇夜は枯草を燃やし、その明りで荒地を開き土地を持つようになった。そして一代のうちに豪農になったといわれるが、それも三代目にはすべて失ってしまう。

三良《さんらー》の話　それはともかくとして、その初代か二代目のころの話である。

ある夜のこと、夫婦がまだ起きているうちに近所からごちそうが届けられた。息子の三良はと見ると寝ている。そこで妻が夫に「三良を起こして食べさせてやりましょう」といった。すると夫は、「いやいや起こすことはあるまい。三良は、これから先どんなごちそうに恵まれるかわからない。二人で食べてしまおうではないか」と答えた。三良は寝てはいなかった。起こしてくれることを今か今かと待ちわびるうちに、ついにごちそうは全部両親が食べてしまった。

ところが、深夜のことである。馬小屋につないだ馬が逃げてどこへやら行ってしまった。父親は三良を起こした。「三良よ、馬をつれて来てくれ」すると三良が答えていうには、「三良は、これから先、何度も馬を捕えることでしょうから、今夜はお父さんでどうぞ」と。

民話風な話がおもしろかったとみえ、具志川側にもこの話は伝わっている。

変わりゆく久米島

観光と開発　古い久米島を一通りながめて来て思うことは、久米島も今ではずいぶん変わったということである。
毎日六便の飛行機が飛び、二隻のカーフェリーが交互に就航することが、最近の久米島を象徴している。大型ホテルが何軒もたち、夏場は民宿も繁盛する。一方、商店街も充実しており、飲食店は終夜にぎわう。それはこの島に泡盛工場が二軒もあって成り立っていることとも無縁ではなさそうである。

仲里村儀間の集落。水田の多くが砂糖キビ畑に変わった。後方に見えるのは阿良岳

島の東には白砂の美しい〝イーフビーチ〟がある。サンゴ礁が美しく、また離れ小島の奥《お》武《う》にある亀甲を敷き並べたような〝畳石《たたみいし》〟に見られるように、たくまざる自然の造形がここかしこにある。島は小さいながら自然がよく保護されて来た。復帰時に大型企業によって買い占められた宮古や八重山の海岸線のような悲劇が、ここで起こらなかったことが幸いした。

村々や田畑をとりまく抱護林がよく発達し、低いながら山もある。県では島全体を昨年（一九八三年）の五月三十日、初の「県立自然公園」に指定した。それに付帯するいろいろなプロジェクトが推進されている。これだけの自然が残ったのも、沖縄本島とちがって、空襲以外の戦災がなかったからだといわれている。艦砲射撃や地上戦が激しく展開していたならば、自然はおろか島の人々が自慢にする文化財も今日のような姿をとどめなかったにちがいない。


変わりゆく農業　しかし、その久米島も自らの手で大きく変わろうとしている。いや、もうすでに変わったところも多い。それは、農業の基盤整備事業である。従来の畦だらけの小さな田畑をきれいにすき均らし、所有地の分合をはかり、加うるに機械化しようというものである。そのために、道が新しくつけられ、橋が架けられた。だが、行政の対応の遅れから、その一方では信仰の対象である御嶽が破壊されることもおこった。また、赤土の流出で海の汚染がすすんでいる。これはいずれ問題になるだろう。

たしかに今、この島の農業は息づいている。一九六〇年代から稲作への魅力が徐々にうすれていき、逆に砂糖キビ作へ転じる農家が多くなった。戦後台湾から台風や干害にめっぽう強いNCOという品種が入って来たのは農家にとってまさに救世主のようなものであった。

稲作を二期くりかえす農業は、つらい労働である。それに引き替え砂糖キビは、植えてさえおけば少なくとも数年は収穫できる。もっとも収穫期には一年分働くことになるが、それでも現金収入がある。稲作時代に比較して、その分ゆとりができ、庭に盆栽を育てる農民が多くなった。

最近、ウリミバエが南西諸島の中では、はじめて根絶に成功したことも、農業に意欲をかき立てた一つであった。ウリミバエは、ウリ類の実に卵を生みつけ、繁殖するもので、これがついた実はウジ（幼虫）がわき、食べられなくなってしまうおそろしい害虫である。

その結果ニガウリやピーマンは、那覇を経由せずに東京市場へ出荷できるようになった。そのような圃場整備やピーマン栽培や自然の抱護林の視察に県内の視察団がやって来る。加えて、近い航空便を利用して日帰りや一泊の観光客もふえている。

消えゆく行事　久米島自体も観光客をたくさん受け入れるようになって、いろいろな点で変わって来ている。とくに最近、三、四年この方だと思うが、これまでの旧暦の正月が、新正月になったことである。しかも、旧暦が単に新暦になったことばかりではない。内容的にも変わって来ている。正月十六日祭や盆行事を除けば、すべて変貌している、といっても過言ではない。

稲作に関する大きな行事だった立冬の節の「種子取《たねとり》」行事も昭和十年前後に消滅してしまった。四月の害虫、害草、害鼠を取り集め、海へ流す〝アブシバレー〟の行事も今では、神女たちの間にかろうじて生きているだけになった。

かつてのアブシバレーは、村の人々が全員浜に行き、そこで角力《すもう》をとり、あるいは競馬を楽しみ、また男の子は凧をあげ、女の子は浜木綿《はまゆう》の幹の皮を剥ぎ、それに空気を詰めてもてあそんだものである。

正月行事もずいぶん変わった。まず今では各家庭で豚をつぶさなくなった。井戸からの若水汲みもなくなり、神聖さが全体的にうすれて来ている。年始廻りもほとんどなくなり、各部落の公民館に全員が集って、合同の年始会をやるのが、最近のやり方である。一月初めの干支の祝いである「生年祝い」（数え年六十一、七十三、八十五歳）もまた合同である。相互扶助的な労働慣行であるイーマールー（ゆい）の習慣も少しずつうすれて来ている。

残る伝統・新しい産業　ところで、新しく変わりつつある久米島にも古い伝統工芸がある。久米島紬《つむぎ》である。泥染めの独特な技法は、奄美の大島紬とも並び称されている。紬は十七世紀に王府による技術指導がなされ、やがて貢納布として位置づけられていく。今でこそ、伝統工芸などと自慢にもし、また砂糖キビ生産につぐ久米島第二の産業といわれるほどになったが、明治以前は、それこそ骨身を削るような難業だったにちがいない。

村中の女は、現在でいう公民館—当時の村屋《ムラヤー》（布屋《ヌヌヤ》とも）に集められ、毎日夜更けまで紬を織らされた。その染料の採取は、自然の草木であるから、男たちの手にゆだねられることになる。王府では、新しいデザインを考案するから、それに技術を近づけるための努力も大へんなものだったにちがいない。注文用のデザイン帳である「御絵図《みえ》」は、無言にして当時の事情を語ってくれる。

新しい産業もある。クルマエビ養殖である。戦前海綿養殖があり、戦後は鯉や食用蛙の養殖があったが、いずれも成功していない。ところが、クルマエビは明るい材料がそろっているようで、現在仲里、具志川両村に養殖場がある。この新しい産業が、数年前に安い外国製品に押され、売れなくなった製品をかかえて閉鎖に追いこまれたパイナップル工場にとってかわることができるだろうか。

一つの提言　ここ数年、法政大学沖縄文化研究所によって、久米島の言語・社会・文化の調査がなされた。その結果は、『沖縄久米島』、『同資料篇』、『沖縄久米島の総合的研究』の三部作として発刊された。一つの島でこれだけの総合調査がなされるのは珍しいことである。

これについて沖縄文化研究所長外間守善教授は、「なぜ久米島か」と久米島調査を総括している。その一つは基礎文献の残存が多いこと、二つ目は古くからの稲作の島であること、それに伴う祭祀が、神女組織とともにのこり、御嶽があり、古い漁法をうかがわせる資料が見られること、その保存状態がよいことなどをあげている。

しかし、過去はよかったとしても、真に魅力的な島になるためには、それだけでは十分とはいえない。先にあげた新しい産業の成果が期待されるところである。また、漁港の整備も進んでおり、これからの水産業に対する期待もでてきている。

ところで、ここでぜひ両村で考えていかなければならないのが、「資料館」建設の問題であろう。古い歴史を語らせる資料、調査で新しく発掘した資料、今でなければ永久に集められない資料を一つの場所に集め、研究に供し、そして次代に引きついでいくためにも資料館がほしいものである。

これまで久米島は資料が豊富だといわれながら、その資料を集める努力が行政当局になかった。今ならまだ手おくれにならずにすむだろうと思う。資料館ができて、そこに納った資料を見るという、これまでになかった目的で久米島を訪れる人が多くなる。――それを私は夢見ており、何らかの行動をおこさねば、と考えている。

仲里村真謝のチュラフクギ（美福木）。県の天然記念物。

泥染めをするおばさんたち。撮影・町井夕美子

伝統の久米島紬は、大ざっぱにみても三十工程という大変な手間をかけて織りあげる。ティカチ（シャリンバイ）やグール（サルトリイバラ）、ユウナ（オオハマボウ）などの木を煎じ出した染液につけては干し、それを幾度となく繰り返し、その間、適当に泥媒染も加える。昔ながらの技術をかたくななまでに受け継いで織りあげた紬は、独特の絣模様と地の深い色合いが見事に調和した織物である。

真綿から種糸をとる。撮影・町井夕美子

編者あとがき

昭和四十一年（一九六六）一月、秋葉原駅から近い東京都千代田区神田松永町にある近鉄ビル七階の一室に、近畿日本ツーリスト株式会社の資料室が開設される。この資料室の対外名称として設定されたのが日本観光文化研究所、『あるくみるきく』を発行した通称「観文研」である。

それから八年後の昭和四十九年（一九七四）十月十一日、観文研は近鉄ビルの東、昭和通りをはさんだ台東区台東の第二コモダビルに移転する。『あるくみるきく』は九二号からこの台東区の住所になっている。業務の能率化のために、近鉄ビルにコンピューターを入れる部屋が必要となったというのが移転の理由だった。

その月日は忘れたが、それより少し前にひとつの事件があった。いつものように私は朝早く近鉄ビルの観文研にはいり、事務局の山田まり子がきたところで、お茶を入れようと茶道具のはいっている抽出を開けた。するととぐろを巻いた太い大きな蛇が鎌首を持ち上げている。テレビに映る蛇さえ嫌な私がワッと大きな声をあげ、山田もキャーといった。その声を聞きつけたらしい向かいの部屋からひとりの社員がきて、蛇を抽出から引きずり出して持っていった。聞くと別の蛇が秘書室をはいまわったという。

観文研に出入りしていた、植物や動物に詳しい武蔵野良治が、五、六匹の蛇を入れた袋を観文研の机の上において帰った。ところが袋の口をしっかり閉めなかったために、蛇が袋から出てニョロニョロしたものらしい。台東区への移転に、この事件がまったく無縁だったとは思われない。

昭和49年（1974）12月23日、第二コモダビルで観文研の忘年会。宮本常一は初め座の中央にいたが、いつのまにか本棚の間に移り、楽しそうなみんなの様子を楽しそうに見ていた。

第二コモダビルの二階の部屋は、近鉄ビルの七階とはくらべものにならないほど狭く、四、五人もくると左右の移動もままならないほどだった。それでもその部屋で所員の研究も、宮本先生の毎月の講義も、そして忘年会も開かれた。『あるくみるきく』は一五四号までここで編集された。

観文研はもう一度、昭和五十四年（一九七九）十二月二十一日に、近鉄ビルのすぐうしろの不二ビル（神田練塀町）に移転した。『あるくみるきく』の最終刊二三六号をそこから出して、観文研は二十三年の幕を閉じる。近鉄ビルと第二コモダビルは今もあるが、不二ビルはない。

須藤　功

著者・写真撮影者略歴（掲載順）

宮本常一（みやもと　つねいち）
一九〇七年、山口県周防大島の農家に生まれる。大阪府立天王寺師範学校卒。柳田國男の『旅と伝説』を手にしたことがきっかけとなり民俗学者への道を歩み始め、一九三九年に上京し、渋沢敬三の主宰するアチック・ミュージアムに入る。戦前、戦後の日本の農山漁村を訪ね歩き、民衆の歴史や文化を膨大な記録、著書にまとめるだけでなく、地域の未来を拓くため住民たちと膝を交えて語りあい、その振興策を説いた。一九六五年、武蔵野美術大学教授に就任。一九六六年、後進の育成のため近畿日本ツーリスト（株）・日本観光文化研究所（通称観文研）を設立し、翌年より月間雑誌『あるくみるきく』を発刊。一九八一年、東京都府中市にて死去。著書に『忘れられた日本人』（岩波書店）『日本の離島』（未來社）『宮本常一著作集』（未來社）など多数。

伊藤幸司（いとう　こうじ）
一九四五年東京生まれ。糸の会・登山コーチングシステム主催。早稲田大学文学部哲学科卒。日本観光文化研究所の探検部門「あむかす」に参加。『あるくみるきく』の執筆・編集を行い、その後フリーのライター&エディターに。一九七五年の「東アフリカ探検学校」では、宮本常一をオートバイの後ろに乗せ、ケニア、タンザニアを案内した。近著に『山の風、山の花』『軽登山を楽しむ』（いずれも晩聲社）がある。

植松明石（うえまつ　あかし）
一九二三年静岡県生まれ。慶応義塾大学文学部卒。元跡見学園女子大学教授。民俗学者。著書に『環中国海の民族と文化2 神々の祭祀』（凱風社）、共著に『日本民俗学のエッセンス』（ぺりかん社）などがある。

伊藤碩男（いとう　みつお）
一九三三年東京生まれ。一九五七年映像技術集団「葦プロダクション」を創設し、岩波映画などで照明技師として活躍。姫田忠義と共に「民族文化映像研究所」を創立し、記録映画の撮影・演出・編集を担当。日本観光文化研究所の同人で、『あるくみるきく』の名付け親。現在フリーランス。

小野重朗（おの　じゅうろう）
一九一一年広島県生まれ。広島県高等師範学校臨教卒。民俗学者。南西諸島の民俗を調査、研究。元鹿児島県文化財専門委員。一九九五年没。著書に『農耕儀礼の研究』（弘文堂）、『十五夜綱引の研究』（慶友社）、『南島歌謡』（日本放送出版協会）など多数ある。

森本孝（もりもと　たかし）
一九四五年大分県生まれ。立命館大学法学部卒業。観文研で『あるくみるきく』の執筆・編集を行う。その後、漁村社会専門家として発展途上国の振興計画調査に従事。水産大学校教官、周防大島文化交流センター参与等を歴任。著書・編著に『舟と港のある風景』（農文協）、『鶴見良行著作集⑪⑫・フィールドノートⅠ・Ⅱ』（みすず書房）、『宮本常一写真図録Ⅰ・Ⅱ』（みずのわ出版）他がある。

須藤功（すとう　いさを）
一九三八年秋田県横手市生まれ。川口市立県陽高校卒。民俗学写真家。一九六七年より日本観光文化研究所所員となり、全国各地を歩き庶民の暮らしや祭り、民俗芸能の研究、写真撮影にあたる。著書に『西浦のまつり』『山の標的―猪と山人の生活誌』（未來社）『花祭りのむら』（福音館書店）『写真ものがたり　昭和の暮らし』全一〇巻『大絵馬ものがたり』全五巻（農文協）など多数。

上江洲均（うえず　ひとし）
一九三七年沖縄県久米島生まれ。琉球大学文理学部卒。元沖縄県立博物館学芸員。元名桜大学教授。共著に『琉球諸島の民具』（未來社）、著書に『沖縄の民具と生活』『久米島の民俗文化』『沖縄の祭りと年中行事』（榕樹書林）など多数。

工藤員功（くどう　かずよし）
一九四五年、北海道生まれ。武蔵野美術短期大学芸能デザイン学科専攻科修了。一九七二年より日本観光文化研究所所員となり主に民具調査・収集に従事。一九八九年より武蔵野美術大学美術資料図書館民俗資料室専門職。現在、武蔵野美術大学非常勤講師。著書に『日本の生活と文化6　暮らしの中の竹とわら』（ぎょうせい出版）、共著に『琉球諸島の民具』（未來社）、『絵引 民具の事典』（河出書房新社）などがある。

監修者略歴

田村善次郎（たむら　ぜんじろう）
一九三四年、福岡県生まれ。一九五九年東京農業大学大学院農学研究科農業経済学専攻修士課程修了。一九八〇年武蔵野美術大学造形学部教授。武蔵野美術大学名誉教授。文化人類学・民俗学。
大学院時代より宮本常一氏の薫陶を受け、国内、海外のさまざまな民俗調査に従事。『宮本常一著作集』（未來社）の編集に当たる。著書に『ネパール周遊紀行』（武蔵野美術大学出版局）、『棚田の謎』（農文協）ほか。

宮本千晴（みやもと　ちはる）
一九三七年、宮本常一の長男として大阪府堺市鳳に生まれる。小・中・高校は常一の郷里周防大島で育つ。東京都立大学人文学部人文科学科卒。山岳部に在籍し、卒業後ネパールヒマラヤで探検の世界に目を開かれる。一九六六年より近畿日本ツーリスト・日本観光文化研究所（観文研）の事務局長兼『あるくみるきく』編集長として、所員の育成・指導に専念。
一九七九年江本嘉伸らと地平線会議設立。一九八二年観文研を辞して、向後元彦が取り組んでいた「（株）砂漠に緑を」に参加し、サウジアラビア・UAE・パキスタンなどをベースにマングローブについて学び、砂漠海岸での植林技術を開発する。一九九二年向後らとNGO「マングローブ植林行動計画」（ACTMANG）を設立し、サウジアラビアのマングローブ保護と修復、ベトナムの植林事業等に従事。現在も高齢登山を楽しむ。

あるくみるきく双書
宮本常一とあるいた昭和の日本 ❶ 奄美沖縄

2011年6月10日第1刷発行

監修者　田村善次郎・宮本千晴
編　者　須藤　功

発行所　社団法人　農山漁村文化協会
郵便番号　107－8668　東京都港区赤坂7丁目6番1号
電話　03（3585）1141（営業）　03（3585）1147（編集）
FAX　03（3585）3668
振替　00120（3）144478
URL　http://www.ruralnet.or.jp/

ISBN978－4－540－10201－1
〈検印廃止〉

印刷・製本　（株）東京印書館

郷土の歴史・文化・資源を生かし内発的地域振興策を考える農文協の本

＜奄美沖縄＞

舟と港のある風景

森本孝著　2762円＋税

昭和40年代後半から50年代に、下北から糸満まで津々浦々の漁村を訪ね、海に生きる人々の暮らしの成り立ちや知恵、文化を聞き書きした珠玉のエッセー。伝統漁船、漁具、漁法等の一級資料でもある。

人間選書110 休息のエネルギー

大城立祐著　1333円＋税

沖縄問題は、文化問題であるとの視点から、沖縄固有の歴史の深層からひもとき、「休息のエネルギー」の持つ意味を説く本格的な復帰後沖縄文化論。沖縄関係年表つき。

人間選書128 奄美の四季

原井一郎著　1286円＋税

島尾文学を生んだ南海の離島・奄美。その地元紙のコラム「奄美春秋」から精選した心洗われる珠玉のエッセー。島民と同じ目の高さで人と四季の営みを描き「中央」を相対化する。

人間選書146 サンゴの海に生きる—石垣島・白保の暮らしと自然

野地元基著　1457円＋税

珊瑚の海を命つぎの海と呼び、いまも日々の糧を得る白保の人々に丹念に耳を傾け、海と人の共存を探り、豊かな自然の地系・水系を無視した開発が全島と珊瑚を脅す現状を告発。

沖縄家庭料理入門

渡慶次富子／吉本ナナ子・料理　1667円＋税

愛情こめて作った料理が美味しいのはティーアンラ（手の脂）のおかげ。那覇育ちのおばあちゃん世代の家庭料理、娘世代のアレンジ料理、海や野の幸を活かす工夫いっぱいの波照間島の料理、計80のレシピと読み物。

日本の食生活全集　全50巻

各巻2762円＋税　揃価138095円＋税

各都道府県の昭和初期の庶民の食生活を、地域ごとに聞き書き調査し、毎日の献立、晴れの日のご馳走、食材の多彩な調理法等、四季ごとにお年寄りに聞き書し再現。

●沖縄の食事

地域資源を生かし文化を培った食生活の原型がここにある。

江戸時代 人づくり風土記　全50巻（全48冊）

●沖縄　6667円＋税　揃価214286円＋税

地方が中央から独立し、侵略や自然破壊をせずに、地域の風土や資源を生かして充実した地域社会を形成した江戸時代、その実態を都道府県別に、政治、教育、産業、学芸、福祉、民俗などの分野ごとに活躍した先人を、約50編の物語で描く。

写真ものがたり　昭和の暮らし　全10巻

須藤功著　各巻5000円＋税　揃価50000円＋税

高度経済成長がどかどかと地方に押し寄せる前に、全国の地方写真家が撮った人々の暮らし写真を集大成。見失ってきたものはなにか、これからの暮らし方や地域再生を考える珠玉の映像記録。

①農村　②山村　③漁村と島　④都市と町　⑤川と湖沼　⑥子どもたち　⑦人生儀礼　⑧年中行事　⑨技と知恵　⑩くつろぎ

シリーズ 地域の再生　全21巻（刊行中）

各巻2600円＋税　揃価54600円＋税

地域の資源や文化を生かした内発的地域再生策を、21のテーマに分け、各地の先駆的実践に学んだ、全巻書き下ろしの提言・実践集。

[1]地元学からの出発　[2]共同体の基礎理論　3自治と自給と地域主権　[4]食料主権のグランドデザイン　5手づくり自治区の多様な展開　6自治の再生と地域間連携　[7]進化する集落営農　8地域をひらく多様な経営体　9地域農業再生と農地制度　10農協は地域になにができるか　11家族・集落・女性の力　[12]場の教育　13遊び・祭り・祈りの力　14農村の福祉力　15雇用と地域を創る直売所　[16]水田活用 新時代　17里山・遊休農地をとらえなおす　18林業—林業を超える生業の創出　19海業—漁業を超える生業の創出　20有機農業の技術論　[21]百姓学宣言

（□巻は平成二三年五月現在既刊）